编委会

共同富裕看浙江

GONGTONGFUYU KAN ZHEJIANG

中共浙江省委党校　编著

陆发桃　主编

浙江人民出版社

我们要以更大的力度、更实的措施保障和改善民生，加强和创新社会治理，坚决打赢脱贫攻坚战，促进社会公平正义，在幼有所育、学有所教、劳有所得、病有所医、老有所养、住有所居、弱有所扶上不断取得新进展，让实现全体人民共同富裕在广大人民现实生活中更加充分地展示出来。

　　——2018年3月20日，习近平总书记在第十三届全国人民代表大会第一次会议上的讲话

共同富裕　大道先行

沈　轩

"凡治国之道，必先富民。"共同富裕是人类社会孜孜以求的美好愿景。中国共产党作为马克思主义政党，始终把带领人民创造美好生活、实现共同富裕作为矢志不渝的奋斗目标。

时代变迁，初心不改。站在"两个一百年"奋斗目标的历史交汇点上，党的十九届五中全会郑重提出，到2035年"人的全面发展、全体人民共同富裕取得更为明显的实质性进展"。习近平总书记明确指出，"我们必须把促进全体人民共同富裕摆在更加重要的位置，脚踏实地、久久为功，向着这个目标更加积极有为地进行努力"。

作为奋力打造"重要窗口"的浙江，省委十四届八次全会鲜明提出，到2035年"共同富裕率先取得实质性重大进展"。省委书记袁家军要求，浙江要对标在高质量发展过程中实现共同富裕的要求，"率先探索建立先富带后富、推动共同富裕的目标体系、工作体系、政策体系、评价体系，不断满足全省人民对美好生活的向往"。

"临浙江以北眷，壮沧海之宏流。"面向新发展阶段，浙江要紧紧围绕习近平总书记赋予的新目标新定位，全面落实党的十九届五中全会和省委十四届八次全会精神，率先构建推进共同富裕的体制机制，为探索新时代共同富裕实践路径、开辟中华民族共同富裕新境界贡献智慧和力量。

一、共同富裕是社会主义的本质要求，是中国特色社会主义制度优越性的重要体现，彰显了中国共产党矢志不移的初心使命

习近平总书记在作《关于制定国民经济和社会发展第十四个五年规划和二〇三五年远景目标的建议》说明时指出，"共同富裕是社会主义的本质要求，是人民群众的共同期盼。我们推动经济社会发展，归根结底是要实现全体人民共同富裕"。

这一重要论述，既是对走过的不平凡历程、取得的不平凡成就的历史总结，也是对决战决胜脱贫攻坚、全面建成小康社会胜利在望的现实激励，更是对一个拥有14亿人口的社会主义大国续写"两大奇迹"、迈向共同富裕的未来昭示，蕴含着厚重的历史考量、深邃的理论洞察和明晰的实践指向。

读懂推动共同富裕的历史逻辑，深刻认识这是人类社会的接力探索。

观古知今，人类社会对共富之梦的追求从未停步，共同富裕愿景也在时代之变中更新着内涵。

遵循天道均平，法天、法地、法自然的中华人文始祖从"损有余而补不足"的天道中探幽索隐，引申出共享天下之利的微言大义。空想社会主义者关于共同富裕的构想尽管是空中楼阁，却对未来富有启示。马克思和恩格斯所创立的科学社会主义，指明了共同富裕的路径，激励无产阶级政党开辟出民族独立和人民解放的革命道路。资本主义在几百年的发展中，创造了以高福利为主要特征的所谓"均富社会和避免冲突的理想模式"，但这种模式始终受制于"资本逻辑"，对如何从根本上避免贫富两极分化依然无解。中国特色社会主义对共同富裕进行了前所未有的理论开拓和实践探索，实证了真正抵达共同富裕彼岸的现实可能性。

实现共同富裕，从历史中走来，在传承中迈向未来。进入新时代，中国共产党团结带领全国各族人民以"钉钉子"的精神决战决胜脱贫攻坚，中华民族已历史性地告别绝对贫困，第一个百年奋斗目标业已实现。一个有14亿人口的大国能够在较长时期保持经济快速发展，并朝着全体人民共同富裕的方向不断前行，这在人类社会发展演进中堪称奇迹，也标注了中华民族为全世界探索共富之路的历史新起点。

读懂推动共同富裕的理论逻辑，深刻认识这是社会主义实践的价值遵循。

共同富裕，是科学社会主义的本质属性。马克思主义理论不仅把实现共同富裕理解为一个历史过程和趋势，而且指明了实现共同富裕是社会主义革命和建设的根本目的。

在《共产党宣言》中，马克思、恩格斯明确指出，"共产党人为工人阶级的最近的目的和利益而斗争，但是他们在当前的运动中同时代表运动的未来"，强调无产阶级革命胜利后要"尽可能快地增加生产力的总量"，强调实现"人的自由而全面的发展"是共产主义社会的基本特征，明确了无产阶级政党的历史重任。马克思更是鲜明地提出，未来新社会的显著特征是"生产将以所有的人富裕为目的"。

马克思主义经典著作的系列论述表明，无论是社会主义革命还是社会主义建设，根本目的都是为了促进社会生产力的进一步发展、劳动人民生活水平的不断提高。

共同富裕，只有在生产力发达的基础上才能充分实现。进入新时代，中国特色社会主义"社会主要矛盾的变化"让破解"发展不平衡不充分问题"变得更加紧迫，这要求我们必须把解放和发展社会生产力作为根本任务，通过深化改革、创新驱动，不断提高经济发展质量和效益，生产出更多更好的物质精神产品，切实满足人民日益增长的美好生活需要。

读懂推动共同富裕的实践逻辑，深刻认识这是我们党初心使命的生动诠释。

努力让全体人民过上更加美好的生活，是我们党的庄严承诺。新中国成立之初，毛泽东同志论及国家富强时就指出，"这个富，是共同的富，这个强，是共同的强，大家都有份"。改革开放之后，邓小平同志强调，让"一部分地区、一部分人可以先富起来，带动和帮助其他地区、其他的人，逐步达到共同富裕"。

"全面建成小康社会，一个也不能少；共同富裕路上，一个也不能掉队。"进入新时代，习近平总书记站在民族复兴的战略全局高度指出，"我们追求的发展是造福人民的发展，我们追求的富裕是全体人民共同富裕。"虽然实现共同富裕要有一个过程，但我们要努力去做、不断推进。

从提出五大新发展理念、强调发展成果由人民共享，到党的十九大报告第一次把共同富裕作为具体目标，再到党的十九届五中全会提出2035年"全体人民共同富裕取得更为明显的实质性进展"，这是对中国共产党人长期艰辛探索和不懈追求的接力传承，展现了我们党坚守初心使命、让改革发展成果更多更公平惠及全体人民的如磐信念、如鼎担当。

二、浙江深入实施"八八战略"的实践历程，就是加快推进共同富裕的奋斗历程，也是浙江率先突破发展不平衡不充分问题和实现共同富裕的基础所在、优势所在、信心所在

树必有根，水必有源。进入21世纪，引领和推动浙江实现从经济大省向经济强省、从对内对外开放向深度融入全球、从总体小康向高水平全面小康"三大跃变"的"根"和"源"，就是习近平同志在浙江工作时创造性提出的"八八战略"。这些年来，浙江发展的成就与变化，就是一幅

"八八战略"擘画宏图徐徐展开、思想力量映照之江的壮美长卷。

"凡益之道，与时偕行。"进入新发展阶段，浙江要将忠实践行"八八战略"进行到底，在厚植优势、做强弱项、再接再厉中推动共同富裕继续走在前列。

"八八战略"蕴含着实现共同富裕的鲜明价值主旨。

"先成长，先烦恼。"21世纪之初，面对浙江发展走在前列遭遇的诸多"成长的烦恼"，习近平同志以浙江先行先试为中国改革和现代化建设探路的强烈政治责任感，作出了"八八战略"的重大部署。

"八八战略"围绕浙江加快全面建设小康社会、提前基本实现现代化的目标，将确立新的发展理念，推进质量和效益同步提升的快速发展、城市和农村互促共进的一体化发展、物质文明与精神文明和政治文明相辅相成的协调发展、经济社会与人口资源环境和谐统一的可持续发展等作为重要战略导向，其每一个方面的要求都贯穿以人民为中心的发展思想，出发点和落脚点都是让改革发展成果更多更公平地惠及全体人民。

发展方向彰显价值取向。"八八战略"强调激发市场活力、推动各种所有制经济共同发展，旨在夯实共同富裕的物质基础；强调加快推进城乡一体化，旨在让城乡居民共享美好生活；强调创建"生态省"、打造"绿色浙江"，旨在擦亮共同富裕的生态底色；强调使海洋经济和欠发达地区的发展成为浙江经济新的增长点，旨在确保共同富裕路上一个也不掉队；强调加强法治建设、信用建设和机关效能建设，旨在实现共建共治共享；强调积极推进科教兴省、人才强省和加快建设文化大省，旨在推动物质富裕与精神富有相统一；等等。可以说，"八八战略"一以贯之的价值逻辑就是坚持以人为本，促进人的全面发展，推进共同富裕。

"八八战略"为浙江加快实现共同富裕提供了战略指引。

现实的呼唤是新思路新作为的"催化剂"。习近平同志到浙江工作以后，在深入调研的基础上指出，"目前我省人民生活总体上已达到小康水平，但现在达到的小康还是低水平、不全面、不平衡的小康"，因此"必须着力增强发展的全面性、均衡性、协调性，以更大力度统筹城乡区域协调发展，走共同富裕之路"。

"八八战略"及一系列重大工作部署的提出，针对的就是浙江富民强省建设中遇到的矛盾和问题，是从战略层面对"形势怎么看""路子往哪里走"作出的"世纪之答"，是破解浙江发展不平衡不充分问题的先手棋。

脱贫奔小康，贵在精准。着眼于城乡之间、区域之间、人与人之间、人与自然之间的均衡发展，浙江部署实施山海协作工程，奏响了一曲区域协调发展的"协奏曲"；部署实施"千村示范、万村整治"工程，成为推进新农村建设的龙头牵引；部署实施欠发达乡镇奔小康工程、百亿帮扶致富工程，为之后全省贫困乡镇整体脱贫、全面消除家庭人均年收入4600元以下的贫困现象以及欠发达县加快走上绿色发展、生态富民、科学跨越的路子奠定了扎实基础。

方向明则步履坚。这些年来，历届省委、省政府坚持一张蓝图绘到底，大力实施"千万工程"升级版、低收入农户奔小康工程、山海协作工程升级版、大湾区大花园大通道大都市区建设、富民惠民安民行动等，在加快推进共同富裕上实现"百尺竿头更进一步"。

唯有忠实践行"八八战略"，才能持续有效破解发展不平衡不充分的问题。

事实是最好的证明。"八八战略"在浙江的成功实践昭示我们，这一战略体现了系统观念、辩证思维，它不谋一时、不为一事，而是着眼长远和全局，蕴含着创新、协调、绿色、开放、共享发展的真谛。

2020年春天，习近平总书记在浙江考察时强调，"发展不平衡不充分问题要率先突破"。这是党的十九大提出新时代我国社会主要矛盾发生转化后，习近平总书记首次对省域层面提出的率先破题要求。对于浙江而言，要打好破解"发展不平衡不充分问题"的攻坚战、持久战，就要立足新方位、新要求，忠实践行"八八战略"。

有了"船"和"桥"，关键在运用。从"八八战略"中找钥匙、找方法、找答案，就要运用好其中蕴含的扬优势、强弱项的辩证法，在补齐民生领域短板、缩小城乡区域发展和收入分配差距、提高发展质量和效益、增强创新能力等方面取得新突破；运用好其中蕴含的敢破善立的改革观，在探索二次分配问题上用好改革的关键一招，走好"发展出题目、改革做文章"之路；运用好其中蕴含的内外联动的开放观，坚持"跳出浙江发展浙江"，为更好发挥"窗口"作用打开广阔空间；运用好其中蕴含的以人民为中心的发展观，更加注重富民与强省相结合，在重民生、办实事、促和谐中暖人心、聚民心、筑同心。

三、奋力打造"重要窗口"，争创社会主义现代化先行省，要扎实推进共同富裕先行示范，在率先构建推进共同富裕的体制机制上迈出新步伐、展现新气象

走好共同富裕之路，努力打造人民幸福美好家园，是建设"重要窗口"的题中应有之义，也是争创社会主义现代化先行省的主要目标之一。要巩固和发展浙江均衡发展的比较优势，围绕"走出一条有浙江特点的共建共治共享共同富裕之路"，在构建推进共同富裕的体制机制上先行先试，以浙江的具体实践，生动展现社会主义制度蕴含的"人民对美好生活的向往就是我们的奋斗目标"的价值追求。

聚焦"做大'蛋糕'"，率先构建实现高质量发展的体制机制。高质量发展是高水平共享的前提。习近平总书记强调，要进一步把"蛋糕"做

大，为保障社会公平正义奠定更加坚实的物质基础。前进路上，浙江要着眼健全推动高质量发展的有效机制，围绕打造三大科创高地、实施数字经济"一号工程"2.0版、加快建设全球先进制造业基地，探索建立具有国际竞争力的创新驱动发展机制；围绕畅通高端要素循环、高质量参与"一带一路"建设、高标准建设自贸区等，推动国有经济和民营经济比翼齐飞，探索为全国形成新发展格局勇当开路先锋的路径机制；围绕推动营商环境、投资环境、生态环境、干事环境、政商环境集成优化，探索以数字化改革引领撬动全领域改革的制度机制，努力打造经济高质量发展高地。

聚焦"城乡融合"，率先构建加快乡村振兴的体制机制。"立政之本则存乎农。"推动共同富裕，"三农"是短板。前进路上，浙江要着眼健全城乡融合发展体制机制和政策体系，突出产业兴省，探索以工补农、以城带乡长效机制，放大"两进两回"示范效应，让农业成为有奔头的产业、农民成为很吃香的职业；突出乡村美，探索以深化"千万工程"引领新时代乡村建设的工作机制，全域实施新时代美丽乡村达标创建行动；突出百姓富，探索以产权为核心的农村土地制度改革，让"沉睡"的资源变成资产，形成高水平推进乡村振兴的浙江路径。

聚焦"区域均衡"，率先构建实现经济优势互补的体制机制。习近平同志在浙江工作期间，创造性地运用经济学中的"木桶理论"，绘就了浙江区域协调发展的蓝图。当前浙江区域发展整体上较为均衡，但区域间的绝对差仍然不小。前进路上，浙江要着眼构建以"四大建设"为主平台优化省域空间布局的科学机制，协同推进长三角一体化发展制度创新，着力实现消费、投资、产业、公共服务、科创等要素协同联动和高效配置；强化"共抓大保护、不搞大开发"的协同机制，高质量参与长江经济带发展；优化山海协作平台和机制，探索完善更有利于区域统筹协调发展的激励奖补机制，念好新时代的"山海经"。

聚焦"带动后富"，率先构建稳步提高居民收入的体制机制。社会主义不是少数人富起来、大多数人穷，"绝不能出现'富者累巨万，贫者食糟糠'的现象"，习近平总书记多次强调要重视"后富群体"。前进路上，浙江要着眼率先探索建立先富带后富、推动共同富裕的科学体系，不断完善收入增长和财富分配合理调节机制，加快释放浙江在土地、资源、技术等要素分配改革的红利；完善大众创业平台和扶持政策体系，促进中等收入群体显著扩大，率先形成橄榄型社会结构；建立解决相对贫困的长效机制，完善产业开发、社会共助等帮扶制度，在确保低收入群体收入增长快于经济增长、快于居民收入平均增长上努力走在前列。

聚焦"成果共享"，率先构建不断增进民生福祉的体制机制。"民之所盼，政之所向。"增进民生福祉是发展的根本目的，也是共同富裕的必然要求。前进路上，浙江要着眼完善人的全生命周期民生服务供给机制，围绕解民忧、纾民怨、暖民心，不断拓展为民办实事的领域，完善为民办实事长效机制；围绕在幼有善育、学有优教、劳有厚得、病有良医、老有颐养、住有宜居、弱有众扶等方面打造民生幸福标杆，优化优质公共服务资源统筹共享机制；健全统筹城乡、可持续的基本养老保险制度，构建多层次社会保障体系，在织密兜牢民生"网底"上打造百姓幸福的浙江指数。

聚焦"精神富有"，率先构建打造新时代文化高地的体制机制。共同富裕是物质富裕和精神富有的统一。习近平同志在浙江工作时就强调，"口袋"鼓了，更要富"脑袋"。前进路上，浙江要着眼构建打造新时代文化高地的体制机制，大力实施新时代文化浙江工程，在建立和完善以社会主义核心价值观引领文化建设制度、新时代思想政治工作机制、优秀传统文化传承发展机制、文艺精品创作引导和扶持机制、文化和旅游融合发展体制机制以及全媒体传播体系、国际传播话语体系等方面探索新路径、创造新经验、形成新亮点，全面打造思想高地、文明高地、文化事业和文化产业高地。

聚焦"绿色赋能",率先构建全域美丽的绿色发展体制机制。习近平总书记在浙江考察时强调,生态文明要先行示范,让绿色成为浙江发展最动人的色彩。良好的生态环境是人民生活的重要增长点。前进路上,浙江要着眼构建加快建成美丽中国先行示范区的长效机制,健全源头预防、过程控制、损害赔偿、责任追究的生态环境保护体系,全面建立和推行美丽乡村、美丽城镇、美丽城市建设标准,谋划"零碳"体系试点,建立生态产品价值实现机制,完善绿色发展奖补和生态补偿机制,在拓宽"绿水青山"向"金山银山"转化通道上提供更多浙江方案,高水平绘就新时代的"富春山居图"。

聚焦"整体智治",率先构建省域治理现代化先行的体制机制。"法与时转则治,治与世宜则有功。"建立高水平的整体智治体系,是实现现代社会治理更加精准的内在保证,也是推进共同富裕的机制保障。前进路上,浙江要着眼率先探索共建共治共享的社会治理制度,全面推进党政机关整体智治,构建省市县一体、部门间协作、政银企社联动的协同高效运转机制,形成即时感知、科学决策、主动服务、高效运行、智能监管的新型治理模式;坚持和发展新时代"枫桥经验",健全党建统领"四治融合"的城乡基层治理体系;统筹发展和安全,全面探索建设平安中国、法治中国示范区的路径和机制,努力打造整体智治技术策源地、实践示范区。

聚焦"携手共富",率先构建对口帮扶双向互动、合作共赢的体制机制。"以众人之力起事者,无不成也。"对口支援帮扶是社会主义制度优势的生动体现,14亿人挽起共同发展的臂膀,便没有跨不过的山、蹚不过的河。前进路上,浙江要着眼健全高标准高质量高效率推动对口支援帮扶合作的机制,编制并实施好"十四五"东西部扶贫协作和对口支援规划,在探索创新产业合作、民生改善、智力支持、交流交往交融、干部人才选派方面的举措、机制上发挥"排头兵"作用，全方位助推对口地区经济社会走上高质量发展轨道，为实现人的全面发展和全体人民共同富裕贡献浙江力量。

道虽远，行则将至。推动共同富裕，既是一项史无前例的圆梦工程，也是一场久久为功的实践探索。站在建党百年的新起点，实现共同富裕更须"快马加鞭"。浙江要强化建设"重要窗口"、交出"高分报表"的行动自觉，加快走出有浙江特点的共建共治共享共同富裕之路，在推进省域现代化先行中打造人民幸福的"最美风景线"。

目　录

实践篇

理论篇

共同富裕是中华民族的世代追求

李　涛　王祖强

共同富裕是中华民族的世代追求，共同富裕的思想和理念源远流长。

一、共同富裕是中国传统社会的理想目标

共同富裕是我国传统大同社会、小康社会的理想目标，是中国人民世世代代追求天下为公、"耕者有其田"以及均贫富、等贵贱的基本梦想，也是中国近代大同思想的价值追求。我国自古就有"天下大同"的思想，农家的"并耕而食"、道家的"小国寡民"和儒家的"大同社会"理想，都反映了进入阶级社会之后，阶级分化和贫富分化相互交织、社会矛盾加剧的背景下，人们追求天下为公、人人劳动、财富均分理想社会的愿景。我国古代各种类型大同思想的共同特点在于均贫富的诉求。譬如诸子百家中管子"以天下物利天下人"，"与天下人同利"的治国主张；老子"有余者损之，不足者补之"的分配思想；晏子"权有无，均贫富"的政策建议；孔子"不患寡而患不均"的治国理念等。历史上的农民起义大多也提出了反对封建剥削的朴素平均要求，譬如东汉末年张角提出"致太平"的口号；唐朝王仙芝、黄巢力倡"均平"的理念；明末李自成提出"均田免赋"的纲领；清末太平天国运动在《天朝田亩制度》中确立"有田同耕，

有饭同食，有衣同穿，有钱同使，无处不均匀，无人不饱暖"的天国大纲等。这些诉求充满了对"均贫富"的追求，体现了古代的共同富裕理想。大同思想对后世产生了深远影响。近代的维新派如康有为、梁启超等，革命派如孙中山等，也都受大同思想影响，阐发了蕴含大同思想的政治理想。

二、共同富裕是社会主义的本质要求

无论是空想社会主义还是科学社会主义，都把自由平等、共同富裕作为建设理想社会的基本目标。

空想社会主义者提出了初始含义的"社会主义"和共同富裕思想。16 世纪初到 19 世纪上半叶，基于对资本主义贫富悬殊、两极分化的痛恨，基于对劳苦大众苦难生活的同情，基于一种人类同情心和社会责任感，空想社会主义者在批判资本主义私有制的基础上，为人们详尽描绘了人类社会共同富裕的美好蓝图。空想社会主义者认为，平等是最大福利的源泉，主张机会和权利人人平等，主张财富分配人人平等，主张政治权利人人平等，主张法律面前人人平等，主张道德面前人人平等，主张在社会平等的基础上建立一个公正的社会，即共同富裕的社会。实现社会平等需以财富公有为基础。无论是莫尔《乌托邦》中的财产公有、集体劳动、集体共享，康帕内拉《太阳城》中的城邦制和共惠制，还是圣西门大多数人拥有财产的平等的实业制度、傅立叶全民自愿合作的和谐制度、欧文生产资料公有的新村制度，都体现了公有共享的基本特征。

科学社会主义为社会主义社会描绘了一个初步的轮廓，即未来社会的生产将以所有人的富裕和发展为目的、未来社会的共同富裕必须以生产力的高度发展为基础。马克思主义创始人在人类历史上第一次深刻阐述了实现共同富裕的物质基础与制度要求，让共同富裕具备从梦想变为现实的可能。马克思主义共同富裕思想从社会主义生产目的角度，对社会主义社会作了总体性、本质性规定。在马克思恩格斯的设想中，未来社会将以实现全人类的共同富裕为最终目标，以便使所有劳动者过上最美好的、最幸福的生活。列宁则明确指出："只有社会主义才能实现这一点。而且我们知道，社会主义一定会实现这一点，而马克思主义的全部困难和它的全部力量也就在于了解这个真理。"[①]

马克思主义创始人系统阐述了以按劳分配为核心的共同富裕思想。马克思在《资本论》和《哥达纲领批判》等著作中预言未来社会个人收入分配的方式时提出，按劳分配就是按劳动的数量和质量进行分配，多劳多得，少劳少得，不劳不得。马克思认为，"在一个集体的、以生产资料公有为基础的社会中"，"每一个生产者，在作了各项扣除以后，从社会领回的，正好是他给予社会的。他给予社会的，就是他个人的劳动力量"。[②]这是对按劳分配原则的高度理论概括，阐明了按劳分配的本质。按劳分配消灭了凭借对生产资料的所有权而占有他人剩余劳动的阶级差别，但承认不同劳动者之间的收入差别。由于劳动者在体力、智力和劳动态度上的差异，他们所提供的劳动的数量和质量是不同的，这必然会导致劳动者之间收入的差别。这种差别在社会主义社会是不可避免的。"权利决不能超出社会的经济结构以及由经济结构制约的社会的文化发展。"[③]在人类的分配关系史上，按劳分配理论第一次伸张了无产阶级的权利，按照有利于劳动者利益的原则，进行个人收入分配，具有划时代的历史进步意义。按劳分配要求凡是有劳动能力的人都必须参加劳动，

---

① 《列宁全集》（第34卷），人民出版社1985年版，第356页。
② 《马克思恩格斯选集》（第3卷），人民出版社1995年版，第303—304页。
③ 同上，第305页。

以劳动作为分配个人收入的共同尺度，承认劳动者在劳动报酬上的合理差别，鼓励多劳多得、勤劳致富，体现了劳动者在分配领域中的平等关系。

三、共同富裕是中国共产党人的政治主张

毛泽东首倡"共同富裕起来""共同的富""共同的强"。新中国成立后，毛泽东在《中共中央关于发展农业生产合作社的决议》（1953年）中首提共同富裕概念。他认为，共同富裕的实现是一个逐步推进的过程，不能一蹴而就，要实现共同富裕，必须组织起来，"逐步实行农业的社会主义改造，使农业能够由落后的小规模生产的个体经济变为先进的大规模生产的合作经济，以便逐步克服工业和农业这两个经济部门发展不相适应的矛盾，并使农民能够逐步完全摆脱贫困的状况而取得共同富裕和普遍繁荣的生活"[1]。为了"使全体农村人民共同富裕起来"[2]，毛泽东认为："我们实行这么一种制度，这么一种计划，是可以一年一年走向更富更强的，一年一年可以看到更富更强些。而这个富，是共同的富，这个强，是共同的强。"[3]

邓小平科学系统地阐述了共同富裕的原则、目标和实现路径。改革开放后，邓小平结合中国实际，继承、发展了历史上特别是科学社会主义发展历程中关于共同富裕的理论成果，以社会主义本质要求和首要任务为主线，对共同富裕理论进行高度凝练，设计出部分先富、先富带动后富、最终走向共同富裕的实现路径。邓小平首先定调："共同富裕是社会主义制

---

[1] 《建国以来重要文献选编》（第4册），中央文献出版社1993年版，第662页。
[2] 《毛泽东文集》（第6卷），人民出版社1999年版，第437页。
[3] 同上，第495页。

度不能动摇的原则。"①邓小平善于把远大理想与现实可能结合起来，善于把党和国家的重大决策转化为人民群众自觉自愿的切实行动；他既注重发挥群众的革命热情，又注重物质利益原则，力求做到政治与经济统一、思想教育与物质利益统一。首先，要正确处理国家、集体和个人之间的利益关系。邓小平清醒认识到，群众是注重眼前利益和个人利益的，党和国家在制定经济计划和经济政策时必须反映群众的这一基本要求，要使他们切实感受到经济增长与生活条件的改善是完全一致的。同时，他又大力提倡个人利益服从集体利益、局部利益服从整体利益、暂时利益服从长远利益，或者叫作小局服从大局，小道理服从大道理。邓小平认为，必须按照统筹兼顾的原则来调节各种利益之间的相互关系，"把国家、集体和个人利益结合起来，才能调动积极性，才能发展社会主义的生产"②。其次，把精神鼓励和物质鼓励结合起来。邓小平积极扬弃传统分配理论中的空想因素。他认为，为了持续不断地调动人们搞经济建设的积极性，早日改变贫穷落后的面貌，需要两种动力，一种是精神动力，一种是物质动力；精神鼓励是必要的，物质鼓励也不能缺少。为了鼓励干部和群众干得好并干出成绩来，各种行之有效的奖惩制度都要恢复，奖金制度要恢复，对发明创造者要给奖金，特殊贡献的单位和个人也要给奖金，把精神鼓励和物质鼓励结合起来，两者不能偏废。奖罚分明，总的目的是鼓励大家上进。再次，在生产发展的基础上，逐步改善人民的生活。利益分配必须有所凭借，如贡献大小、技术高低、能力强弱、劳动轻重，这是任何单位或个人获取一定份额的经济利益的客观依据，否则利益分配就会乱套。

以江泽民同志为核心的中央领导集体强调维护最广大人民群众的根本

① 《邓小平年谱：1975—1997》（下），中央文献出版社2004年版，第1253页。
② 《邓小平文选》（第2卷），人民出版社1994年版，第351页。

利益，要让发展成果惠及全体人民，要帮助贫困地区发展经济文化，帮助贫困地区群众与全国人民一起逐步走上共同富裕的道路。从根本上说，建设中国特色社会主义，就是要在大力发展生产力和不断完善社会主义基本制度的基础上，实现发展成果的共享共有，要"努力使广大工人、农民、知识分子和其他群众共同享受到经济社会发展的成果，使他们不断得到看得见的物质文化利益，从而使他们愈来愈深刻地认识到实行改革开放和实现社会主义现代化是祖国的富强之道，也是自己的富裕之道，也从而使他们更加自觉地为之共同奋斗"①。

以胡锦涛同志为总书记的党中央明确提出公平正义是社会主义的本质要求，实现社会公平正义是中国共产党人的一贯主张。胡锦涛强调，必须"把提高效率同促进社会公平结合起来……我们既高度重视通过提高效率来增强社会活力、促进经济发展，又高度重视在经济发展的基础上通过实现社会公平来促进社会和谐，坚持以人为本，以解决人民最关心最直接最现实的利益问题为重点，着力发展社会事业，着力完善收入分配制度，保障和改善民生，走共同富裕道路，努力形成全体人民各尽其能、各得其所而又和谐相处的局面"②，"在促进发展的同时，把维护社会公平放到更加突出的位置，综合运用多种手段，依法逐步建立以权利公平、机会公平、规则公平、分配公平为主要内容的社会公平保障体系，使全体人民共享改革发展的成果，使全体人民朝着共同富裕的方向稳步前进"③。

以习近平同志为核心的党中央把"扎实推进共同富裕"作为新时代新

---

① 《江泽民论有中国特色社会主义（专题摘编）》，中央文献出版社2002年版，第111页。
② 胡锦涛：《在纪念党的十一届三中全会召开30周年大会上的讲话》，人民出版社2008年版，第25—26页。
③ 《胡锦涛文选》（第2卷），人民出版社2016年版，第291页。

阶段的战略任务提上工作日程。党的十八大以来，以习近平同志为核心的党中央就实现共同富裕作出一系列重要论述和指示，提出一系列重要要求。认为消除贫困、改善民生，逐步实现全体人民共同富裕，是社会主义的本质要求，是我们党的重要使命，是我们党矢志不渝的奋斗目标。我们追求的发展是造福人民的发展，我们追求的富裕是全体人民共同富裕。共同富裕是社会主义的本质要求，是人民群众的共同期盼。我们推动经济社会发展，归根结底是要实现全体人民共同富裕。实现共同富裕不仅是经济问题，而且是关系党的执政基础的重大政治问题。"要统筹考虑需要和可能，按照经济社会发展规律循序渐进，自觉主动解决地区差距、城乡差距、收入差距等问题，不断增强人民群众获得感、幸福感、安全感。"①

---

① 《习近平在省部级主要领导干部学习贯彻党的十九届五中全会精神专题研讨班开班式上发表重要讲话》，载新华网2021年1月11日。

马克思主义共同富裕的基本思想、发展脉络及其启示

胡承槐　陈思宇

克服物质匮乏，是人类社会迄今为止的重要命题。反贫困理论经历了从古代朴素的反匮乏、反贫困意识到科学社会主义的发展过程。社会主义真正把反贫困思想和实践提升到新的高度，马克思恩格斯揭示了资本主义社会贫困的根本根源、确定了社会贫困的含义、揭示和指明了解决社会贫困问题的根本路径及未来理想图景。从列宁到毛泽东都进行了铲除贫困的社会根源、增厚共同富裕的物质基础的探索性实践。邓小平理论及其实践开启共同走向富裕的新征程。党的十八大之后，围绕实现社会主义现代化和中华民族伟大复兴的总任务，一系列理论创新与实践创新相继展开。习近平新时代中国特色社会主义思想及其实践，坚持了马克思主义的群众史观，把社会主义共同富裕的理论和实践推到历史新高度。

一、马克思恩格斯关于反贫困的基本原理

私有制的产生，虽然使少数人不再物质匮乏并有利于创造比原始共产主义社会高得多的生产力，却加深了占人口多数的劳动者的物质匮乏状况，社会陷入贫富两极分化的状况。"在这种形式下，人的生产能力只是

在狭小的范围内和孤立的地点上发展着。"①且由于建立起以"直接的统治和服从的关系"为核心的"人的依赖关系"(本质上是一种阶级剥削关系),从而剥夺了他们的人格尊严、加深了他们的精神沉沦和政治依附。②

对这一现象的反思、批判及试图加以改变的努力,古已有之,如《礼记·礼运》中的大同思想,墨家的兼爱、尚同思想,西汉末年的王莽改制、东汉末年的"米道"实验、宋代的王安石变法等。但这些朴素的思想和有限的实验,有两个根本的缺陷:一是缺乏生产力基础,生产能力无法获得更为充足的、范围更加广泛的发展,因而无法解决匮乏的难题;二是没有触动私有制和私有观念的根基,无法形成建立在个人全面发展和普遍公共生活基础上的生产关系。

真正把反匮乏(反贫困)的思想和实践提升到新高度的是社会主义,因为近现代工业大生产为人类彻底解决物质生活资料匮乏提供了可能性、现实性。首先,空想社会主义对资本主义生产方式一方面是财富积累、另一方面是贫困积累的现象进行了全面揭露和鞭挞,但其开出的药方却是空想的:不敢放手动员工人阶级起来对整个社会经济制度、政治制度和思想观念体系进行彻底改造,而把希望寄托在有产者的仁慈和有产者的有限社会实验上(如罗伯特·欧文在英国的新拉纳克工厂实验和在美国的"新和谐公社"实验),最终都以失败告终。只有马克思恩格斯的科学社会主义理论将对贫困问题的分析提高到一个新阶段,深刻揭示了资本主义社会贫困的根本根源、定义了社会贫困的含义、揭示和指明了解决社会贫困问题的根本路径和未来理想图景。

第一,马克思恩格斯经过对工人阶级的生活和工作状况进行调查研究

---

① 《马克思恩格斯文集》(第8卷),人民出版社2009年版,第52页。
② 马克思在《国际工人协会共同章程》中所表述的这一思想,包含着对贫困概念的双重定义:狭义的贫困指物质生活的匮乏,广义的贫困还包括精神沉沦和政治依附。

后指出，在工业生产力不断扩大的基础上，是存在消除匮乏和贫困的可能性的，但资本主义社会不仅没有消除贫困而且加深了工人阶级的贫困。"工资的增长赶不上商品价格的上涨；因此工资下降了，从而相对剩余劳动增加了，利润率提高了，但这不是因为工人的生产能力更大了，而是因为绝对工资（即工人得到的生活资料总额）降低了，总之，因为工人的状况恶化了。"①其根本原因在于资本主义生产方式，在于资产阶级对整个社会生产条件的控制——狭义的生产条件是指生产资料的资本主义所有制及其分配、交换方式，广义的生产条件还包括资产阶级对国家政治领域及思想意识形态领域的巧妙控制。层层控制使工人陷入贫困。

第二，马克思恩格斯指出，工人阶级的贫困状况是全方位的，不仅生产资料一无所有，而且工资微薄，在生活领域还要受到房东、小店主、当铺老板的盘剥；不仅经济地位低下，而且政治地位、社会地位低下，政治权利、社会权利、文化权利匮乏——多重因素相互影响，致使广大工人阶级处于毫无希望的深渊之中。即使工人阶级通过勤奋劳动将资产阶级的财富增加得愈来愈迅速，也只能使得依附资本的奴隶人数越来越多。②此外，马克思认为无产阶级的贫困还可划分为绝对贫困与相对贫困两种。所谓绝对贫困主要是指生产资料的丧失及生活资料限制在自身劳动力再生产的水平线之下，相对贫困③主要是指工人阶级所得与社会财富增长之间比率的下降，工人阶级在住房、教育、医疗、休闲等方面的商品购买能力的不足或下降以及由此而产生的自身发展不足。

第三，不同于普鲁东等人站在小资产阶级立场上、在维护资本主义制度前提下消灭贫困的谬误，马克思恩格斯揭示了资产阶级民主、自由和人

---

① 《马克思恩格斯文集》（第8卷），人民出版社2009年版，第215页。
② 《马克思恩格斯文集》（第1卷），人民出版社2009年版，第734页。
③ 相对贫困，后被经济学家阿玛蒂亚·森概括为体面生活的不足或匮乏。

权的历史局限性和虚伪性，如资产阶级标榜的普遍的人权实际上是享用与处理私有财产的权利，与人的解放是背道而驰的。指出工人阶级必须也只有通过阶级联合、阶级斗争的方式，首先夺取政治上的民主权力，即建立无产阶级政权，进而建立社会主义公有制，并在思想文化领域清除资产阶级意识形态的统治，发展出社会主义思想意识才能从根本上改变自己的贫困境况，才能在物质上、人格尊严上、精神上不断地富足和发展起来。

第四，马克思恩格斯指明了工人阶级奋斗的远景目标是实现共产主义，那时将建成"自由人联合体"并在物质生活资料上实行"按需分配"。"大工业及其所引起的生产无限扩大的可能性，使人们能够建立这样一种社会制度，在这种社会制度下，一切生活必需品都将生产得很多，使每一个社会成员都能够完全自由地发展和发挥他的全部力量和才能。"①但他们又指出在近期工业生产力既发达又苦于不够发达的当下，在还未进入共产主义的前期即社会主义历史阶段，生活资料分配依然只能实行"按劳分配"。这一思想的重要性在于指明了社会主义并不等于平均主义，社会主义时期绝不能搞平均主义，这就突破了空想社会主义陷于"乌托邦"的困境。

二、从列宁到毛泽东：铲除贫困的社会根源、增厚共同富裕的物质基础的探索性实践

以列宁、斯大林为代表的共产党人按照马克思恩格斯的科学社会主义原理在俄国、苏联展开了人类历史上第一次全社会的铲除贫困的社会主义

---

① 《马克思恩格斯文集》（第1卷），人民出版社2009年版，第683页。

变革，他们认识到"共同劳动的成果不应该归一小撮富人享受，应该归全体劳动者享受。机器和其他技术改进应该用来减轻大家的劳动，不应该用来使少数人发财，让千百万人民受穷"①。其具体措施有：在共产党的领导下，工人阶级通过城市武装暴动掌握国家机器；利用工人武装力量和国家力量在城市没收资产阶级生产资料，建立全民所有制工业企业；继而在农村消灭地主、富农，并建立起集体农庄；在社会主义公有制的基础上建立起计划经济管理体制，在计划经济体制的管控下大力发展近现代工业大生产，采取优先发展重工业尤其是军事工业的战略。苏共在实施这一系列的变革措施的过程中，以列宁提出的劳动成果"应该归全体劳动者""大家都过好日子"为口号②。在公有制和计划经济的基础上，基本消除了贫富差距，发展起以重工业为主体的工业体系，把苏联建成了仅次于美国的世界第二大工业国。但在后期，计划体制的僵硬性和平均主义弊端越来越严重，人民生活水平停滞不前。

以毛泽东为代表的第一代中国共产党人，按照马克思列宁主义的基本原理，结合中国的实际情况，开展效仿苏联但又富有中国特色的社会主义革命、建设实践，并在这一实践过程中明确提出了共同富裕的概念。面对新中国成立初期经济极度落后的局面，中国共产党领导稳定物价和统一财经的重大斗争，成功组织同投机资本作斗争的"银圆之战"和"米棉之战"，结束了恶性通货膨胀和物价飞涨的状况。之后，党中央全面部署恢复国民经济阶段的各项工作，提出"公私兼顾、劳资两利、城乡互助、内外交流"的经济政策，全力恢复国民经济。接着对农业、手工业、资本主义工商业进行深入的社会主义改造，建立起社会主义基本经济制度和计划

---

① 《列宁全集》（第7卷），人民出版社1986年版，第112页。
② 《列宁全集》（第7卷），人民出版社1986年版，第112页；《列宁全集》（第34卷），人民出版社1986年版，第468页。

经济管理体系。这些发展现代生产力措施中包含的经济思想，是对马克思主义经济理论的重要发展。到1952年底，全国粮食总产量由1949年的11318.4万吨增加到16393.1万吨，增长44.8%，同时，主要工业产品和轻工业产品的产量均超过历史最高水平。[①]

1953年，毛泽东在主持起草《关于发展农业生产合作社的决议》时指出：为进一步提高生产力，需对农村农业进行社会主义改造，"以便逐步克服工业和农业这两个经济部门发展不相适应的矛盾，并使农民能够逐步完全摆脱贫困的状况而取得共同富裕和普遍繁荣的生活"[②]。此后，毛泽东在多个场合表达了这个观点和提到共同富裕概念。比较毛泽东时期的中国实践与俄国、苏联实践的异同点，主要表现在以下几个方面：第一个方面，在消灭贫困的政治斗争的主体和行动路线上，俄国、苏联是通过城市工人武装斗争夺取政权、以暴力方式从城市到农村消灭私有制，消灭有产阶级，而中国则走的是在工人阶级的领导下以农民阶级为主体，从农村到城市再到全国全面铺开新民主主义、社会主义革命的行动路线，这就使中国的共同富裕更具有"所有一切人都富裕起来"的普遍意义。第二个方面，在行动方式上，中国的社会主义革命（改造）对帝国主义、官僚资本主义和民族资本主义（资产阶级）作了严格的区分，对后者采取赎买政策、和平改造的方式。在土地改革时期，没有实施苏联那样的彻底消灭政策，而是对农村的地主、富农作了严格的区分，即使在消灭地主经济时，除少数的恶霸地主之外，仍给地主留有经济上的出路（保留少量的土地）。在社会主义合作化改造过程中，对农民也没有实施苏联那样的强迫政策，而是通过动员农民自觉组织起来走向集体主义道路。在农村集体经

---

① 《中国共产党简史》，人民出版社2021年版，第162页。
② 《建国以来重要文献选编》（第4册），中央文献出版社1993年版，第662页。

济的规模和经济管理（结算）范围过大时又作了退缩性调整，使中国消灭贫困的进程更加平稳。第三个方面，在公有制组织形式、计划体制方式上，中国的公有制组织形式更富层次性。这种层次性不仅体现在城市工商业公有制与农村农业合作经济的差异上，也体现在城市和农村公有制经济内部组织形式、组织规模层次的丰富性上。中国的计划管理体制相对来说更富有弹性，中央的管理权责与地方的管理权责、政府的管理权责与经济组织的管理权责、城市商业经济组织和农村集体经济组织的权责都有相应的区分。第四个方面，中国与苏联都始终强调发展工业生产力，都采取优先发展重工业的策略，都为本国建立起较为完整的近现代工业体系，为本国消除贫困打下了一定的物质基础。苏联的技术水平更为先进，重工业力量更为强大，而中国在采取优先发展重工业策略的同时，又保持适度发展轻工业、农业的补充策略，不忽略和轻视发展轻工业、农业，从而避免了苏联工业与农业、重工业与轻工业比例严重失调的弊端。第五个方面，中国与苏联在消除贫困和贫富两极分化的社会根源上都取得了极大的成功，在促进共同富裕的进展上，前期都成效显著，但后期都处于进展缓慢或停滞状态。第六个方面，中国为改革开放的成功留出了巨大的空间，而苏联则没有这样的空间，这也可看作苏共20世纪八九十年代改革失败的重要原因之一。

三、邓小平理论开启共同走向富裕的新征程

针对"文化大革命"时期计划管理体制僵化、经济效率低下和人民生活在相当长的时间内得不到改善等问题，邓小平指出，贫穷不是社会主义，社会主义就是要发展出更高的生产力，就是要满足人民群众不断增长的物质需要和精神需要。他明确指出"整个社会主义历史阶段的中心任务是发

展生产力"①。党要把工作重心转移到经济工作上来，坚持以经济建设为中心一百年不动摇。为更好地发展生产力，邓小平又为党制定了通过改革开放来发展生产力发展经济的基本方针和行动策略，指出中国不走改革开放这条路，"就没有别的路可走。只有这条路才是通往富裕和繁荣之路"②。针对发展非公有制经济、市场经济将产生新的有产阶级（阶层），可能再次产生贫富两极分化并失去人民群众的支持，从而改变我国社会主义性质的担忧和可能性，针对西方资本主义国家利用我国改革开放而诱导、策动"和平演变"的担忧和可能性，邓小平明确指出，社会主义"第一是发展生产力，第二是共同致富"，"不搞两极分化"，在改革中，"我们要始终坚持两条根本原则，一是以社会主义公有制经济为主体，一是共同富裕"。③并制定了以建设小康社会为目标任务的分阶段走向共同富裕的战略目标、战略规划。与此同时，为解决改革开放——发展非公有制经济、市场经济将可能产生新的贫富分化、贫富矛盾的问题，邓小平又提出应该对"先富裕起来的个人，也要有一些限制"和"先富带后富"的指导思想及总体行动策略。

在邓小平理论的指导下，党的十一届三中全会之后，先是广大农村推行联产承包责任制及农产品逐步商品化的改革，继而城市推出以厂长负责制、承包制为主要形式的管理体制和经营体制改革，从而极大地解放了生产力，丰富了社会物质产品，提高了人民的物质生活水平。邓小平南方谈话之后，以江泽民为核心的中央领导集体作出并实施一系列深化改革的措施，逐步构建起以公有制为主体、多种所有制经济共同发展的所有制结构体系，构建起社会主义市场经济体系和管理体系，构建起以按劳分配为主、多种分配方式并存的分配体系。

---

① 《邓小平文选》（第3卷），人民出版社1993年版，第254—255页。
② 同上，第150页。
③ 同上，第172、123、142页。

在这一阶段，我们取得了巨大的成绩，在思想政治上，确立起"贫穷不是社会主义"和"共同富裕先要富起来"的共识，树立起社会上对个人物质利益需求尊重与保护的意识，这也是个体独立发展与人民富裕的先决条件；在实践上，极大地解放了生产力，增加了社会物质产品总供给，丰富了人民的物质财富，丰富了社会经济组织形式、经济运行形式、社会财富分配形式，奠定了中国发展坚实的物质基础。但在发展的同时，也产生了一系列新的问题：一是收入差距扩大较快，20世纪90年代中后期以来，劳动所得的增长速度远远跟不上资本所得的增长速度，社会阶层分化明显，人民感到劳动所得被剥夺的情绪开始滋生、蔓延；二是由于改革措施落实的时差、时滞所带来的不平衡效应，产生财富分配错置现象；三是大量社会公共产品被过度商品化，教育、医疗、住房商品化对中下层群众产生巨大的物质和精神压力；四是生态环境恶化问题开始成为社会问题并随着经济发展有逐渐变得严重的趋势（环境恶化是另一种社会财富分配不公的表现形式）。以上四个方面问题的产生，虽然有一定的历史必然性，但观念上将注重效率放在优先地位，公平问题则时不时地被放置在次要地位甚至被忽视也是重要的原因之一。

党的十六大之后，以胡锦涛为总书记的党中央，一方面坚持深化改革的基本方针，另一方面针对前一阶段所产生的问题，在效率与公平之间采取更加平衡的方针和策略，提出走可持续科学发展道路。胡锦涛指出：在促进发展的同时，要把维护社会公平放到更加突出的位置，要"综合运用多种手段，依法逐步建立以权利公平、机会公平、规则公平、分配公平为主要内容的社会公平保障体系，使全体人民共享改革的成果，使全体人民朝着共同富裕的方向稳步前进"[①]。他在多个场合一再强调"要始终把实

---

① 《十六大以来重要文献选编》（中），中央文献出版社2006年版，第712页。

现好、维护好、发展好最广大人民的根本利益作为党和国家一切工作的出发点和落脚点",要"保障人民各项权益","发展成果由人民共享"。①"以解决人民群众最关心、最直接、最现实的利益问题为重点,着力发展社会事业、促进社会公平正义、建设和谐文化、完善社会管理、增强社会创造活力,走共同富裕道路。"②

依据上述科学发展观的执政理念,以胡锦涛为总书记的党中央描绘了七个方面的和谐社会蓝图,设计了学有所教、劳有所得、病有所医、老有所养、住有所居的民生建设图景,并从政治、经济、社会、文化各方面制定和实施构建和谐社会的行动方案、改革措施,有效地扼制并扭转了收入差距不断扩大、民生压力不断增大的趋势。

比较改革开放前后30年中国共产党关于共同富裕的理论及其具体实践,我们可以发现以下几个异同点。首先,在共性方面,前后30年都坚持科学社会主义共同富裕的基本原则,都坚持马克思主义基本原理与中国具体实践相结合,坚持从中国实际出发创造性地建设社会主义,创造性地描绘中国人民共同富裕的具体蓝图。其次,在相异性或者说后30年的理论发展方面,主要有以下几点:一是由于时代背景的差异,毛泽东时期对共同富裕范畴、概念的理解更多的是落在"共同"方面,对所有制的多样性、收入差距及其扩大持高度的警惕乃至拒斥的态度,而邓小平理论对共同富裕的理解更多的是落在"富裕"方面,认为共同富裕必须先富起来,哪怕是一部分地区、一部分人先富起来;二是从思维方式上来看,毛泽东对财富分配更多的是从收入差距的静止方面即多与少的对立状态来思考问题,以静止状态来追求人们收入的相对一致性,而改革开放后的30年特

---

① 《十七大以来重要文献选编》(上),中央文献出版社2009年版,第12页。
② 《十六大以来重要文献选编》(下),中央文献出版社2008年版,第675—676页。

别是邓小平理论的实践则更多的是从动态平衡、过程平衡的方面来思考问题，以动态过程（让一部分人先富起来，先富带后富）来追求人们生活水平的提高，追求全社会的共同富裕。再次，在政策实施的方式方法上，计划经济时代的方法相对来说要简单粗放一些，比如不准许个私经济发展，比如劳动计酬基本按时（出工天数）计算，而改革开放以来，政策手段更具复杂性、丰富性以及奋斗目标上的明确性、具体性。最后，毛泽东时代为我们走向共同富裕筑起了基本制度架构和思想价值观高地，而改革开放则为我们打开了共同富裕的大门。

四、党的十八大以来共同富裕的理论和实践提升到新的历史高度

党的十八大之后，围绕实现社会主义现代化和中华民族伟大复兴的总任务，一系列理论创新与实践创新相继展开。党的十八大根据总体小康初步实现的客观现实进程，提出在中国共产党成立100周年时全面建成小康社会，在新中国成立100周年时建成富强民主文明和谐的社会主义现代化国家，赋予了小康社会"全面"的新内涵，体现出"一个也不能少"的人本关怀。在党的十九大报告中，习近平总书记指出，经过长期努力，中国特色社会主义进入了新时代，这个新时代是全国各族人民团结奋斗、不断创造美好生活、逐步实现全体人民共同富裕的时代。这就将"全体人民共同富裕"进一步提升到时代方略的高度，这是站在马克思主义立场、观点、方法上对我国基本国情和人民群众生活状况的观察思考。

第一，以习近平同志为核心的党中央在思想理论上集马克思主义共同富裕理论之大成，更为全面、完整和系统地阐述了中国特色社会主义共同富裕理论。一是在价值原则、价值目标上，进一步明确和坚定了共同富裕

的社会主义基本原则，进一步明确和坚定了以人民为中心的发展思想，进一步明确和坚定了不断促进人的全面发展、全体人民共同富裕的奋斗目标，使共同富裕更加具有全民性的内涵。二是在共同富裕价值原则、价值目标与社会主义各项制度的相互关系上，进一步明确了社会主义基本经济制度、政治制度和社会建设、文化建设、生态建设是实现共同富裕的根本保障及其表现形式，体现了从制度安排上防范非正义的贫富差距产生的社会主义优越性。三是进一步明晰了在一定历史条件下共同富裕的内容，即在中国特色社会主义道路、理论、制度、文化不断发展的新时代，共同富裕不仅指物质财富和物质生活的富裕，同时也包括精神财富和精神生活的富裕。要满足人民日益增长的美好生活需要，不仅需要增加居民收入，还要不断提高人民生活品质、生活品位。四是在思想理论上，排除了来自"左"和右两个方面的干扰，坚守底线①，防止历史性错误，并从国情出发，在2035年基本实现社会主义现代化远景目标中提出"全体人民共同富裕取得更为明显的实质性进展"，在改善人民生活品质部分突出强调"扎实推动共同富裕"，将实现共同富裕的"人民好"同建成全面高质量现代化国家的"国家好"进一步有机统一。

第二，在实践上，政策原则、政策指向更为明晰，政策方案、政策措施更为全面、更为科学、更为精准，政策实施更为有力、更为坚决，政策成效更为明显。一是把共同富裕的价值指向和价值原则贯彻于新发展理念及"五位一体"总体布局、"四个全面"战略布局，把脱贫攻坚摆在治国理政的突出位置，作为实现第一个百年奋斗目标的重点任务，全面打响脱贫攻坚战，2020年底如期完成脱贫攻坚目标任务，提前十年实现《联合国

---

① 在宏观上是必须紧紧抓住经济建设这个中心，进一步把"蛋糕"做大；在微观上还有诸如"农民利益不受损""基本公共服务均等化"和不能依靠不断加重个人赋税负担"均贫富"等指导原则。

2030年可持续发展议程》减贫目标，全面建成小康社会。二是依照共同富裕的价值原则、价值指向，在效率与公平的关系上，政策取向更为平衡，政策手段更为多样、完善；在所有制经济政策上，排除各种干扰，始终坚持以公有制为主体、多种所有制经济共同发展；在分配政策上，坚持按劳分配为主体、多种分配方式并存的方针，在一次分配领域逐年提高劳动所得的占比，在二次分配领域把社会民生建设放在主要财政支出的重要方向，在三次分配领域积极鼓励和支持社会力量举办各种社会公益事业，实现效率与公平在更高水平上的有机统一，迈出发展成果为广大人民群众所共享的坚实步伐。三是先富带后富的政策措施更为精准、丰富、有力，山海协作、对口扶贫、地区协作、城乡统筹、区域振兴、乡村振兴等一系列项目工程战略有力地推动了共同富裕的向前发展，实现区域优势互补。特别是将脱贫攻坚政策体系和工作机制同乡村振兴有效衔接、平稳过渡，创造性地使农民共同富裕与乡村振兴同步发展。四是在生产力和物质生活水平不断提高的基础上，提升政府治理效能，扎实推进经济建设、政治建设、社会建设、文化建设、生态文明建设，激发社会活力，矫正导致资源分配不公平、机会不均等的环境及制度性因素，推进公共服务均等化，促进共同富裕的内涵不断丰富、外延不断扩展，不仅消灭现行标准下的绝对贫困，全面建成小康社会，而且极大丰富了人民的精神生活，振奋了人民的精神状态，改善了人民的精神面貌，极大增进了人民的尊严和体面，从根本上压缩了物质相对贫困的空间、提升了精神富裕的水平。五是共同富裕的奋斗目标更为明确、意志更为坚定，阶段性任务清晰、规划科学合理，设置兜底保障的底线制度安排，保障社会中最弱势的群体享受社会主义制度与社会进步带来的福祉。步伐踏实、不松懈、不盲进，共同富裕事业发展有序扎实推进。

五、马克思主义共同富裕思想的启示

（一）探索适合国情的共同富裕道路需要不断进行理论与实践创新

消灭贫困，实现共同富裕是人类解放的核心内容和人类社会发展的终极方向、终极目标，也是马克思主义的精髓。在这里，中国共产党有两个重大理论实践创新：一是把消灭无产阶级的贫困与消灭全体劳动人民的贫困、国家贫困有机地结合起来；二是把消灭资产阶级私有制、建立公有制以及按劳分配、计划管理体制进而实现共同富裕的马克思列宁主义一般原则与中国社会生产力欠发达的实际情况相结合，探索出一条以公有制为主体、多种所有制经济共同发展，以按劳分配为主、多种分配方式并存，资源配置以市场调节并起决定性作用并充分发挥政府宏观调控和引导作用，进而发展经济、提高社会生产力、推进人民共同富裕的中国道路。而这些理论创新正建立在中国现代化发展模式、中国奇迹、中华民族伟大复兴以及其他重大现实问题的经验基础与实践探索之上。

（二）应从人类社会发展模式和制度模式的高度认识我们的伟大事业

共同富裕，不仅是一种价值追求，在本质上，共同富裕更是社会主义的制度模式和发展模式。资本主义创造了前所未有的生产力，却导致无产阶级陷入贫困，导致普遍而广泛的贫富两极分化，证明这是一种典型的为着少数人的制度模式和发展模式。只有社会主义的、建立在生产资料公有制和人民民主政权基础上的共同富裕，才是真正为着广大人民群众的制度模式和发展模式。这一模式不仅保证了中国共产党带领中国人民快速发展，脱离贫困与匮乏，取得一个又一个举世瞩目的经济成果与伟大胜利，也向世界证明了共同富裕这一制度模式与发展模式的切实可行之处。在大发展大变革大调整时期，中国共同富裕的经验与成就为处于人类命运共同体中的其他各国各地区民众树立信心，描绘并指明了为人类解放与平等而共同奋进的未来理想图景。

（三）推进精神生活共同富裕，促进人的全面发展是共同富裕之旨归

共同富裕的内涵具有鲜明的时代性、历史性。在解放和发展社会生产力、不断推进共同富裕进程中，经过一系列的努力奋斗，人的依附性、被动性也随之进行着持续而深刻的改造，人民群众实现了从发展的旁观者到参与者的转变，更在共同把中国建设成为全面小康社会的过程中磨炼了优秀品性与开放品格。在当下已全面建成小康社会的时代背景下，随着社会生产力的不断提高和物质财富的日益丰富，在有了物质生活共同富裕的同时，还应大力推进精神生活方面的共同富裕，持续增大文、教、体、卫等民生工程建设的力度，以丰富人民群众的精神生活内容，持续推进法治建设、政治建设，不断提升社会安全和社会和谐水平，以增进人民群众的尊严和体面，不断增强人的独立性与现代性，使富裕、文明最终落实在人的解放和发展上。

新时代共同富裕的基本内涵、主要特征和实现路径

王祖强　李　涛

　　共同富裕是社会主义的旗帜和本质特征，也是广大人民群众的共同期盼和根本利益所在。我们推动经济社会发展，归根结底是要实现全体人民共同富裕。邓小平曾经指出："共同致富，我们从改革一开始就讲，将来总有一天要成为中心课题。"[①] 随着我国全面建成小康社会、开启全面建设社会主义现代化国家新征程，必须把促进全体人民共同富裕摆在更加重要的位置。党的十九届五中全会在描绘到2035年基本实现社会主义现代化远景目标中提出"全体人民共同富裕取得更为明显的实质性进展"，在改善人民生活品质部分突出强调了"扎实推动共同富裕"，这样的表述，在党的全会文件中还是第一次，既指明了前进方向和奋斗目标，也兼顾了需要和可能。[②] 2021年1月28日，习近平总书记在十九届中央政治局第二十七次集体学习时再次强调，进入新发展阶段，完整、准确、全面贯彻新发展理念，必须更加注重共同富裕问题。浙江省委十四届八次全会在描绘2035年远景目标时，则提出了"共同富裕率先取得实质性重大进展"的奋斗

---

① 《邓小平文选》（第3卷），人民出版社1993年版，第364页。
② 习近平：《关于〈中共中央关于制定国民经济和社会发展第十四个五年规划和二〇三五年远景目标的建议〉的说明》，载新华社2020年10月29日。

目标。

一、共同富裕的基本内涵和主要特征

共同富裕是社会主义的标识之一，社会主义以共同富裕为最终目的和根本特征。共同富裕的基本内涵需要回答共同富裕是什么和什么是共同富裕两大问题。

（一）共同富裕的基本内涵

共同富裕是一个由价值观、制度安排和社会政策体系等有机组成的动态系统。首先，共同富裕是一种社会价值观。共同富裕是公平正义理念在现代社会生活和公共秩序中的集中体现。其次，共同富裕是一种发展模式、制度安排和政策体系。共同富裕价值观总是体现在制度安排和政策体系中，也是通过一定的技术、体制和机制来实现的。如果没有体制机制的保障，共同富裕将会不现实地流于一种口号、一种理念。再次，共同富裕是历史的具体的，具有时代性和民族性。与传统共同富裕观念相比，当代共同富裕理念无疑具有更广泛的外延和更深刻的内涵。历史发展表明，人类对共同富裕的追求受到生产力发展水平的限制。最后，实现共同富裕是一个相当长的历史过程。实现共同富裕是一个客观的历史过程，其目标要在现实的历史发展过程中得以实现和扩展。此外，对个体而言，共同富裕还是一种道德价值观念、思维方式和生活方式。

共同富裕是一个反映特定生产力和生产关系的概念，可以从生产力与生产关系两个维度进行理解："共同"反映了社会成员对于财富的占有方式，是相对于私有制导致的贫富两极分化现象而言的，是社会生产关系性质的集中体现；"富裕"则反映了社会成员对于财富的占有程度，是相对于贫穷而言的，是社会生产力发展水平的集中体现。马克思主义创始人明确地阐述过这一思想。在社会主义以前的各个阶级社会中，占主导地位的生产关系虽然都曾经在某个历史阶段起过解放和发展生产力的作用，但后来都失去了这种作用，由生产力发展的动力变为生产力发展的桎梏。究其根本原因，皆在于社会财产占有和收入分配上严重两极化，少数人的富裕以大多数劳动者的贫穷为基础，因此，经济社会不可能实现可持续发展。

在新时代，共同富裕强调发展的主体性、正义性、公平性、共享性，要求我们在发展中正确处理好效率与公平之间的矛盾，积极追求效率与公平的统一。

共同富裕是人人参与、人人尽力、人人享有，体现了共建与共享的统一。只有人人参与、人人尽力、共同建设，才能真正共享共同富裕的成果。共建的水平越高，共享的条件越充分，共享的程度也会越高。共建是共享的前提条件。同时，共享是共建的最终目的。共享的程度越高，共建的动力就越大，成果也会更丰硕。共建为人民群众分享发展成果提供可能性，没有共建，共享就是无源之水、无根之木。而共享能够激发人民群众共建的积极性，离开共享，共建则会丧失内在动力，难以持续。

共同富裕以人民为中心，体现了发展的人民性。坚持发展为了人民、发展依靠人民、发展成果由人民共享。发展必须满足人民的利益需要。发展必须依靠人民。要重视人民的主体地位。发展旨在实现发展成果由人民共享。

共同富裕是让全体人民共同享有人生出彩的机会，体现了发展的正义性。共同享有人生出彩的机会的前提是尊重和保障每个人的权利，使社会成员平等地享有各项公民权利。共同享有人生出彩的机会的要义是机会公平。机会公平主要表现为起点公平。要让所有公民不论其性别、身份、出身、地位、职业、财产、民族等，都能在平等的起点上获得生存与发展的机会。共同享有人生出彩的机会需要有规则公平、过程公平作保障。

共同富裕的核心要义是让全体人民共享发展成果，体现了发展的公平性。让全体人民共享发展成果是共同富裕的核心。让全体人民共享发展成果主要表现为发展成果的分配公平；共享发展成果还必须让全体人民共享各种各样的社会资源和自然资源。

共同富裕的现实目标是守住民生底线，消除贫困，让每个人都活得有尊严。

（二）共同富裕的主要特征

共同富裕具有制度性、相对性、阶段性、发展性的特征。制度性是指共同富裕是社会主义的本质要求。全社会成员共同占有生产资料，是消灭阶级、消除剥削，实现共同富裕的根本途径。相对性是指共同富裕不是同时、同步、同等富裕，是实现普遍富裕基础上的有差别富裕；是在机会公平、规则公平基础上，承认各个主体要素资源禀赋差异的相对富裕。阶段性是指共同富裕既是一个终极目标，又需要分阶段、分步骤逐步实现。发展性是指共同富裕的内涵和要求会随着生产的发展、需求的变化而不断被赋予新的内容。

第一，效率与公平的有机统一是共同富裕的内在要求。共同富裕不是传统意义上的"均富""共富"，而是生产力发展基础上的发展成果共享，不仅涉及切"蛋糕"，也关系做"蛋糕"，是社会主义发展过程中效率与公平的有机统一。脱离公平片面强调效率，将会走向贫富两极分化；脱离效率片面强调公平，则会陷入共同贫穷。任何一种生产方式存在的绝对前提都是公平和效率最低限度的统一。

第二，缩小、城乡、区域三大差距是实现共同富裕的主要途径。收入、城乡、区域差距是共同富裕的对立面。由于要素资源禀赋和初始制度条件的差异，城乡、区域、收入差距具有内在的扩大趋势，并最终成为经济畅通循环和社会稳定发展的阻碍因素。缩小城乡、区域、收入差距，实现共同富裕，是社会经济发展规律的必然要求。

第三，物质丰裕和精神富有是共同富裕的基本内容。马克思主义的共同富裕是与人的全面发展密切关联的。人的全面发展包括物质生活和精神文化两个层面，因此，共同富裕的"富"不仅是物质生活层面的共同富裕，也是精神文化层面的共同富裕。

第四，扎实推进共同富裕既要预防出现贫富两极分化又要反对平均主义。平均主义是空想社会主义的特征，与科学社会主义是根本不同的。马克思主义创始人认为，平均主义的分配将导致社会向懒散发展，导致人们把劳动当作一种沉重的负担加以摆脱，导致懒散的竞赛。因此，社会主义决不能与平均主义相混淆。平均主义致使干多干少一个样、干好干坏一个样，没有体现奖勤罚懒、奖优罚劣的按劳分配原则，不利于社会生产力的发展。平均主义的实质是不干活的人占有干活的人的劳动成果，因此，从无偿占有他人劳动成果的角度看，平均主义也是一种剥削。把平均主义提高到对他人劳动成果无偿占有的高度来认识，是对平均主义认识上的重大飞跃。

马克思和恩格斯在创立科学社会主义的过程中，就从根本上划清了社会主义与平均主义的界线，认为与科学社会主义相适应的分配制度，不是平均主义，而是"各尽所能，按劳分配"。马克思在《1844年经济学哲学手稿》中批判了德国的魏特林和法国的巴贝夫的"粗陋的共产主义"思想体系。魏特林等人企图不通过发展社会生产力，凭借平均化地占有私有财产来建立完全平等的社会。马克思指出，这种思想反映了小私有者的心理和意向，因为"一切私有财产，就它本身来说，至少都对较富裕的私有财产怀有忌妒和平均化欲望"。因此，在马克思看来，共产主义最初形式

（空想社会主义）中的平均主义的性质"不过是私有财产关系的普遍化和完成"，"只不过是私有财产的彻底表现"。①恩格斯指出："决不能把'普遍的公平原则'和那种粗陋的平均主义混淆起来。"②

曾经，我们对什么是社会主义并没有完全搞清楚，甚至把平均主义误认为是社会主义，从而严重压抑了企业和职工的积极性。为此，邓小平就把打破平均主义"大锅饭"，允许一部分地区、一部分人先富起来，作为解放思想、激发人民群众生产积极性的一个"大政策"提了出来。邓小平指出："我们坚持走社会主义道路，根本目标是实现共同富裕，然而平均发展是不可能的。过去搞平均主义，吃'大锅饭'，实际上是共同落后，共同贫穷，我们就是吃了这个亏。"③因此，改革分配制度首先要打破平均主义，打破"大锅饭"，鼓励一部分人、一部分地区通过辛勤努力先富起来，这是一个在相当长的历史时期影响和推进社会主义经济发展的大政策。

二、新时代新阶段共同富裕的实践路径

改革开放40多年来，尽管收入差距有所扩大，但已经基本消灭绝对贫困现象，低收入群体的平均收入水平大幅度提高。这是改革能够获得广泛的社会支持，中国能够维持社会和政治稳定的重要原因之一。实现共同富裕是一个相当长的历史过程，脱贫致富的机会不是天上掉下来的。中国要解决贫富差距悬殊的问题，正如邓小平所说的，"不能削弱发达地区的活力，也不能鼓励吃'大锅饭'"④。当前及今后相当长一段时期，制约

---

① 《马克思恩格斯全集》（第42卷），人民出版社1979年版，第117—118页。
② 《马克思恩格斯选集》（第3卷），人民出版社1995年版，第650页。
③ 《邓小平文选》（第3卷），人民出版社1993年版，第155页。
④ 同上，第374页。

我国共同富裕取得实质性进展的首要因素依然是生产力发展水平所决定的经济发展水平，需要破解的主要难题是缩小城乡、区域、行业收入分配差距和提升优质基本公共服务均等化水平。在现阶段，要把消除绝对贫困、切实保护低收入群体的基本生活、建立社会安全网、向全体社会成员提供最基本的社会保障，作为实践共同富裕理想的重点。这既是缩小收入分配差距及缓和分配矛盾的重要内容，也是维护社会稳定的需要，同时还是缓解需求不足的重要措施。

第一，大力推动经济高质量发展，为共同富裕奠定更加坚实的物质基础。发展是解决我国一切问题的基础和关键。大力发展生产力，提高经济发展水平，是实现共同富裕的基础和前提。目前，我国人均生产总值虽已突破1万美元，但只有日本的1/4，也不到美国的1/6，与发达国家相比仍有较大差距，并不算富裕。因此，要实现共同富裕取得更加明显实质性进展的奋斗目标，必须坚持把发展作为第一要务，贯彻新发展理念，推动经济高质量发展，着力提升发展的质量和效益，为实现共同富裕创造更加丰富的物质财富。社会主义基本经济制度是经济高质量发展的制度支撑。要通过发展多种所有制经济和多种分配方式激发各种要素和主体活力，让一切劳动、知识、技术、管理等要素的活力竞相迸发，让一切创造社会财富的源泉充分涌流；通过完善社会主义市场经济体制，在充分发挥市场在资源配置中的决定性作用的同时更好地发挥政府的作用，切实提高资源配置效率。创新驱动是经济高质量发展的动力之源。要营造良好的科技创新生态环境，让科技人才的创造活力竞相迸发；要坚持科技创新与产业发展相结合，促进科技创新与实体经济深度融合。

第二，充分保障人民平等参与、平等发展的权利，促使改革发展成果更多更公平地惠及全体人民。"平等"是社会正义的基本要求。有平等参与，方有平等发展；有平等发展，方有共同富裕。要从政治、经济、社会、文化、法律、行政等各方面采取有力措施，扫除阻碍各类社会主体平等参与、平等发展的障碍，促进机会平等、规则平等，落实资源公平分配、推进城乡居民权利均等化，鼓励城乡居民在各个领域广泛参与，让每个人获得发展自我和奉献社会的机会，促进人人充分自由发展。

第三，切实改善财富分配格局，努力缩小收入差距。收入是民生之源，是人民分享改革发展成果的主要方式。缩小收入差距是促进全体人民共同富裕的重要举措。缩小收入差距需要改善分配格局：一要提高居民收入在国民收入分配中的比重和劳动报酬在初次分配中的比重，扩大中等收入群体，努力实现居民收入与国民经济同步增长、劳动报酬与劳动生产率同步提高。当前，提高劳动报酬比重，关键在于推动产业基础高级化和产业链现代化，要通过提升在全球产业链中的分工地位，增加附加值，提高劳动生产率，继而提高劳动报酬水平。二要完善再分配机制，加大税收、社保、转移支付等调节力度和精准性。切实提高低收入群体收入，合理调节过高收入。加大税收调节力度，改革个人所得税，完善财产税。完善高收入者个人所得税的征收、管理和处罚措施，择机全面推广个人住房房产税；充分发挥社会保障的兜底功能，努力实现全民医保和养老保险全覆盖，稳步提高社会保障水平；加大对相对贫困地区和低收入人群的转移支付力度。三要大力发展社会慈善事业，积极发挥慈善财产在扶老、救孤、恤病、助残、扶贫、济困等方面的补充调节作用。

第四，健全和完善基本公共服务体系，逐步提升优质基本公共服务均等化水平。优质基本公共服务均等化是共同富裕的重要标志。坚持尽力而为、量力而行的原则，在经济和财力可持续增长的基础上健全和完善基本公共服务体系，提升基本公共服务质量和均等化水平。一要健全公共财政体系，调整财政支出结构，加大教育、医疗卫生、保障性住房等基本公共服务领域的支出。二要强化就业优先政策，促进充分就业。加快健全就业公共服务体系，完善职业技能教育培训制度，提升职业技能教育培训的针对性和适应性；破除妨碍劳动力、人才社会性流动的体制机制弊端；健全和完善劳动关系协调机制。三要建设高质量教育体系，促进教育公平。着力推动义务教育均衡化发展和城乡义务教育一体化发展，合理配置教育资源，积极推进优质教育均衡化发展；继续加大教育事业投入力度，高质量普及学前至高中段15年教育，争取将义务教育延长至12年。四要健全医疗健康服务体系，促进优质高效医疗资源均衡布局。健全和完善公共卫生防护网，为全体人民提供全方位全周期健康服务；强化基层公共卫生体系建设，促进优质医疗资源扩容和区域均衡布局；建立稳定的公共卫生事业投入机制，改善公共卫生服务基础条件。五要加大保障性住房供给，努力满足困难家庭基本住房需求。

第五，加快建设高标准市场体系，建立全国统一的劳动力市场，促进城乡之间和地区之间的劳动力流动，遏制城乡差距和地区差距扩大的趋势。健全平等准入、公正监管的市场体系基础制度，形成高效规范、公平竞争的国内统一市场。打破人口流动壁垒，是控制城乡之间、地区之间收入差距持续扩大的非常有效的途径。

第六，大力推动文化大发展大繁荣，努力满足人民群众日益增长的精神文化需求。推进城乡公共文化服务体系一体化建设，加快构建城乡一体化的现代公共文化设施网络，实施文化惠民工程，健全现代文化产业体系，扩大优质文化产品供给。

哲学视阈下的共同富裕示范区建设

陈晓熊　王根土　朱志国　王　甲

中国特色社会主义事业是前无古人的伟大事业，共同富裕是社会主义的本质要求。中央赋予浙江高质量发展建设共同富裕示范区新使命新担当，这是浙江未来较长一个时期的重大政治任务。要站在马克思主义哲学高度，准确理解和把握共同富裕的深刻内涵、核心要义和实践要求，坚决扛起共同富裕先行示范的历史重任，切实提高政治判断力、政治领悟力、政治执行力。

一、从唯物论的角度看，切实增强实现共同富裕的强大政治自信

理论上成熟是政治上成熟的基础，政治上的坚定源于理论上的清醒。从辩证唯物主义和历史唯物主义角度追根溯源，有助于我们深切领会中国共产党推进共同富裕的逻辑必然，始终坚定对实现共同富裕的强大政治自信。

（一）新事物代替旧事物的客观必然性，赋予共同富裕以强大真理力量

马克思主义认为，世界是物质的，物质世界的运动是有规律的，任何

事物都要经历产生、发展、灭亡的过程，新事物战胜旧事物是事物发展的必然趋势。社会主义社会作为崭新社会形态，其对资本主义社会的超越既遵循了新旧事物替代的一般规律，又反映了资本主义社会本身所具有的不可克服的内在矛盾这一特殊规律，这是逻辑的必然。共同富裕是社会主义新事物的本质所在，是对资本逐利扩张和贫富两极分化现象的积极扬弃，代表着新旧事物矛盾演进的未来方向，有着强大生命力。各级党员领导干部对此必须倍加清醒坚定，做到深信笃行。

（二）新事物超越旧事物的巨大优越性，赋予共同富裕以强大价值力量

从历史上看，从原始公社的解体到资本主义生产方式的出现，过去一切社会形态下解决贫困、走向富裕的过程中无可避免地存在两个根本性的问题：要么是缺乏坚实可持续的物质基础，要么是少数人的富裕导致了绝大多数人的贫困。资本主义生产方式自诞生以来产生过非常积极的历史作用，但生产力的发展并没有带来社会普遍富裕，相反却越来越加深劳动阶层的贫困程度。当下一些西方发达国家出现的社会撕裂、占领华尔街运动、新冠肺炎疫情下普通社群的窘迫境遇就是例证。马克思主义看到了社会大生产是劳动者解放的前提和基础，从生产关系层面提出革命性的解决方案，为摆脱社会贫困指明路径和方向。回顾我们党领导人民革命、建设和改革的百年成功实践，对比当下中治西乱的现实，可以发现根本原因正是在于共同富裕所内含的价值理性，使我们立足解放和发展生产力，让发展成果真正惠及最广大人民群众。要充分认识这种源自唯物辩证法的本质优越性，深刻体悟共同富裕所具有的不可比拟的强大价值力量。

（三）理论一经掌握群众所具的内在彻底性，赋予共同富裕以强大实践力量

马克思指出："批判的武器当然不能代替武器的批判，物质力量只能用物质力量来摧毁。但是理论一经掌握群众，也会变成物质力量。理论只要说服人，就能掌握群众；而理论只要彻底，就能说服人。"[1]"哲学把无产阶级当做自己的物质武器，同样，无产阶级也把哲学当作自己的精神武器。"[2]全面脱贫的历史性成就、全面建成小康社会目标的如期实现，以实践的标准检验了党的创新理论关于实现共同富裕的完全正确性。据哈佛大学发布的《理解中国共产党的韧性：中国民意长期调查》[3]表明，中国民众对中国共产党的支持率超过93%。先富带后富、逐步实现共同富裕的伟大旗帜，是一面引领中华民族走向伟大复兴的理论旗帜，也是一面越来越受到全体人民拥护和爱戴的奋斗旗帜。要让广大干部群众更加坚定实现共同富裕的政治自信，同心同德画出最大同心圆，以清醒的政治自觉在思想上政治上行动上与党中央保持高度一致。

二、从辩证法的角度看，牢牢把握实现共同富裕的科学原则方法

共同富裕，简而言之，是全体人民通过辛勤劳动和互相帮助最终达到丰衣足食生活水平的迭代过程和目标状态。在社会主义初级阶段，共同富

---

[1] 《马克思恩格斯选集》（第1卷），人民出版社2012年版，第9—10页。
[2] 同上，第16页。
[3] 作者团队于2003—2016年间在中国进行了8次调查，与3.1万多名中国城乡居民进行面对面的谈话，以追踪中国公民在不同时期对中国各级政府的满意度。

裕不是同时、同步、同等富裕的平均主义，也不是片面、局域、固化的富裕，而是一个在消除贫穷和贫富两极分化基础上，充分体现生产力与生产关系、富裕与共同富裕矛盾运动过程的辩证统一状态。

（一）用全面的观点看，要把共同富裕作为一个系统来打造，高水平全面建设社会主义现代化浙江

事物是各个要素组成的有机整体，共同富裕是全面的、全民的也是全域的共同富裕。在"五位一体"总体布局、"四个全面"战略布局和"八八战略"总纲领的指引下，浙江建设共同富裕示范区无疑要涉及方方面面的工作，需要动员全省人民、举全省之力为之而努力。从具体工作角度，需要注意三个方面：一是人均生产总值、人均收入等各种人均指标有着总体衡量意义，有必要重新评估浙江总人口和不同区域实有人口基数的实质性影响，用实有人口管理模式全面修正现有工作模式。二是统筹兼顾解决城乡、区域、人群差距是全面性要求的重点，现在把 26 个加快发展县（市、区）作为突破口非常重要，同时也要十分重视解决城市居民中低收入群体的实际问题。三是当人们物质生活丰裕之后，精神生活将成为决定人们富裕和幸福程度的关键因素，浙江迫切需要在道德重建、精神慰藉、丰富文化产品等方面打出重拳，特别是要切实帮助城乡基层拿出促进人的自由全面发展的实招。

（二）用矛盾的观点看，要抓住主要矛盾和矛盾的主要方面，打好共同富裕的关键之仗

共同富裕本身是做"蛋糕"与分"蛋糕"内在统一的矛盾运动过程。要抓住做大"蛋糕"这一矛盾的主要方面，把中央对浙江高质量发展建设共同富裕示范区的深刻用意理解透彻，更加扎实地做好"六稳""六保"

等工作，坚定不移地通过打造三大科创高地、发展战略性新兴产业等举措推进转型升级。特别是对加快发展地区来说，更要锚定做大产业扩大税源目标，努力为共同富裕夯实物质基础。浙江"七山一水两分田"，要尤其重视"绿水青山就是金山银山"理念的具体实践路径，把巨大的生态价值转化为实现共同富裕的永续发展源泉。矛盾无处不在、无处不有。共同富裕的富，是仍处于初级阶段的富，越是讲共同富裕，越要注意引导合理预期、健康消费，越要在浙江大力倡导节约节俭、艰苦奋斗之风。

（三）用联系的观点看，要立足浙江自身发展，把浙江与全国大局的共同富裕贯通起来

世界是普遍联系的，共同富裕必须更加重视辩证处理"两个大局"的关系，提高省内各地、省内与省外发展之间的融合度，使"两共"战略（共享发展、共同富裕战略）成为浙江新一轮发展的鲜明旗帜。在万物互联时代，要充分利用数字化变革机遇，积极推出更多形式的协作体系，加快建立省域范围内融合发展、协同发展的体制机制。打造2.0版的山海协作、对口合作、对口支援，把责任更多地落实到发达地区身上，"飞地经济"既要飞到发达地区，也要主动飞入欠发达地区。要抓住构建国内大循环为主、国际国内双循环新发展格局的新机遇，在高水平对外开放和高水平超大规模国内市场建设中抢抓浙江发展先机、拓宽实现共同富裕的新路径。

（四）用量质互变的观点看，要把量的累积与质的飞跃统一起来，做好优存量、拓增量、控变量文章

任何事物都是质、量、度的统一。要优存量，体现质的规定性。对浙江来说，基尼系数、恩格尔系数、城乡收入比等指标要瞄准更高标准，突

出做大中等收入群体这一迫切任务，注意用改革的办法破除利益藩篱、防止阶层固化。要拓增量，注重量的累积。当前要继续推出一批共同富裕民生工程、德政工程，进一步谋划一批具有牵引性创新性突破性的载体抓手。要控变量，把握度的要求。十分注意防范化解各种累积起来的矛盾问题，包括各种自然的和社会的风险，特别是要在利用和保护好资本活力的基础上，切实防止资本逐利无序扩张带来的社会风险。抓紧建立一套科学指标体系，指引和推动共同富裕取得实质性进展。

（五）用发展的观点看，要把握好共同富裕的动态特征，在发展、变化、提高、改进中实现螺旋式上升

任何事物都在永不停息地运动，共同富裕不是静止的一成不变的目标状态，而是一个从局部到整体、从较低阶段向中高阶段不断演进的动态过程。实现"一部分人先富"到"先富帮后富"，需要我们创造有利于促进这一过程的现实条件，尤其要通过优化生产力布局，提高要素质量和配置水平，特别要对全省26个加快发展县（市、区）予以特殊要素支撑政策，促进资本、人才、技术向欠发达地区倾斜。从贫穷到富裕再到高层次富裕，不可能一蹴而就，需要多做打基础、谋长远的事，一个阶段一个阶段去做，切实防止"一口吃成胖子"的心理。共同富裕是一个波浪式曲折前进的过程，每个地方都要与时俱进地调整目标、政策、工作和评价体系，形成集增收、"消薄"、防"返贫"于一体的收入保障机制，特别是建立可持续的收入增长和低收入群众增收机制，完善分层分类的社会救助体系，防止因灾、因病、因重大变故返贫等现象。

三、从主体论的角度看，始终突出实现共同富裕的人民主体地位

马克思指出，"历史活动是群众的活动"①，任何革命和伟大的历史活动，只有代表群众利益，才能唤起民众，获得成功。推进共同富裕这一伟大历史实践，只有使人民真正成为历史的"剧作者"和"剧中人"，才能确保其始终代表历史前进的方向，推动人类文明进步。

（一）始终坚持人民至上

马克思主义是人民的理论，人民性是马克思主义最鲜明的品格。《共产党宣言》鲜明指出，"无产阶级的运动是绝大多数人的，为绝大多数人谋利益的独立的运动"。党和人民正在进行的共同富裕伟大实践正是这样一场轰轰烈烈"为绝大多数人谋利益"的无产阶级运动。实现富裕是人民的根本利益，实现共同富裕是更具根本性的人民利益，在推进共同富裕中必须把人民放在最高位置，牢固树立以人民为中心的发展观、现代化观，在任何时候都不能忘记为了谁、依靠谁、我是谁，真正把实现好维护好发展好最广大人民根本利益作为出发点和落脚点。习近平总书记指出，人民就是江山，江山就是人民。在实现共同富裕的道路上更需要树立全心全意为人民服务的马克思主义宗旨观，坚定不移地坚持和贯彻好党的群众路线这一根本政治路线。

---

① 《马克思恩格斯文集》（第1卷），人民出版社2009年版，第287页。

（二）始终增进人民福祉

"'思想'一旦离开'利益'，就一定会使自己出丑。"①共同富裕思想直接来源于马克思主义这个"人民的理论"，必然与最大限度地争取人民利益紧密相连。开展共同富裕实践，首先应考虑"人民是否真正得到了实惠，人民生活是否真正得到了改善"。当前，在经济社会发展水平取得相当成就的基础上，破题共同富裕要积极转变思路，妥善处理好国家利益与群众利益、高收入群体利益与中低收入群体利益的关系，建立更加注重公平的公共利益机制。要加大直接投入，更大力度持续推进减税降费等惠民利企政策，继续把新增财力重点用来发展民生事业，提升农村和加快发展地区等教育、医疗卫生、住房、社会保障、公共文化体育、福利救助服务供给，大力促进基本公共服务均等化。要更加尊重劳动价值，由重视要素分配向重视劳动分配转变，在提高劳动收入占比的同时，逐步增加劳动者的自由闲暇时间，这是充分体现马克思主义人道关怀的核心理念，浙江更应积极创造条件、有所作为。

（三）始终依靠人民力量

"人民是历史进步的真正动力，群众是真正的英雄。"探索共同富裕实现路径，要尊重群众、信任群众，充分发挥广大人民群众的聪明才智，让通往共同富裕的路子丰富和宽广起来。要创造良好的政策和金融环境，激发群众"造富"。坚持"两个毫不动摇"，把推进民营经济新发展作为实现共同富裕的特色之路来认识和把握，努力让一切创造财富的源泉充分涌

---

① 马克思、恩格斯：《神圣家族，或对批判的批判所做的批判》，人民出版社1958年版，第103页。

流。用好浙江民营经济活跃、数字经济发达、生态资源丰富等优势，倡导本地化用工，努力拓展增加人民群众可持续收入的各种渠道。浙江山区许多地方进入千家万户的来料加工是增收好渠道，要像抓电商经济一样注意引导、保护和发展。要创新生产方式方法，调动群众"谋富"。毛主席曾说过，中国人民中间实在有成千成万的"诸葛亮"，共同富裕最根本的要靠人民群众自我解放。浙江要重视浙商回归、乡贤回归等在乡村振兴中发挥实际作用。注意整合村集体、专业化团队、现代社会组织等各方面力量，稳步推进多种形式适度规模经营，为农村产业发展注入专业化社会化科学化元素。要完善二次和三次分配政策机制，充分体现"共富"。在财政税收上，要适度提高高收入者税负，探索以房产税为主导的财产税累进征收制度，进一步向加快发展地区和低收入人群倾斜，大力提高低收入群众社会保障水平，完善分层分类的社会救助体系，努力让人民群众在共同富裕道路上一个也不掉队。

（四）始终接受人民评判

"时代是出卷人，我们是答卷人，人民是阅卷人。"人民始终是我们党一切工作的最高裁决者和最终评判者。共同富裕直接关系人民群众根本利益，更应始终把人民群众意见当作实践的指挥棒。要高度尊重人民群众感受，时刻倾听人民群众呼声，真诚回应人民群众疑惑，变"替民做主"为"为民着想"，真正做到"民有所呼，我有所应；民有所呼，我有所为"。要始终坚持人民群众的标准，把人民群众拥护不拥护、赞成不赞成、高兴不高兴、答应不答应作为衡量工作得失的根本标准，重要民生项目要定期多方听取群众意见，随时接受群众监督检查，根据群众满意程度验收。要让人民群众切实感受温情，饱含深情地与人民对话、为人民做事，注意因人而异、差别化做好群众工作，在工作细节中让老百姓感受到温暖。自觉接受人民评判，也要求在实践中形成一套客观的科学评价指标体系，坚持人民标准，重视人民群众主观感受，进一步加大和优化人民满意度考核考评权重，把人民群众获得感、幸福感、安全感"民生三感"指数作为核心指标来评判共同富裕的实现程度。

四、从实践论的角度看，坚决扛起共同富裕示范区建设的伟大历史使命

在马克思主义看来，"哲学家们只是用不同方式解释世界，而问题在于改变世界"①。高质量发展建设共同富裕示范区不仅是重大理论问题，更是重大实践问题，说到底要靠干出来。对浙江来说，要重点把握好三个关键词。

（一）辨识度

任何事物都是共性与个性的统一，普遍性决定着事物的基本性质和方向，特殊性体现并丰富着普遍性。实现共同富裕不是把浙江同质化，在向共同富裕迈进的过程中，浙江应探索出更多具有鲜明区域特色的有效实现路径，为共同富裕实践贡献更加丰富的浙江元素。一是要在担当"三地"和"重要窗口"的政治使命中提高辨识度，坚决担负起"五大历史使命"，重点抓住具有牵动性、创新性、突破性的"十三项战略抓手"，继续把打造九张"金名片"作为实现共同富裕的关键之举。二是要在全面建设社会主义现代化国家进程中，突出十方面现代化先行，努力形成系列标识性成果，特别是要把实现人的现代化作为实现共同富裕的创造性举措。三

① 《马克思恩格斯选集》（第1卷），人民出版社2012年版，第140页。

是要努力打造一批共同富裕的标志性区域，不仅要保持好杭甬温等相对发达地区的既有优势，还应选取一批革命老区、偏远山区海岛、少数民族居住区等特殊类型区域打造成示范区，把打牢补齐底板、短板作为实现共同富裕的突出成就。

（二）实质性

具有相对稳定性的本质属性对事物具有决定性意义。共同富裕实现与否，关键看能否稳定具备一系列本质特征。党的十九届五中全会把扎实促进全体人民共同富裕摆在更加重要的位置，2035年远景目标中更是明确提出"全体人民共同富裕取得更为明显的实质性进展"。因此，浙江高质量发展建设共同富裕示范区必须牢牢把握"实"的要求，确保共同富裕取得实质性成果。当前来看，重中之重就是要确保"十四五"规划准时高质量落实落地，这不仅是党的意志，更是人民的意志。同时要率先深入研究解决发展不平衡不充分问题，进一步突出问题导向，谋划一批重大标志性项目和民生实事项目，争取在这方面迈出大步伐。此外，还要深化收入分配制度改革，实施好提升居民收入富民行动计划，千万防止形式主义、画饼充饥。

（三）示范性

在新旧事物的对立斗争中，新事物代表着事物发展的前进方向。新事物不引领、进步慢了甚至停滞落后都可能被时代淘汰，正如省委书记袁家军所讲的，"没有走在前列也是一种风险"。历史是合规律性与合目的性的统一，高质量发展建设共同富裕示范区是浙江的一场新的大考。未来浙江，一是要拿出一组有说服力的共同富裕关键数据，包括基尼系数、恩格尔系数、人类发展指数、幸福指数、基本公共服务均等化等核心指标；二是要打出系列行之有效的共同富裕工作组合拳，用成功实践率先突破不平衡不充分问题；三是要带出一个共同富裕的"朋友圈"，与对口援助地区、邻近和密切关联省市形成协同效应；四是要贡献一套可复制推广的共同富裕制度机制和一批基于共同富裕实践的重大理论成果，讲好"中国共同富裕故事"和"浙江高质量发展建设共同富裕示范区故事"，这些都是考验浙江努力成为全面展示新时代中国特色社会主义制度优越性的重要窗口、体现勇立潮头政治担当的重要方面，也是浙江在多大程度上为全国共同富裕实践作出引领示范作用的关键所在。

共同富裕视野下的公平正义问题

何建华

共同富裕是社会主义的本质要求，是中国共产党的百年夙愿和追求。经过百年奋斗，尤其是改革开放40多年的伟大实践，中国已成为世界第二大经济体，国家综合实力和人民群众的生活水平极大提高，已如期完成脱贫攻坚目标任务。尤其是作为共同富裕示范区建设主体的浙江，在城乡差距、区域发展以及富裕程度等各项指标上都走在全国的前列。但在现实生活中，贫富差距正日益扩大，由发展不平衡不充分引发的种种社会不公正不公平问题，必然影响共同富裕目标的实现。在新时代，公平正义是动员和凝聚社会力量、增强社会团结的旗帜，是解决新时代主要矛盾的价值准则，是满足人民群众对美好生活的需要、实现民生幸福的基本保障，也是共同富裕的核心价值和内在要求。浙江在高质量发展建设共同富裕示范区的进程中，必须立足浙江，面向全国，以问题意识为导向，正确认识和解决共同富裕进程中面临的不公平不公正问题，积极探索解决公平正义问题的体制机制和制度体系，在共同富裕价值观、制度体制和社会政策体系等各方面作出更加积极有为的努力，才能为扎实推进全国人民共同富裕提供可借鉴的普遍经验。

一、公平正义：共同富裕的价值准则

共同富裕不仅是物质财富方面的共同富裕，而且是经济、政治、社会、文化、生态等各方面权益的全面共享，其核心价值是社会的公平正义，是公平正义理念在现代社会发展和公共秩序中的集中体现。在新时代，共同富裕不仅是一种社会理想和价值目标，更是一种发展模式、制度安排和社会政策体系。共同富裕强调发展的人民性、正义性、公平性、共享性，要求在发展中正确处理好效率与公平之间的关系，积极追求效率与公平的统一；贯彻以人民为中心的原则，关心人，尊重人，关注社会发展过程中每个人的经济权利和政治权利，特别是要关注弱势群体，改善他们的弱势处境，保障他们的基本生活，维护他们的基本权益，尊重他们的人格尊严，让他们共享社会发展的成果，让人民群众切实感受到社会的公平正义。

（一）共同富裕坚持以人民为中心，强调发展的人民性

我们追求的发展是造福全体人民的发展，我们追求的富裕是全体人民共同富裕。共同富裕强调以人民为中心的发展理念，要求在发展过程中，坚持发展为了人民、发展依靠人民、发展成果由人民共享，[①]把人民群众对美好生活的向往作为党的奋斗目标。坚持以人民为中心，就是要尊重人民群众的主体地位，发挥人民群众的首创精神，最大限度地激发广大人民群众的参与热情和创造活力；就是始终要把实现好、维护好、发展好最广

---

① 《中国共产党第十八届中央委员会第五次全体会议公报》，载《人民日报》2015年11月2日。

大人民的利益作为发展的出发点和落脚点，作出更有效的制度安排，切实保障人民的各项权益，不断满足全体人民对美好生活的需要，增进人民福祉，促进人的全面发展，使全体人民朝着共同富裕方向稳步前进；就是要着力解决人民群众最关心、最直接、最现实的利益问题，紧盯党中央提出的各项惠民富民、促进共同富裕政策的落实，脚踏实地，久久为功，着力保障和改善民生，让人民群众切身感受到社会的公平正义。只有顺民意、谋民利、得民心，才能得到人民群众的广泛支持和积极参与，才能使发展具有取之不竭的源泉和动力，才能使全体人民同心同德稳步走向共同富裕。

（二）共同富裕是让全体人民共同享有人生出彩的机会，强调发展的正义性

共同富裕的一个基本前提和重要内涵就是让全体中国人共同享有人生出彩的机会，就是要让"生活在我们伟大祖国和伟大时代的中国人民，共同享有人生出彩的机会，共同享有梦想成真的机会，共同享有同祖国和时代一起成长与进步的机会"①。共同享有人生出彩的机会的前提是尊重和保障每个人的权利，使社会成员平等地享有各项公民权利。共同享有人生出彩的机会的要义是机会公平。机会公平主要表现为起点公平。要通过制度安排让所有公民不论其性别、身份、出身、地位、职业、财产、民族等，都能在平等的起点上获得生存与发展的机会。要努力营造公平的社会环境，使社会成员平等地获得教育培训、劳动就业、参与竞争、参与社会管理、社会保障、医疗卫生服务等方面的机会。机会公平，最重要的是教

---

① 《习近平在第十二届全国人民代表大会第一次会议上的讲话（2013年3月17日）》，载《人民日报》2013年3月18日。

育公平和就业公平。教育公平意味着平等享有竞争的能力，就业公平意味着平等享有竞争的机会。共同享有人生出彩的机会还需要有规则公平、过程公平作保障。

（三）共同富裕的要义是让全体人民共享发展成果，强调发展的公平性

让全体人民共享发展成果是共同富裕的核心。在新时代，以人民为中心的发展应当表现为人人共享、普遍受益。人人共享、普遍受益的含义是，社会发展的成果对于绝大多数社会成员来说应当具有共享的性质，即随着社会发展进程的推进，每个社会成员的素质应当相应地提高，每个社会成员的潜能应当不断得以发挥，每个社会成员的基本需求应当持续不断地得以满足，其生活水准应当相应地得以不断提高。让全体人民共享发展成果主要表现为发展结果的分配公平。坚持分配公平体现着社会财富分配的合理性，是人们评判社会公平程度的主要依据。现阶段要高度重视收入分配的问题，合理调整国民收入分配格局，逐步解决城乡之间、地区之间和各阶层群体之间收入差距过大的问题。要建立和完善社会调节功能，立足于社会的整体利益，对于初次分配后的利益格局进行必要调整，让社会成员普遍地得到由经济发展所带来的收益，不断改善和提高自己的生活质量。共享发展成果还必须让全体人民共享各种各样的社会资源和自然资源，这是促进社会公平正义、保证人民群众共享改革发展成果的必然要求。

（四）共同富裕的基本目标和任务是守住民生底线，切实保障弱势群体的权益，强调发展的共享性

守住民生底线，切实保障弱势群体的权利，是共享发展、促进公平正

义、实现共同富裕的基本途径。目前，我国已如期完成脱贫攻坚目标任务，取得了令世界瞩目的重大胜利。但还存在城乡收入差距大，农民社会保障水平低；城镇不同群体间保障待遇差距过大，部分人群保障制度缺失；社会保险未能实现"应保尽保"，部分劳动者尤其是进城务工人员尚未进入城镇社会保障体系等问题。对此，习近平总书记指出，小康不小康，关键看老乡。没有农村的小康，特别是没有贫困地区的小康，就不可能全面建成小康社会。因此，对困难群众，要格外关注、格外关爱、格外关心，千方百计帮助他们排忧解难，防范返贫风险，多措并举巩固脱贫攻坚成果。当前尤其要全面推进乡村振兴建设，"在破解城乡二元结构、推进城乡要素平等交换和公共资源均衡配置上取得重大突破，给农村发展注入新的动力，让广大农民平等参与改革发展进程、共同享受改革发展成果"[①]。必须进一步完善对弱势群体的养老、医疗等社会保障制度，更加注重"老少边"地区农民、被征地农民、进城务工人员、城镇下岗工人及城乡孤寡老人的权益保护，妥善解决社会保障领域中的历史遗留问题，积极推进弱势群体的社会保障，让发展成果真正为全民所共享。只有共享发展，才能增进民生幸福，才能促进经济社会健康有序发展。

（五）共同富裕要求共建共享，人人参与、人人尽力、人人享有，强调效率与公平的统一

共同富裕是财富创造前提下的共享，是效率基础上的共同富裕，不是搞平均主义，片面强调财富分配结果的一致性。如果一味追求分配结果的一致性，那么人的积极性和创造性就会被抑制，社会将没有发展动力可

[①] 《习近平在中共中央政治局第二十二次集体学习时强调健全城乡发展一体化体制机制　让广大农民共享改革发展成果》，载《人民日报》2015年5月2日。

言，而超越现实经济发展水平的共同富裕也是不可持续的。因此，共同富裕要求把共建共享贯穿于社会发展的全过程。共建是全体人民人人参与、人人尽力、共同建设，共享是全体人民共同享有建设的成果。共建与共享是有机统一的。社会发展首先需要全体人民共同参与、共同建设。共建是共享的前提条件。只有人人参与、人人尽力、共同建设，才能真正共享发展成果。共建的水平越高，共享的条件越充分，共享的程度也会越高。同时，共享是共建的最终目的。共享的程度越高，共建的动力就越大，共建的成果也会更丰硕。共建为人民群众分享发展成果提供可能性，没有共建，共享就是无源之水、无根之木；而共享能够激发人民群众共建的积极性，离开共享，共建则会丧失内在动力，难以持续。

二、新时代实现共同富裕面临的公平正义问题

随着科技的迅猛发展，以利益为驱动的市场机制在给中国发展带来生机与活力的同时，也对社会公平公正带来一定的负面影响，当前社会不公正不公平问题主要表现在以下几个方面。

（一）收入分配不平衡问题

近些年来，随着科技日新月异的发展，先发优势不断得到加强，收入差距不断扩大。当前我国贫富差距主要体现在财富收入分配不平衡上，如国家、企业和个人之间收入分配不平衡，不同阶层之间收入分配不平衡，不同行业之间收入分配不平衡，城乡之间收入分配不平衡，劳资之间收入分配不平衡，不同区域之间收入分配不平衡，等等，并且这些不平衡或多或少都跟科技进步和先发优势有关。同时，由于改革的不彻底和制度落实不到位，许多地方还存在同工不同酬及编内和编外收入差距大等现象，还

有土地财政和房价上涨也加剧了城镇居民之间的收入差距。当前收入差距存在于城乡之间、区域之间、群体之间、行业之间等方方面面。

（二）公共权力任性和腐败问题

腐败是我国利益格局变动过程中比较敏感的一个话题，也是人们关注的焦点。公共权力是维护社会公共秩序的基本手段，一旦被滥用，公共秩序就会遭到破坏，社会公平就会遭到践踏。在现实生活中，权力被滥用不仅会削弱党和政府的公信力，还会影响社会安全和秩序，侵犯人的合法权益，影响法制的权威，损害机会公平、规则公平和结果分配公平，严重影响社会公正秩序。同时，在市场经济条件下，权力易受到来自市场的诱惑，个别手握权力的部门和人员把权力私有化，导致权力被异化为"商品"，被用来谋取私利。自中央八项规定实施以来，一扫公款吃喝、公车私用、公费旅游等情况，但由于权力监督的制度体制不健全等原因，腐败现象仍旧存在。

（三）合法权利得不到维护问题

一段时期内，个别司法部门、司法人员存在着执法不严、不公正的问现象。在现实生活中，合法权利得不到保障、合法权利被侵犯的现象仍然存在。一些法定权利未能转化为实然权利。同时，由于个别人对公私权利的界定不清，导致公权力对公民权利的侵犯。个别干部对上访民众的态度简单粗暴，个别执法机构对民间维权人士任意拘留，有的权力部门对一些发表不同观点的人士进行打压等。由于合法权利得不到尊重，普通百姓和企业的尊严与利益也会受到影响。

（四）弱势群体的社会保障问题

社会保障制度体系尚不完善，相关政策措施配套不足，特别是对弱势群体的权益保障不到位，一定程度影响社会的公正和稳定。在中国经济快速发展的背景下，不可避免地出现了一些弱势群体，如农村低收入人口、城镇中的下岗失业人员、城镇中的农村流动人口、部分失地农民、老年人群等。尽管我们的经济总量增加了，但弱势群体的社会保障问题还没有得到根本解决。如占人口多数的农民仍然处在社会最底层，经济地位和社会地位低微。造成这种状况并不单纯是因为农业生产效率低，很大一部分原因是体制和政策体系的不够完善。

（五）教育不公平问题

当前教育不公平首先表现在教育资源分配不公平。虽然公共教育财政投入不断增加，但教育投入占国家财政支出的比重仍较小，而且城乡之间、地区之间、不同类别的学校之间教育投资也不平衡。即使在同一个城市或地区，不同学校的教育水平也存在着明显差异，既有世界一流教育水平的学校，也有仅满足基本教育需求的学校。"择校热""高考移民"现象正是教育资源分配不平衡的折射。其次是分数面前的不平等，如高考招生以不同分数线录取不同地区的学生，致使录取线高低不等、差距甚大。教育不公平还表现在教育腐败上，如抄袭、剽窃、评定职称中的弄虚作假以及教育乱收费等。

（六）社会阶层结构不合理问题

有学者认为，当前中国社会阶层结构存在断裂的危险：社会各阶层虽然从共时态看处在同一个历史时期，但从历时态看，却处于完全不同的发展阶段，各个阶层之间无法形成一个整体的社会。理想的社会阶层结构应该是中间大、两头小的橄榄型结构。现在我们的社会阶层结构则是处于最高和较高社会层级的阶层规模较小，处于社会的中间层级的也很小，而处于较低和最低社会层级的阶层的规模却相对较大，即典型的金字塔结构。广大农民与大量低薪及下岗工人占了总人口的绝大多数，而这些人占有的社会财富只是社会总财富中极少的一部分。中产阶层的比重小，中间大、两头小的社会阶层结构还没有建立起来。

（七）人居环境方面的公平正义问题

由于历史和现实的原因，城乡、区域、产业、群体之间的环境不公正现象较多，严重制约着经济社会的进一步发展，一些环境和生态污染问题也影响着全国人民的身心健康，所引发的社会矛盾日益增多，影响人民群众对美好生活需求的满足和社会的稳定和谐。当前中国的环境正义问题主要体现在城乡之间、区域之间、不同社会阶层之间、代际之间、国与国之间等各个层面。比如，在城乡之间，由于长期存在的城乡二元结构的影响，我国城市与农村在环保投入和污染治理水平上呈现出明显的差别，形成了"重城市、轻农村"的格局。特别是改革开放后，随着我国城市化、工业化、市场化进程的全面展开，对广大农村地区的自然资源的开发和利用不断加强，使得农村的自然环境功能和地理优势被不断弱化，急待修复。同时，高收入人群和低收入人群之间在享受环境福利和承担污染风险上也存在不公。

（八）文化观念领域的公平正义问题

扎实推进共同富裕需要公平正义观念和人格的伦理支撑。尽管我们大力倡导公平正义的社会价值观，但在现实生活中，也存在着等级观念、赢者通吃的精英主义、社会歧视、社会排斥等不平等观念。

当前中国存在的种种不公正现象，不仅影响了广大人民群众的获得感和幸福感，也影响全体人民同心同德走向全面共同富裕的信心和共识。必须以公平正义原则对当前我国的发展实践和发展模式进行反思，正确认识和科学解决推进共同富裕进程中面临的不公平不公正问题，在价值观、制度体制和社会政策体系等各方面作出更加积极有为的努力，让人民群众的合法的利益诉求受到平等的对待和保护，让人民群众共享发展成果，从而不断促进人的全面发展和社会共同富裕。

三、以公平正义为价值准则全面推进共同富裕

公平正义是动员和凝聚社会力量、同心同德朝着共同富裕目标前进的旗帜。如果忽视公平正义，改革和发展就会失去共识和动力，共同富裕目标就难以实现。必须坚持效率与公平相统一的原则，大力弘扬公平正义的社会主义核心价值观，培育共同富裕的文化土壤，建立健全公正合理的社会基本制度机制，合理分配基本权利和义务、利益和负担，积极探索市场、政府、社会良性互动的共同富裕实现机制。

（一）培育共同富裕的文化土壤

立足现实，大力挖掘和弘扬中国传统的公正美德，大力发掘和创新帮扶济世的传统文化精神及"天下为公""天下大同"的社会理想；有选择性地借鉴现代西方的慈善理念和社会福利观念；大力弘扬公平正义的社会主义核心价值观，大力培育全体公民公平正义意识和共享精神，培育慈善文化，提升全民的慈善意识和共同富裕理念，正确引导人们处理好财富创造和财富分配的关系。重视共同富裕的意识形态支撑，树立与建构公平

正义社会秩序相适应的思维方式，培育具有公平正义文化素养的健全人格，大力培植共同富裕的文化土壤。

（二）以公平正义为价值准则建立健全合理的社会制度

社会制度主要包括经济制度、政治制度、文化制度等，它们构成了社会的基本框架，规定着人的基本生活方式与交往方式。通过有效的制度体制安排，切实保障全体社会成员平等的发展机会和基本尊严，使社会各阶层人群的利益、权益和权利都能够得到充分的表达和实现，是新时代中国实现共同富裕的基本前提。要坚持公平正义原则，选择和确立普遍合理的制度体制，使公平正义成为社会主要制度的首要特征，为共同富裕提供制度体制保障。进一步深化市场化改革，大力破除各种体制性障碍，健全和完善公平竞争的市场经济制度；大力推进民主和法制建设，积极推进国家治理体系和治理能力现代化，健全和完善公平正义的政治制度；以保障全体人民平等的社会权利为目标，建立健全公平正义的社会保障制度。

（三）构建公正合理的居民收入分配体系

深化分配制度改革，坚持以按劳分配为主体、其他分配方式为补充，建立起同社会主义市场经济体制相适应的公正合理的分配机制。要理顺分配关系，完善市场分配制度。积极推进市场化改革，完善市场初次分配机制，努力使个人所得与其付出相一致，充分体现市场分配制度按贡献分配的原则。要健全法制，运用法律手段规范分配行为，整顿和治理分配秩序。严格执行《中华人民共和国税法》《中华人民共和国反垄断法》《中华人民共和国反不正当竞争法》《中华人民共和国企业国有资产法》等各类与分配相关的法律法规，严厉打击偷税漏税、非法经营、权钱交易等破坏分配秩序的行为，健全分配监督机制，加强对个人收入和分配活动的有效监督。要健全税收制度，运用税收手段调节收入。建立健全个人收入调节税制度，不断完善财富税收制度，加强资产利息、高档消费品等的税收制度，通过赋税缩小收入差距，实现分配公正。要建立健全社会保障体系，保障居民基本生活需要。要坚持效率与公平相统一的原则，建立健全既适合中国国情、又符合市场经济体制要求的多层次的社会保障体系，当前尤其要解决好"老少边穷"等低收入群体的基本生活保障问题。

（四）大力加强以民生为重点的社会建设

改革并完善社会基本结构，合理调整社会阶层结构、城乡结构和区域结构。建立健全社会政策体系，在教育、就业、医疗、养老、住房等民生领域，建立更加公平更可持续的社会政策和保障制度。统筹城乡发展，增加公共服务供给，推进城乡要素平等交换和公共资源均衡配置，统筹城乡义务教育资源均衡配置，整合城乡居民基本养老保险制度、基本医疗保险制度，推进城乡最低生活保障制度统筹发展，大力推进基本公共服务均等化。巩固脱贫攻坚成果，防范返贫，全面实施乡村振兴战略。

（五）构建市场、政府、社会良性互动的发展机制

充分认识市场、政府、社会相互关系的历史性和具体性，正确发挥市场作用、政府作用和社会作用，全面深化改革，促进政府、市场和社会三方的良性互动。要理顺市场、政府与社会三者关系，明确各自的边界，划清政府权力与市场的边界，划清政府权力与社会的边界。要发挥市场、政府、社会三者之间相互制衡的功能，使市场、政府、社会三方力量保持动态均衡。针对当前中国社会力量相对弱势的情势，政府和市场对社会力量应予以精心呵护和培育，尤其要培育非政府组织和作为社会中坚力量的中产阶层。同时，根据政府、市场、社会各自的职能对三者进行合

理分工，通过合理分工，各司其职，各显其能，使市场、政府和社会三方发挥相互制衡的功能，从而使市场、政府和社会这三种制度安排在发挥各自功能的前提下实现三者功能的凸性组合，促进经济社会均衡、协调发展。

（六）提高各级政府维护社会公正秩序的能力

以维护社会公正秩序为核心，来界定、限制和规范政府职能，努力提高政府维护社会公正秩序的能力。要提高政府依法执政的能力，加强民主政治建设，对政府权力进行合理的制度安排，改变政府行为的非理性因素，保证政府授权的正当性和权力不被滥用。要提高政府维护市场公正秩序的能力，建立健全市场竞争规则，通过界定和保护产权，限制垄断，制定和执行合理的财政政策、货币政策、产业政策，维护市场公正秩序。要提高政府开展社会保障的能力，打破城乡界限、地域界限和行业界限，实现社会保障的社会化和法制化，切实保障弱势群体的生存权和发展权。要提高政府协调社会利益的能力，政府有义务支持和帮助社会各阶层，特别是弱势阶层建立正常、规范的利益表达机制，同时建立规范的各阶层相互对话、交流的社会协商机制，及时、有效地解决相互之间的利益冲突，使社会公共秩序得到有效的维护。要提高政府执行公共政策的能力，加快推动政府职能由经济建设型向公共服务型转变，建立健全以发展社会事业和解决民生问题为重点的社会范围内的公共服务体系，通过公共服务的公共性、普惠性来营造一个公平公正的社会环境，为社会每一个成员提供平等参与社会公共活动的机会，让全体人民公平地分享经济社会发展的成果。

城乡居民对共同富裕的新期盼

林晓珊

共同富裕是社会主义的本质要求，是人民群众的共同期盼。"十四五"规划和2035年远景目标纲要提出，支持浙江高质量发展建设共同富裕示范区，这是新时代党中央赋予浙江的新使命。建设共同富裕示范区，需要从城乡居民的获得感、幸福感和满意度等方面入手，聚焦于收入、就业、教育、社会保障、文化生活、生态环境和民主法治等群众最关心最直接最现实的问题，深入了解浙江城乡居民在共同富裕新征程中的新期盼。为此，笔者进行了长期的调查研究，结论如下。

一、总体评价

浙江城乡居民总体获得感、生活满意度和主观幸福感程度较高，主要表现在以下几个方面。

（一）总体获得感更强

与五年前相比，超过3/5的受访者认为现在的生活水平更加好，1/3的受访者认为生活水平差距不大，只有4.61%的受访者认为现在的生活水平比过去差。在生活变得更加好的这一部分受访者中，58.64%的受访者认为工资收入比过去更高，53.57%的受访者认为居住条件比过去更好，39.30%的受访者认为职业发展前景变得更好了，38.59%的受访者认为生活更加有保障了，32.65%的受访者认为所获得的教育质量更加好了，31.62%的受访者认为消费质量更加高了，25.32%的受访者对生活的自信心比五年前更强，还有13.55%和11.01%的受访者分别认为社会地位更高和更受他人尊重了。此外，71.82%的受访者预计五年后的生活水平将会更加好，这充分体现了城乡居民对未来生活充满信心。

（二）生活满意度较高

受访者对目前总体社会生活感到非常满意和比较满意的比例分别占26.21%和48.87%，两者之和超过3/4，一般满意的占22.85%，感到不满意和非常不满意的受访者极为少数，分别占1.30%和0.77%。对家庭关系、邻里关系、公共基础设施、社会治安状况等社会生活方面，受访者的满意度也较高，且城镇居民的满意度略高于农村居民，收入水平越高的满意度也相对越高。

（三）主观幸福感较强

受访者感到非常幸福和比较幸福的比例分别为20.56%和59.89%，两者之和超过4/5，幸福感不明显的占15.70%，而感到不幸福和非常不幸福的受访者占比很少，分别仅为3.17%和0.67%，可见大多数受访者对生活的主观幸福感体验是好的。分性别和婚姻状况来看，女性比男性的幸福感程度相对更高，已婚的比未婚的幸福感程度也相对更高；分城乡来看，城镇居民的幸福感程度比农村居民更高。

二、存在的问题

在收入满意度、收入分配公平感、社会保障满意度等方面还有较大的提升空间，在生活质量、教育获得、文化消费等方面也还有较多不足，并存在较为显著的城乡差异，一些受访者在不同程度上还遭遇到一些经济和社会方面的困难，对于一些先富起来的人，也有不同的看法。以下几个方面问题值得关注。

（一）收入满意度相对低，收入分配公平感较弱

受访者对收入感到非常满意和比较满意的比例加起来不足 2/5，而感到不满意和非常不满意的比例之和超过 1/5。农村居民的收入满意度低于城市居民。针对当前整个社会的收入分配状况，只有不到 1/2 的受访者认为非常公平或比较公平，而认为比较不公平和非常不公平的受访者超过 1/5。交互分析发现，收入满意度越低的职业阶层，越是认为当前整个社会在收入分配上存在不公平。

（二）物价房价上涨过快，生活质量明显受制约

在过去一年，超过 2/3 的受访者遇到一些经济困难。其中，超过 1/2 的受访者表示因物价上涨而影响生活水平，超过 1/5 的受访者表示住房条件差但买不起房子。有受访者指出，"靠个人工资难以凑齐买房付首付的钱"，"怕货币贬值，强撑着买了房，成了'房奴'，目前经济有压力"，"房子涨价幅度太快太大"，"房价太高，供房困难，生活压力大"。

（三）向上流动机会不足，教育不公平依旧存在

近1/3的受访者认为当前社会存在缺少向上流动机会和教育不公平等社会问题。认为缺少社会流动机会这一问题比较严重和非常严重的受访者接近两成，认为教育不公平这一问题比较严重和非常严重的受访者超过3/10。对流动机会和教育公平问题严重性的感知情况，与个人主观幸福感和生活满意度密切相关，越是认为上述问题严重存在的受访者，主观幸福感和生活满意度就越低。对这些问题的看法，表达了城乡居民对阶层固化趋势的一种担忧。

（四）文化消费层次不高，文化活动城乡不均衡

在居民消费支出中，体现发展性消费需求的教育文化娱乐支出比例，低于食物、生活用品和服务、居住等生存性消费需求的支出比例。在受访者最经常去的文化活动场所中，公园绿地占比最高，其次是电影院，再次是图书馆，而去博物院或展览馆、剧院或音乐厅等高端文化消费场所的占比分别排在最后两位。文化活动资源和文化活动场所的分布存在明显的城乡差异，农村的文化活动资源和文化活动场所远远低于城市。

（五）共同富裕标准不清，先富示范作用不够强

绝大多数受访者对浙江高质量发展建设共同富裕示范区充满信心，但课题组在访谈中发现，部分受访者对共同富裕的评价标准不大了解，特别是在贫富差距仍较突出的当下，对什么是"共同"的富裕生活有较大疑惑。对于先富带动后富这一问题，只有1/2的受访者认为先富裕起来的人有非常好的示范带动作用，近1/3的受访者认为示范作用一般，近1/10的人认为没有示范作用或跟自己没有关系，也有一小部分人认为先富起来的

人带来了一些负面作用和不良影响。

三、城乡居民对共同富裕的新期盼

共同富裕的内涵十分丰富，城乡居民对此有不同的理解和期盼。城乡居民除了希望拥有比较富足的物质生活之外，还对社会保障、文化生活、居住环境、生态环境、公平正义和公共服务等有更多期盼。

（一）对工资收入、消费质量、物价房价等物质生活领域有更多期盼

共同富裕首先是以物质生活的共同富裕为基础的。在高质量发展建设共同富裕的新征程中，经济的繁荣与可持续发展是实现共同富裕的保障。调查结果显示，在对物质生活领域的期盼中，85.74%的受访者期盼未来五年收入稳步增长，56.17%的受访者期盼物价保持稳定，50.50%的受访者期盼房价更加合理，24.72%的受访者期盼消费质量更高，24.78%的受访者期盼财富和收入分配更加公平，还有15.27%的受访者期盼就业质量更高。也有受访者提出，"应当降低医疗费用和教育费用"。

（二）对社会安全感、社会信任度、社会流动机会等社会发展有更多期盼

实现共同富裕，是以社会和谐稳定和健康发展为前提的，若缺乏社会安全感、缺少社会保障、没有社会信任或没有通畅的向上流动机会，将无法实现真正的共同富裕。对未来五年在社会生活领域的期盼，65.19%的受访者期盼有更高水平的社会保障，52.47%的受访者期盼有更加和谐的社会关系，45.18%的受访者期盼有更完善的公共服务设施，43.30%的受访者期

盼更多的安全感，还有33.61%的受访者期盼有更多的向上流动机会。有受访者提出，要有"更多的保障性住房""更公平的教育机会"和"更高的养老金"等。

（三）对公共文化服务、多元文化产品、传统文化活动等文化生活有更多期盼

共同富裕是物质生活和精神生活普遍繁荣的全面富裕。在全面建成小康社会的背景下，城乡居民对提高精神文化生活也有了更多的期盼和更高的追求。调查结果显示，对未来五年在文化生活领域的期盼，73.31%的受访者选择有更好的公共文化服务场所，42.87%的受访者选择有更多传统文化活动，40.33%的受访者选择有更高的文化服务水平，40.52%的受访者选择有更优质的文化活动，还有37.21%的受访者期盼有更多元化的文化产品。有受访者表示，"希望村里能有更多免费的高质量文化活动"。

（四）对天更蓝、山更绿、水更清等美好生态环境有更多期盼

良好生态环境是最公平的公共产品，是最普惠的民生福祉，也是扎实推进共同富裕的题中应有之义。调查结果显示，城乡居民对于良好生态环境的期盼明确而又迫切。非常关注生态环境问题的受访者超过1/3，比较关注的接近1/2，较少关注或不关注的所占比例极少。这一调查结果充分说明了人民群众已经从"盼温饱"转变为"盼环保"、从"求生存"转变为"求生态"，生态环境在城乡居民生活满意感和幸福感中的地位不断凸显。绝大多数的受访者认为生态环境对生活的影响非常大或比较大。但是，还有一定比例的受访者对生活垃圾分类处理、水源质量、空气质量、噪声污染等方面不满意，而改善这些生态环境问题，也是城乡居民的期盼所在。

（五）对信息公开、权益保障、依法办事等法治环境有更多期盼

习近平总书记指出："实现共同富裕不仅是经济问题，而且是关系党的执政基础的重大政治问题。"①随着城乡家庭生活水平的大幅跃升，人民群众对共同富裕的理解和期待也随之提升，除了前面提到的物质经济、社会发展、精神文化和生态环境之外，对民主、法治、公平、正义等方面的追求也日益增长。调查发现，超过7/10的受访者认为地方政府在政府信息公开、保障公民合法权益、依法办事、廉洁奉公、回应百姓诉求等方面的工作做得很好和比较好，但也有超过1/5的受访者认为地方政府在这些工作上做得一般，还有一些人认为地方政府做得不太好或很不好，这反映了部分城乡居民对提高地方政府治理能力和法治水平的期盼。

四、深切回应城乡居民对共同富裕的新期盼

扎实推进共同富裕，体现了以人民为中心的根本立场。在浙江高质量发展建设共同富裕示范区的新征程中，坚持以人民为中心，就是要把满足人民对美好生活的新期待作为发展的出发点和落脚点，随时随地倾听人民呼声、回应人民期待。而深切回应城乡居民对共同富裕的新期盼，除了要继续在增加农民收入、缩小城乡差距、健全职工收入正常增长机制、推进垄断行业收入分配改革、扩大就业机会、培育和扩大中等收入群体、保障社会公平正义、提高社会产品和公共服务的供给能力和水平等一些重要方

---

① 《习近平在省部级主要领导干部学习贯彻党的十九届五中全会精神专题研讨班上发表重要讲话强调　深入学习贯彻党的十九届五中全会精神　确保全面建设社会主义现代化国家开好局》，载《人民日报》2021年1月12日。

面推进改革之外，还要从以下几个方面着力。

（一）加强顶层设计，制定共同富裕示范区建设行动纲要

促进全体人民共同富裕是一项长期艰巨的任务，也是一个逐步推进的过程。李克强总理在《2021年国务院政府工作报告》中明确提出，要制定促进共同富裕行动纲要，这是全国层面的顶层设计。浙江作为全国唯一的共同富裕示范区建设单位，理应率先垂范，加强顶层谋划，根据"十四五"规划和2035年远景目标纲要，参照浙江高水平全面建成小康社会测评结果中的优势和短板，起草制定切合浙江实际情况的行动纲要，明确浙江促进共同富裕示范区建设的方向、目标、时间表、路线图、阶段任务、评估指标体系和政策措施，为率先高质量建成共同富裕示范区提供行动指引和基本遵循，为在全国范围实现共同富裕提供更为丰富的实践经验和理论创新，努力走出一条具有时代特征、中国特色和浙江特点的共同富裕之路。

（二）突出系统观念，推进共同富裕体制机制创新

共同富裕示范区建设作为一项前无古人的伟大事业，目前还没有一套成熟完备的体制机制可供借鉴。制度优势是我国的最大优势，进一步发挥制度优势的良好治理效能，坚持和完善党的领导制度体系，发挥党的集中统一领导优势，坚持全国一盘棋，不断完善社会主义基本经济制度，是实现共同富裕的根本保证。但要破解不平衡不充分的发展问题，缩小城乡和区域之间的差距，实现全体人民的共同富裕，还需要体制机制方面的不断改革和创新。共同富裕所涉及的不仅是经济发展问题，还包括社会、文化、生态、政治等一系列问题，因此需要以系统思维、系统方法进行系统谋划，在构建推进共同富裕的体制机制上先行先试。特别是要在实现高质

量发展、加快乡村振兴、收入分配改革等重点领域实现新的突破，让人民群众对美好生活的新期盼得到切实的制度保障。

（三）开展跟踪调查，动态掌握城乡居民的新期盼

社会发展日新月异，城乡居民对富裕生活的期盼也在不断发生变化，及时掌握这些动态变化，对城乡居民生活需求的时代变迁保持高度敏感，是政策制定和调整的重要依据。要依托权威智库或科研机构，以高质量发展建设共同富裕示范区综合评估为核心主题，设立调查研究基地，投入一定的人力、物力和财力，围绕就业、收入分配、教育、社保、医疗、住房、养老等与城乡居民生活最直接相关的利益问题，聚焦地区差距、城乡差距、收入差距的演变情况，对城乡居民的获得感、幸福感、安全感和满意度等各项主客观指标开展常态化的跟踪调查研究，及时掌握城乡居民的所需所急所盼，深入分析相关指标数据，形成年度共同富裕示范区建设综合评估报告，并对照共同富裕的预期目标和阶段任务，及时分析当前阶段存在的问题和不足，以及制约实现共同富裕的重要因素，总结共同富裕示范区建设的浙江经验，为政策制定和调整提供科学依据。

（四）加大政策宣传，引导城乡居民形成合理预期

共同富裕是"共同"和"富裕"两个方面的有机统一，是"全民富裕"和"全面富裕"，但不是"同时富裕"和"同步富裕"，它的实现是一个历史过程，各地经济社会发展条件不同，决定了不同的地方和不同的群体不可能在同一时间、按同一标准实现共同富裕。不同群体的受访者对究竟什么是共同富裕有着不一样的理解和期待。在制定促进共同富裕示范区建设行动纲要的基础上，要积极宣传共同富裕的内涵特征，及时公布共同富裕的标准、时间表和路线图，让城乡居民对共同富裕有清晰的理解，正

确引导人民群众的心理预期，既不能超越历史发展阶段提出过高的标准，也不能为了提前实现目标而降低标准，要让城乡居民对共同富裕始终有着合理预期和不懈追求的动力。坚持鼓励一部分人、一部分地区通过诚实劳动和合法经营先富起来，加大对典型案例的正面宣传，树立模仿标杆，形成示范效应，营造积极健康的社会舆论氛围，并通过先富者带动和帮助后富者，逐步实现共同富裕。

（五）破除城乡藩篱，让发展成果惠及更多农村居民

相对其他省份，浙江城乡差距较小，区域发展较为协调，农民生活相对富足，但是这并不意味着城乡、区域和阶层之间的差距就不存在，农村地区尤其是26个加快发展县（市、区）的相对贫困农村地区和农村家庭，依然是浙江实现共同富裕的短板，阶层之间的收入差距依然是摆在共同富裕面前的一大挑战。要进一步加大力度破除城乡二元结构壁垒，构建城乡一体化发展体系，实现资源双向融通，助推城乡融合发展，促进基本公共服务均等化。进一步打破城乡教育资源分配不均衡、竞争不公平的局面，警惕和预防阶层固化趋势，为农村孩子创造更多向上流动的畅通渠道，让每个人都有人生出彩的机会。进一步全面推进乡村振兴，加快农业农村现代化，全方位推动产业振兴，为农民提供更多高质量的就业机会。进一步切实提高农村居民养老、医疗的保障水平和服务水平，建立和完善农村低收入家庭医疗兜底保障机制，多措并举救治患者，坚决避免因病致贫返贫情况的发生。进一步以深化农村改革回应社会关切、顺应人民期待，不断满足农村居民日益增长的美好生活需要，让改革发展成果更多更公平地惠及农村居民。

共同富裕示范区的评价指标体系

建立科学合理的共同富裕评价指标体系，是评判浙江建设共同富裕示范区最终成效的关键所在，也是当下明确浙江建设共同富裕示范区的方向、目标、优势和短板以及未来的建设路径方法的重要前提。目前，国内外与共同富裕相关的评价标准体系很多，其中较有影响力的包括生活质量指数、小康社会建设指数、国民幸福指数以及人类发展指数等。在参考借鉴这些较为通行的相关指数基础上，结合中央和浙江提出的"十四五"规划纲要和2035年远景目标，充分考虑浙江"重要窗口"建设的历史使命和经济社会发展实际，提出具有针对性和引领性的共同富裕评价建议指标体系。

一、国内外较有影响力的相关指标体系及优缺点

（一）生活质量指数

物质生活质量指数（The Physical Quality of Life Index，缩写PQLI），是在曾任美国海外开发委员会主席的詹姆斯·格蒙特和客座研究员大卫·莫里斯的指导下，由美国海外发展委员会（ODC）提出的，于1977年作为测

度贫困居民生活质量的方法正式公布。该指数旨在衡量一个国家或地区居民物质生活质量，亦即该国家或地区发展水平的方法，重点关注婴儿死亡率、平均预期寿命和成人识字率三大指标的算术平均值，是目前国内外公认的一种用来评价居民物质生活质量的方法。

生活质量指数（Your Better Life Index，缩写YBLI）由联合国经济合作与发展组织（OECD）于2011年推出。该指数主要包括物质生活条件分类指数和生活品质分类指数，涵盖有关居民生活质量的住房、收入、工作、社区、教育、环境、政府管理、健康、生活满意度、安全和工作生活平衡度共计11个领域。通过评估和比较，生活质量指数能够反映不同国家经济发展与社会进步状况。

上述两种指数均有较高认可度。物质生活质量指数计算简单，易于理解，但缺乏反映居民物质生活的经济类指标，其指标无量纲化处理方法在应用上也难具普遍性。生活质量指数有相当一部分指标并不能在常规统计中找到，在测算中较难搜集数据。最重要的是，这两个指数都忽略了人的主观维度。

（二）小康社会评价指标体系

自从我国改革开放总设计师邓小平在20世纪70年代末80年代初提出"小康社会"以来，理论部门学者和实践工作者对小康社会指标体系展开了广泛的研究。其中，国家统计局2008年出台的《全面建设小康社会统计监测指标体系》无疑具有重要价值。该指标体系由6个子系统共23个指标构成。党的十八大以后，全面建成小康社会对我国社会主义小康建设进程提出了更高的要求，评价指标体系必然要进行相应的修正和完善。为此，2013年国家统计局为贯彻党的十八大会议精神，对指标体系进行了调整，调整后的指标体系主要包括经济发展（人均国内生产总值、科学研究与试验发展经费支出占国内生产总值比重等）、社会和谐（基尼系数、城乡居民收入比等）、生活质量（居民人均可支配收入、恩格尔系数等）、民主法制（公民自身民主权利满意度和社会安全指数）、文化教育（文化产业增加值占国内生产总值比重、居民文教娱乐服务支出占家庭消费支出比重和平均受教育年限）、资源环境（单位国内生产总值能耗、耕地面积指数和环境质量指数）六大类，以此测算全国及各省、直辖市和各地区全面小康的建设进程。

这是目前较为全面的对小康社会建设进度进行监测的指标体系，其指标分类总体合理，相关数据客观可获取，但就测量居民的"共同富裕"程度来看，其指标的针对性不足，难以体现浙江建设共同富裕示范区的时代内涵。

（三）国民幸福指数

国民幸福指数（Gross National Happiness，缩写GNH）是反映国民生活质量和幸福程度的指标，最早由不丹王国的国王提出，他认为"政策应该关注幸福，并应以实现幸福为目标"，人生"基本的问题是如何在物质生活（包括科学技术的种种好处）和精神生活之间保持平衡"。这种执政理念已经引起全世界瞩目。国民幸福指数以实现幸福为目标，建立了政府善治、经济增长、文化发展和环境保护四级指标体系。每一级指标体系都由若干个指标构成，指数的计算采用加权平均法。后来，在国民幸福指数基础上美国世界价值研究机构开始了幸福指数研究，英国则创设了国民发展指数（MDP）。

国民幸福指数是针对国内生产总值指标不能反映国民的生活质量、幸福程度和经济的可持续发展而提出的，将关注点由"物"转向"人"，对于转变发展观念有着重要的意义。不过，它不能完全表征和度量经济发展状况，不同的人对幸福感的理解和诠释也不尽相同。该指数将"幸福"简单化、绝对化处理，且尚未有任何一种幸福感测量工具能够得到普遍认同。

（四）人类发展指数

人类发展指数（Human Development Index，缩写HDI）由联合国开发计划署（UNDP）提出，以"预期寿命、教育水准和生活质量"三项基础变量，用以衡量联合国各成员国经济社会发展水平的指标，并自1990年起每年都在《人类发展报告》中予以发布。在该指标推出30周年之际，2020年12月，联合国开发署首次将二氧化碳排放和材料足迹两大全新衡量指标纳入指标体系，呼吁所有国家重新设计发展道路，将人类活动对于地球环境的破坏纳入考量，并应对阻碍变化的权利和机遇不平等。在加入新指标后，有50多个国家因为高度依赖化石燃料和材料足迹而掉出了"高发展水平"的行列，哥斯达黎加、摩尔多瓦和巴拿马等在环境保护方面做出突出成绩的国家，排名都有30名以上的大幅提升。

该指数是对传统的国民生产总值指标挑战的结果，用较易获得的数据反映一个社会的进步程度，在指导发展中国家制定相应发展战略方面发挥了极其重要的作用。但该指数的三个指标只与健康、教育和生活水平有关，无法全面反映一国的人文发展水平，更无法准确反映我国共同富裕的实现程度。

二、构建浙江共同富裕评价指标体系的基本原则

新时代浙江建设共同富裕示范区，既要准确把握邓小平共同富裕思想，更要深刻领悟习近平总书记围绕共同富裕和中国特色社会主义制度优

越性所发表的一系列重要讲话精神，结合浙江具体实际把握好以下基本原则来设定评价指标体系。

（一）比较性原则

"富裕"通常是反映社会对财富的拥有，是社会生产力发展水平的集中体现。习近平总书记指出："检验我们一切工作的成效，最终都要看人民是否真正得到了实惠，人民生活是否真正得到了改善，这是坚持立党为公、执政为民的本质要求，是党和人民事业不断发展的重要保证。"①实现共同富裕，无论是在横向中西制度的比较还是纵向历史维度的比较上，都应当是中国特色社会主义制度优越性的重要体现，指标体系上特别是那些公认的人类发展指数上需要体现中国特色社会主义制度的特有优势。

（二）合理性原则

"共同"反映社会成员对财富的占有方式，是社会生产关系性质的集中体现。共同富裕是社会主义区别于资本主义等一切剥削制度的最本质区别，是社会主义的本质性特征，它内在地规定于科学社会主义之中，但共同富裕不是绝对的平均，而是指在发展过程中消除一系列不合理的各种差距，必然涉及主观的价值判断问题，从而将"以人民为中心"与"高质量发展"辩证统一起来。

（三）可行性原则

习近平总书记指出，"消除贫困、改善民生、逐步实现共同富裕，是

---

① 《习近平关于"不忘初心、牢记使命"论述摘编》，党建读物出版社、中央文献出版社2019年版，第127页。

社会主义的本质要求，是我们党坚持全心全意为人民服务根本宗旨的重要体现，是党和政府的重大责任"①，"要根据现有条件把能做的事情尽量做起来，积小胜为大胜，不断朝着全体人民共同富裕的目标前进"②。共同富裕的实现必须与浙江的经济、社会、文化、生态各个客观条件相适应，既不能逾越浙江所处的特定历史阶段，更要与浙江所特有的自然资源等禀赋相适应，确保目标是可实现的。

（四）发展性原则

共同富裕的实现，不是同时和同步的，而是分层、渐进的，从低级阶段向高级阶段不断跃升的多层次目标结构。因此，共同富裕的评价不是最终目的，更重要的是"以评促建""以评促改"，要保持指数范围和理论的灵活性，通过相关指数的评估，确保对浙江建设共同富裕示范区的优势和短板有更清晰的认识，对推进方向、目标以及未来建设重点等进行调适。

（五）综合性原则

在科学社会主义理论和中国特色社会主义的实践中，共同富裕内容包括但不限于物质层面，且随着时代发展在不断丰富和扩展之中。共同富裕的实现程度应当是一个综合指数而不是过多的独立指标，能测量共同富裕的核心内涵，其中应包括明确的分级指标以便于计算并易于管理，有充分可信的数据来源保证，从而能够获得中央和社会各界的广泛认可。

---

① 习近平：《在全国脱贫攻坚总结表彰大会上的讲话》，载《人民日报》2021年2月25日。
② 习近平：《深入理解新发展理念》，载《求是》2019年第10期。

三、具体指标体系构成

基于上述基本原则，参考国内外相关指数体系，浙江共同富裕的评价指标体系应重点在三个维度展开：一是基础条件指标，从经济社会等方面进行量化评价；二是主观评价指标，主要凸显浙江人民的满意度与认可度；三是支撑性指标，主要评价相关制度性建设，确保共同富裕的长期可持续性，能够经受历史检验。

（一）基础条件指标

共同富裕包括"共同"和"富裕"两个词，既要避免"共同"但不"富裕"的现象，也要避免"富裕"但不"共同"的问题。基础指标主要涉及经济社会发展水平，是对居民"富裕"的水平和"共同"的程度进行客观量化评估，包括两个二级指标。

第一，体现"富裕"的指标。"富裕"反映了社会成员对于财富的占有程度，相对于贫穷而言，是社会生产力发展水平的集中体现，包括绝对指标与相对指标。在绝对富裕指标上，富裕的整体水平以人均国内生产总值和人均可支配收入指标进行测量，社会整体富裕的下限以社会低保水平和是否消灭贫困来测量。社会中间阶层的发展壮大，是共同富裕的最重要标志，需要测量中等收入群体的占比情况。对于富裕的生活水平和状态，通过人均住房面积、文化娱乐活动支出占比等来测量。在相对富裕指标上，重点测量前述相关绝对指标中的收入增长率，以及浙江经济社会发展水平在全国的排名，与平均水平比较以及与国外主要经济体的比较，从而准确测定浙江在国内及国际上的总体位置。

第二，体现"共同"的指标。"共同"反映了社会成员对于财富的占有方式，是相对于私有制导致的贫富两极分化现象而言，是社会生产关系性质的集中体现；其实质是对富裕的差异性及这种差异的合理性进行测量。邓小平曾指出，"社会主义的目的就是要全国人民共同富裕，不是两极分化。如果我们的政策导致两极分化，我们就失败了"[①]。共同富裕，"富裕"规定的是水平，"共同"则规定的是相对差距，这种差距必须要在合理的范围之内。重点从城乡差异、区域差异、群体差异、产业差异四个方面来对贫富差距进行测量。这四个指标总体涵盖了导致收入差距的社会性因素，能够反映共同富裕的范围和程度。

（二）主观评价指标

"为中国人民谋幸福，为中华民族谋复兴"，是中国共产党人从建党开始就怀有的初心和使命；"坚持以人民为中心的发展思想"，是习近平新时代中国特色社会主义思想的鲜明特质。共同富裕的实现，人民自然应当是最重要的评判者。对共同富裕的主观感受和价值判断，可从三个方面进行测量：对生活的满意度、对差距的认可度、对未来的期望度。具体采用抽样问卷调查等方式进行。

第一，对生活的满意度。"人民对美好生活的向往"这一理念，是习近平新时代中国特色社会主义思想的鲜明主题和初心本色。在共同富裕的实现过程中，人民的获得感怎么样直接影响着共同富裕建设的最终成效。随着社会生产力的发展，人民期盼有更好的教育、更稳定的工作、更满意的收入、更可靠的社会保障、更高水平的医疗卫生服务、更舒适的居住条件、更优美的环境，期盼着孩子们能成长得更好、工作得更好、生活得更好。人民对美好生活的向往，就是我们的奋斗目标。党的十九大号召全

_____

① 《邓小平文选》（第3卷），人民出版社1993年版，第110—111页。

党"永远把人民对美好生活的向往作为奋斗目标",并从战略高度作出历史性重大判断,"中国特色社会主义进入新时代,我国社会主要矛盾已经转化为人民日益增长的美好生活需要和不平衡不充分的发展之间的矛盾"。

如前所述,国内外学者对生活满意度已经形成了一个比较一致的看法:幸福感是一种心理体验,它既是对生活的客观条件和所处状态的一种事实判断,又是对于生活的主观意义和满足程度的一种价值判断。生活满意度是个人依照自己选择的标准对自己大部分时间或持续一定时期生活状况的总体性认知评估,是衡量某一社会人们生活质量的重要参数,它表现为在生活满意度基础上产生的一种积极心理体验,受到许多复杂因素的影响,主要包括:经济因素如就业状况、收入水平等,社会因素如教育程度、婚姻质量等,人口因素如性别、年龄等,文化因素如价值观念、传统习惯等,心理因素如民族性格、自尊程度、生活态度、个性特征、成就动机等,政治因素如民主权利、参与机会等。但是,就当前经济社会发展的现实性和历史阶段性来看,对幸福感的指数也不宜设置过多,而应该抓住老百姓最关心、最核心的因素。因此,从"人民对美好生活的需要"的角度出发,人民对生活满意度的测量指标主要包括居民对收入、住房、医疗、教育、环境保护等几方面的总体满意程度。

第二,对差距的认可度。任何一个社会在发展过程中都必然存在着不同程度的贫富差距,特别是在市场经济发展过程中,一定程度的差距既是必然后果也是推动市场体制完善的客观要求,这是市场选择的结果,不以人的意志为转移,也是社会充满活力的体现。但如果贫富差距过大,甚至出现较为严重的两极分化趋势,那必然带来社会的不公。这意味着,合理的差距才有可能得到人民的认可。贫富差距的合理性具有量和质的双重蕴涵,在量上意味着差距的绝对值大小、先富与后富的速度差等,在质上则主要表现为致富手段的正当性以及致富资源的可选择性等,进而形成先富与后富的非对抗性关系。对此，邓小平曾经就深刻指出："我们提倡一部分地区先富裕起来，是为了激励和带动其他地区也富裕起来，并且使先富裕起来的地区帮助落后的地区更好地发展。提倡人民中有一部分人先富裕起来，也是同样的道理。"①

将对差距的认可度纳入评价指标，核心意义在于落实习近平总书记所提出的"人民是阅卷人"的精神内涵。植根人民、依靠人民、服务人民是中国共产党区别于其他政党的显著标志。人民决定我们党和政府的努力方向，人民也是我们党的工作的最高裁决者和最终评判者。但如何以既有效率又富公平的方式实现共同富裕，是发展社会主义的一个大课题，也是一个没有现成经验的大难题，这意味着共同富裕不是平均主义，而是将对社会财富分配限定在合理的范围之内。这个差距是否得到广大群众的认可，将直接影响人民对经济社会发展成效的最终价值判断。因此，对差距的认可度主要包括居民对高收入群体收入的认可度、对政府差异化保障体系的认可度、对社会公平正义的认可度等。

第三，对未来的期望度。人民有信心，国家才有未来，国家才有力量。习近平总书记在对"十四五"规划编制工作网上意见征求活动作出重要指示时明确指出，"人民对美好生活的向往就是我们的奋斗目标，人民的信心和支持就是我们国家奋进的力量"。发展为了人民，发展依靠人民，发展成果由人民共享。对未来的期望度，总体上反映了人民对共同富裕的信心和认同。先富与后富之间必然形成一定的时间或速度差，这里的时间和速度也有一个差距适度的问题。通过劳动创造，其收入的增长和财富的积累，受经济增长的内在规律的制约，通常需要经历一定的阶段、过程和时间。但如果差距扩大速度超过了经济增长和居民收入增加的速度，

---

① 《邓小平文选》(第3卷)，人民出版社1993年版，第111页。

超过了人民群众的心理承受力，就会导致消极情绪和社会焦虑现象的增加，就失去了它的合理性。在这个意义上，贫富差距的合理性，也意指人民对于后富群体未来全面发展进步及逐步缩小与先富的差距在时间和速度上的认同，内含着差距形成的速度与经济和收入增长及人们对一定差距的适应程度的一致性、同步性，即对未来生活持续改善的信心，主要由对个人生活环境改善的信心和对经济社会持续发展的信心两个指标构成。

（三）支撑性指标

支撑性指标主要是通过体制机制的创新来持续完善共同富裕建设的制度性保障，包括先富带动后富、后富内生发展、增量收入调节三个方面。

第一，先富带动后富的长效机制。在充分认识实现共同富裕的长期性、艰巨性和复杂性的基础上，把握和拿捏好做大"蛋糕"和分好"蛋糕"的平衡点。如果先富群体仅仅愿意进行财富的纵向代际传递，而不是横向转移，将使我国收入差距表现为较强的代际收入传递性。社会主义市场经济与资本主义市场经济的本质区别在于资本意志对国家的影响不同，以及国家对社会收入差距的干预程度不同。在国家的努力下，不断增进社会的流动性，确保机会均等，使低收入阶层通过努力可以实现向上流动进而实现共同富裕。因此，重点测量通过税收、社会保障、转移支付等手段对社会存量财富进行再分配的比重，以及直接税比重、企业慈善贡献度，由此评价共同富裕的内生平衡机制是否有效。

第二，后富内生发展机制。授人以鱼不如授人以渔。习近平总书记强调，摆脱贫困首要并不是摆脱物质的贫困，而是摆脱意识和思路的贫困。近些年来，我国始终坚持扶贫同扶志、扶智相结合，把贫困群众积极性和主动性充分调动起来，通过精准脱贫来激发贫困群众内生动力。发展与扶贫并重、区域发展与精准扶贫紧密结合，是我国扶贫攻坚工作取得历史性成就的宝贵经验。为此，有效的后富内生发展机制是共同富裕是否具有长久的持续生命力的重要评价指标。要吸取西方福利国家教训，消除贫富差距的方法不限于国家救济和社会赞助，更重要的是后富群体的内生发展问题，既尽力而为，又量力而行，一件一件实事求是地去办，朝着共同富裕目标稳步前进。以平均受教育水平和职业再培训制度为重点，来测量后富群体的"发展权益"保护水平，提高后富群体抗风险能力。

第三，共同富裕的增量调节机制。按照马克思主义创始人的社会构想，"各尽所能、按需分配"是共同富裕的"最高级"形式和标准，在共产主义社会，将彻底消除阶级之间、城乡之间、脑力劳动和体力劳动之间的对立和差别。在生产资料社会主义公有制条件下，按劳分配为主体、多种分配方式并存，我国改革开放以来逐步形成的居民收入分配方式和制度，即对社会总产品作各项必要的社会扣除以后，按照个人提供给社会的劳动的数量和质量分配个人消费品，这是从中国实际情况出发所确立的分配原则，是中国特色社会主义理论体系的重要构成部分，也是我国逐步走向共同富裕的必经的阶段。在新时代的发展过程中，需要更加注重劳动收入对于社会财富分配的重要基础性作用，始终遵循"按劳分配为主体"的基本思路，切实保障劳动者的相关权利和待遇，注重提高劳动报酬在初次分配中的比重，提高居民收入与财政收入的增长比，提高财政支出的民生占比。

在上述共同富裕指标体系的基础上，可以进一步对浙江及全国的共同富裕的实现程度作出合理的评价，也可逐步发展成为一种国际评价指标体系。当然，这还需要进而建立相关计量模型和对不同指标进行合理的赋分，这涉及复杂的计算和各个指标之间的总体平衡。但毋庸置疑的是，在三个一级指标中，基础条件指标是最直观和客观的指标，为此，建议将基础条件的分值比重设定为50%为宜，其余两个分别占25%为宜。总的指标体系用表格表示如下。

共同富裕指标体系表

一级指标	二级指标	三级指标
基础条件指标（50%）	体现"富裕"的指标	人均国内生产总值与收入
		社会低保水平
		中等群体占比
		人均住房面积
		文化娱乐支出占比
		收入增长率
		横向排名
	体现"共同"的指标	城乡差异
		区域差异
		群体差异
		产业差异
主观评价指标（25%）	对生活的满意度	收入
		住房
		医疗
		教育
		环境保护
	对差距的认可度	对高收入群体收入的认可度
		对差异化保障体系认可度
		对社会公平正义的感受
	对未来的期望度	对个人生活环境改善的信心
		对经济社会持续健康发展的信心
支撑性指标（25%）	先富带动后富	再分配的比重
		直接税比重
		企业慈善贡献度
	后富内生发展	平均受教育水平
		职业再培训
	增量收入调节	劳动报酬比重
		居民收入与财政收入增长比
		财政支出的民生占比

制度篇

以数字化转型推进共同富裕

刘开君　罗新阳

实现共同富裕是社会主义的根本目标和我们党的重要使命，改革开放后，浙江在推动共同富裕的道路上始终走在前列。改革开放之初，邓小平把中华民族的千年期盼和中国共产党的宗旨意识结合起来，提出了"全面小康、共同富裕"的中国式现代化目标。[①]改革开放以后，浙江坚持"改革出题、发展破题"的思路，创造了"省直管县"体制、专业市场、块状经济等改革品牌，推动浙江经济社会快速均衡发展，迅速从资源小省成长为民营经济强省，为共同富裕奠定了发展基础。习近平同志在浙江工作期间，结合浙江实际提出了"八八战略"，持续推动山海协作和城乡协同发展。据统计，2020年，浙江省城镇常住居民人均可支配收入为62699元，农村常住居民人均可支配收入为31930元[②]，城乡人均可支配收入比降为1.96∶1，城乡常住居民人均可支配收入分别连续20年和36年位居全国各省（区）首位，呈现出居民人均收入水平高、城乡居民人均收入

---

① 《邓小平文选》（第3卷），人民出版社1993年版，第54页。
② 《2020年浙江省国民经济和社会发展统计公报》，载《浙江日报》2021年2月28日。

差距小的特色①。这表明浙江在走向共同富裕的道路上持续前进，离实现共同富裕的目标越来越近。②2021年3月，《中华人民共和国国民经济和社会发展第十四个五年规划和2035年远景目标纲要》赋予浙江"高质量发展建设共同富裕示范区"的时代使命。这既是对浙江过去40多年来推动共同富裕的实践探索、理论探索和制度探索的肯定，也是对浙江未来推进共同富裕的期待。

浙江在推进共同富裕方面取得长足发展得益于不断推进改革创新，持续再造体制机制新优势。20世纪80年代以来，浙江创造性贯彻落实中央改革创新的决策部署，实行了行政"市直管县"和财政"省直管县"相结合的行政管理体制，实施4次"强县扩权"和1次"扩权强县"改革，持续推动权力下放，为县域经济和块状经济发展奠定了制度基础，由此将浙江带入城乡统筹发展的快车道。2007年，浙江启动实施"强镇扩权"改革，从财政规费征收、土地资源管理、社会治理、金融支持以及户籍管理等10个方面赋予141个中心镇县级政府经济管理权限，推动省域、市域、县域、镇域政府职能结构转型，为镇域经济发展扩权赋能。党的十八大以后，浙江敏锐地洞察全球数字时代对政府治理和产业布局带来的挑战，分别于2014年和2017年启动实施"四张清单一张网"改革和"最多跑一次"改革，充分利用数字赋能推动政府治理结构变革，尤其是"最多跑一次"改革推动政府治理模式从"以政府履职为中心"向"以人民为中心"转型，③逐步积累了打造"整体智治"现代政府数字化基础。

---

① 李中文、窦瀚洋：《浙江高质量发展建设共同富裕示范区》，载《人民日报》2021年4月2日。
② 卢新波、文雁兵：《共同富裕，如何正确看待？》，载《浙江日报》2021年5月12日。
③ 刘开君：《我国地级市政府职能转变规律及趋势》，载《哈尔滨市委党校学报》2020年第1期。

　　浙江的实践表明，数字技术为政府治理模式和再造体制机制新优势注入了新动能，已经成为浙江推动均衡发展和共同富裕的重要动力来源。2020年3月以来，袁家军多次强调要打造"整体智治、唯实惟先"现代政府，全面打造"掌上办事之省""掌上办公之省"。2021年2月18日，浙江省委召开数字化改革大会部署全省全面数字化转型，提出了包含一体化智能化公共数据平台和党政机关"整体智治、数字政府、数字经济、数字社会、数字法治"等内容的"1＋5"全面数字化转型路线图，旨在以数字机关、数字政府建设带动数字经济、数字社会、数字法治全面发展，以"一体化""全方位""制度重塑""数字赋能""现代化"为关键词，凭借数字化转型破解各领域难题，通过推进跨部门多场景协同应用"一件事"改革，完善高质量发展、高水平均衡、高品质生活、高效能治理的体制机制。从全省改革布局看，全面数字化转型是"最多跑一次"改革的升级版。目前，全省各地正结合实际制订全面数字化转型的方案，希望凭借数字化技术、数字化思维、数字化认识，从党的领导以及经济、政治、文化、社会、生态文明等方面推动实现体制机制、组织架构、方式流程、手段工具等进行全方位和系统性重塑，为浙江建设"重要窗口"作出各自贡献。

　　数字经济、数字产业、数字治理、数字社会浪潮要求政府治理模式及时转型，以数字政府建设带动数字经济、数字社会和数字法治，再造体制机制新优势。现代政府是效能政府、整体政府、智慧政府、法治政府、阳光政府、责任政府、信用政府、清廉政府的综合集成，是政府治理实践创新、理论创新和制度创新的综合体。当前和未来，浙江建设省域治理现代化"重要窗口"，需要综合运用整体治理、系统治理以及数字化理念，推动政府治理从"事"向"制"和"治"转变。以数字化工具、数字化思维、数字化认识构建整体高效的政府运行体系、优质便捷的普惠服务体系、公平公正的执法监管体系、全域智慧的协同治理体系，打造"整体智治"现代政府，再造"浙江高质量发展建设共同富裕示范区"的体制机制新优势，推动实现更高质量、更加均衡、更有品质、更高效能的发展。

一、以数字化转型优化职能清晰和权责明确的政府治理体系

"万物互联"的数字时代已然开启，大数据是生产资料，云计算是生产力，互联网是生产关系，数字技术是未来竞争的利器。[①]数字化转型不仅体现在具体应用场景上，更体现在用数字化推动生产方式、生活方式、治理方式全兴和根本性变革。体现在政府治理上，首先就要求优化政府组织结构，加快转变政府职能，解决政府职能"越位""错位""缺位"问题。

完善政府职能科学厘定制度。适应数字化时代治理情境变化，合理界定政府与市场、政府与社会之间的职能边界，健全市场组织、社会组织等各类主体参与共治的制度机制。依靠"整体智治"的理念优化整合党政机构各项职能，统筹利用分散在党口、政府口、群团口以及社会组织中的行政管理资源，构建"系统完备、科学规范、运行高效"的政府职能职责体系，[②]做到统分结合、主次有序、各展其长。依靠数字技术加持，持续优化省、市、县、镇四级政府间的纵向权责关系，完善省域决策、市域统筹、县域执行、镇域落实的制度体系，加快构建"县乡一体、条抓块统"的治理格局，推动政府治理重心向基层下移。

---

① "浙里改"：《数字化改革开启浙江改革新征程》，载《浙江日报》2020年12月21日。
② 杨晓渡：《构建系统完备、科学规范、运行高效的党和国家机构职能体系》，载《人民日报》2018年3月14日。

完善政府权责动态调整制度。党的十九届五中全会指出要"深化简政放权、放管结合、优化服务改革，全面实行政府权责清单制度"①。作为改革开放的模范生，浙江要以全面推进数字化转型为契机，加快梳理一批多跨协同场景化应用"一件事"改革，并据此梳理调整各级政府权责清单，"明确各项权力行使主体、权责名称、设定依据、履行方式等内容"，"逐项制定完善办事指南和运行流程图，明确各个环节的承办主体、办理标准、办理时限、监督方式"，②确保行政职权规范高效运行。牢牢抓住数字化转型、协同治理、高质量发展、优化营商环境、公共服务均等化、全流程监督等重点领域和关键环节，动态优化调整"三定"方案和政府权责清单，实现政府权责动态调整。

完善社会协同治理制度。习近平总书记指出："治理和管理一字之差，体现的是系统治理、依法治理、源头治理、综合施策。"③治理与管理的区别首先体现为治理主体的多元化，要树立"大治理"和系统治理理念，尊重社会的治理主体地位及社会自身运行规律，支持社会组织开展社会治理，发挥社会在进行自主治理、参与公共服务、协同治理等方面的作用，形成政府主导、社会协同、共治共建共享的社会治理新格局。打造"三服务"升级版，健全与企业、协会、商会的常态化联系制度，完善涉企行政决策意见征求和采纳反馈制度。加快建立营商环境诉求受理和分级办理"一张网"，采取"企业点菜"方式推进"放管服"改革，做到"有求必应、无事不扰"。规范政务服务热线受理、转办、督办、反馈、评价流程闭环处

---

① 《中共中央关于制定国民经济和社会发展第十四个五年规划和二〇三五年远景目标的建议》，人民出版社2020年版，第20页。
② 肖捷：《加快转变政府职能》，载《人民日报》2020年12月3日。
③ 《习近平在参加上海代表团审议时强调　推进中国上海自由贸易试验区建设　加强和创新特大城市社会治理》，载《人民日报》2014年3月6日。

置机制，及时回应企业诉求。健全惠企政策清单公布制度，完善惠企政策兑现制度，做到一次申报、全程网办、快速兑现。深入实施《浙江省民营企业促进条例》，构建"亲""清"政商关系，促进民营经济健康发展。

二、以数字化转型推动"碎片化"治理模式向"整体智治"转变

数字化转型具有极强的杠杆作用，是引领发展格局、治理模式和治理方式变革的关键变量。早在2003年，习近平同志在浙江工作期间就谋划布局数字浙江建设，以数字化转型驱动区域经济转型发展。[①]经过近20年的迭代升级，浙江在数字化领域已经积累了领先全国的优势。推动"碎片化"治理向"整体智治"转变，就需要借助数字化累积优势，打破"条块分割"的管理体制壁垒，加快构建"横向到边、纵向到底、内外联结"的协作机制，构建省域决策、市域统筹、县域执行、镇域落实的整体联动的治理新格局。

健全政府高效协同的治理机制。借助数字化转型完善跨部门协调机制和联席会议制度，规范各类领导小组的设置和运行，确保跨层级跨部门的重点任务、重点项目整体协同推进。谋划生成更多集成性综合性的重大改革（项目、平台、政策等），推动政务服务从"碎片化"治理向"整体智治"转变，迭代升级"掌上办事之省""掌上办公之省"。探索建立政府事权、支出责任和财力相适应的制度机制，构建权责清晰、运行顺畅、充满活力、数字化支撑的政府运行体系。

健全纵向联动的治理结构。党的十九届四中全会强调，要"健全充分

---

① 兰建平：《"数"化"浙"里新风景》，载《光明日报》2020年6月24日。

发挥中央和地方两个积极性体制机制"①。强化省、市、县、乡四级联动运行，推行"县乡一体、条抓块统"高效协同治理模式。强化"界面政府"和"扁平治理"理念，按照简政放权的原则，形成合理的纵向分层治理结构，持续优化省域、市域、县域、镇域四级政府职能配置，充分调动省市县镇各级政府的积极性、主动性和创造性，克服偏远地区的地理位置劣势。

持续创新基层治理各项制度。整合职能部门管理执法力量，推动人力、物力、财力等治理资源下沉基层一线。开展新时代"枫桥式"公安派出所、新时代"枫桥式"综合行政执法中队等"枫桥式"系列品牌创建，做优做强县级矛调中心，健全"枫桥经验"引领的"四治融合"城乡基层治理体系，加快形成共建共治共享的基层社会治理新格局，高质量打造城乡基层治理现代化的样板。

构建跨区域协同治理机制。完善跨区域治理体系，构建高效率的跨区域联网、联勤、联动、联办的事件处置机制，建立跨地域、跨系统、跨业务的公共服务协同提供机制、公共事务协同治理机制、公共问题协同解决机制，加快推动"长三角通办"和"杭绍甬通办"提质扩容增效，加速构筑区域协同治理优势。

三、以数字化转型提升政府治理的效率和治理质量

全面运用数字化技术、数字化思维和数字化认知完善政府运行闭环机制，持续提升政府治理效能。依靠数字技术弥合"功能孤岛"和"制度缝

---

① 《中国共产党第十九届中央委员会第四次全体会议文件汇编》，人民出版社2019年版，第37页。

隙",围绕"管"和"服",立足企业和群众的政务服务需求,以数字化手段推动政府治理组织、流程、职能和方式等全方位重塑,全面提升治理质效。

健全完善政府科学决策制度。制定出科学的公共政策是推动省域治理现代化的首要环节。强化各级政府及其各部门同各高校院所、科研院所之间的协同研究。推动高端智库服务政府决策常态化长效化,提高决策咨询的针对性和实效性。充分运用大数据、物联网、云计算、人工智能等新技术工具,对经济运行、社会信用、市场监管、公共安全等重点领域进行监测分析,为政府决策和高效治理提供支撑。认真执行国务院《重大行政决策程序暂行条例》,充分运用地方立法权,探索完善地方政府决策相关法规制度,进一步规范重大行政决策程序,运用好民主集中制,提高政府领导班子把方向、谋大局、定政策、促改革的能力。

健全完善公共政策执行制度。习近平总书记指出:"制定出一个好文件,只是万里长征走完了第一步,关键还在于落实文件。"[1]政策执行质量的高低直接影响政府治理现代化水平。要按照"工作项目化、项目目标化、目标责任化"的思路,规范征地拆迁、招商引资、信访积案化解、数字政府建设等重点工作的清单化管理、项目化推进,明确重点工作的任务书、路线图、时间表,确保各项政府决策部署落地落实落细。规范专班运作机制,强化统筹兼顾、协调运作、集智攻关、破解难题,全面提升各级政府的执行力。

健全完善政策评价制度体系。党的十八大报告明确提出要推行政府绩效管理。"绩效管理是一个识别、评价和提升个人、团队及组织绩效,并根据组织战略目标进行调整的持续过程。"[2]政府绩效管理可以促进政府变

---

① 《习近平谈治国理政》,外文出版社2014年版,第106页。
② 祁凡骅、张璋:《政府绩效管理:国际的潮流与中国的探索》,中国方正出版社2013年版,第7页。

革、提升政府公信力和政府执行力、优化政府内部流程管理，而政策绩效评价是政府绩效管理的重要环节。在数字化时代，要充分运用数字技术提升政府治理绩效。对照政策目标和重点措施，建立事前、事中、事后相结合的覆盖政府工作全方位、全流程、全周期的绩效评价闭环制度，强化考核评价结果运用，建立通畅、高效、系统的评价反馈机制，推动政府工作不断创新。探索建立公众满意度评价和第三方评估制度，对重大行政决策执行情况进行客观、公正、独立的第三方评估。

健全完善政策监督制度。陈国权教授提出了功能性分权的概念，认为"中国有着自身特色的决策权、执行权、监督权分离的功能性分权体系，这一体系力图通过构建多重的制约与协调机制实现既保障权力运行效率又防止权力滥用专断的双重目标"[1]，要在此基础上完善适合中国国情的权力制约与协调体系，以推进国家治理体系和治理能力现代化。数字化转型的普及为加强政策监督提供了技术支撑。要在现有政府政策执行督导机制的基础上，构建统一规范、精简高效、协同推进的政务督查工作流程，加快构建有清单、有督查、有考核、有激励、有问责"五位一体"的大督查工作体系。推进行政问责规范化制度化建设，改革创新容错免责机制，加强政务督查与人大、政协、审计、舆论等监督统筹衔接。

四、以数字化转型推动多跨业务协同应用迭代升级

"数字技术正在成为全面推进中国政府治理体系和治理能力现代化的重要支撑。"[2]要以党中央、国务院和省委、省政府重要决策部署、"十四

---

① 陈国权、皇甫鑫：《功能性分权体系的制约与协调机制——基于"结构—过程"的分析》，载《浙江社会科学》2020年第1期。
② 郁建兴：《数字技术赋能政府治理》，载求是网2020年6月10日。

五"重大任务、年度重大任务为核心，推进原有业务协同叠加重要精神、"八八战略"、疫情防控等新的重大任务，从多跨场景化应用视角持续推动业务协同模型迭代升级，持续重塑政府组织结构、业务流程和治理模式，加快推进智慧政府建设。

健全公开透明的科学管理制度体系。强化"数字政府""智能政府""智慧政府"理念，推进数据共享和深度应用，加强资源整合与流程再造，推动数字化转型与政府变革深度融合，持续以政府数字化转型撬动数字经济、数字社会、数字法治加快发展，推动政府治理从"制度""治理""智慧"三个维度持续提升。

更高质量实现公共数据互联互通共享。深入开展全省数据大普查、数据资源大归集、系统平台大整合，分层分类构建公共数据共享体系。提升政府门户网站集约化建设与管理水平，推动各部门业务专网向电子政务网整合，完善公共数据资源目录，构建公共数据开放平台，落实数据开放和维护责任，加快推动不涉密的公共数据主动向社会开放。编制政务大数据标准规范，建立数据标准和信息安全制度，严格落实国家信息安全等级保护制度。

加快推进跨层级跨部门场景化协同应用。加快推进数字化转型背景下的政府管理和服务方式创新，强化经济运行、财税、金融等领域数字化应用，下好政府数字化改革的"先手棋"，为政府精准决策和高效治理提供数据支撑。全面打造各级城市大脑数字驾驶舱，积极谋划场景化多业务协同应用，扎实推进城乡数字化治理体系和政府社会协同共治体系。深化政务服务"一件事"改革。以深化各领域"一件事"集成改革促进实现"最多跑一次"，加快实现个人和企业全生命周期"一件事"全流程"最多跑一次"，甚至"一次都不用跑"。推进"互联网＋政务服务"，建设政务服务2.0版，全面实现政府服务"一网通办""全域通办""一证通办""就近可办"，提升政务服务数字化水平。

五、以数字化转型倒逼政府全面提升依法治理能力

数字法治是全面数字化转型的重要组成部分。习近平总书记指出："落实依法治国基本方略，加快建设社会法治国家，必须全面推进科学立法、严格执法、公正司法、全民守法进程。"①推进数字法治就是要综合集成科学立法、严格执法、公正司法、全民守法等社会主义法治全过程，推动法治建设重要领域制度、组织、流程系统性重塑，充分发挥数字法治对省域治理现代化的加持功能。

借助数字化转型提升地方立法水平。加强地方立法决策与全省数字化转型的有机衔接，探索推进重点领域、新兴领域的地方立法，建设具有浙江特色的法规规章体系，利用数字技术、数字理念、数字思维提升立法水平。探索开展平台公司治理地方立法。通过"线上＋线下"的方式，拓宽社会各方有序参与地方立法的途径和渠道。推行政府规章和行政规范性文件备案审查制度，加强行政规范性文件合法性审查，定期开展政府规范性文件专项清理。

加快推进司法领域的数字化改革。同步推进司法体制综合配套改革和司法数字化转型，落实司法责任制，深化诉源治理，提高司法质量、效率和公信力。坚持和发展新时代"枫桥经验"，推动新时代"枫桥经验"数字化提升，深化检调、诉调对接，完善人民调解、行政调解、司法调解联动工作体系。推进综合行政执法改革，推广"综合查一次""非现场执法"等各地行政执法模式，加快形成"大综合、一体化"行政执法体系，

---

① 《习近平谈治国理政》，外文出版社2014年版，第139—140页。

全面提升依法行政水平。

加强数字技术在行政执法领域的应用。利用数字技术、数字思维、数字认知提升公正执法水平。强化行政执法人员行为规范和基本准则。健全行政执法裁量权基准制度，推行"非接触性"执法模式。完善行政执法责任制和执法过错追究制，加强对执法监管不作为、乱作为、失职渎职等违纪违法行为的责任倒查。

以数字化手段高质量推进普法工作。充分运用互联网等数字化工具加大全民普法力度，实施"法润浙江"行动，高质量开展"八五普法"活动，培育法治文化，增强全民法治观念。深化民主法治村（社区）创建行动，全面提升村社法律顾问、法律援助、社区矫正、依法调解、法治监督等公共法律服务质量。

六、以数字化转型提升政务服务治理和群众满意度

数字化时代，要利用数字元素、数字理念、数字技术支撑全生命周期公共服务跨部门协同，实现幼有所育、学有所教、劳有所得、住有所居、文有所化、体有所健、游有所乐、病有所医、老有所养、弱有所扶、行有所畅、事有所便，更好地满足群众对高层次、多样化、均等化公共服务需求。

利用数字化转型推动基本公共服务均等化。加强教育、医疗、交通等领域在规划、政策、资金和项目上的省域统筹，进一步提升城乡、区域公共服务均等化水平。加大政府向社会组织和企业购买服务的力度。完善政府购买公共服务指导目录与标准，以标准化推进服务要素配置均等化、服务方法规范化、服务质量目标化，加快构建基本公共服务标准体系。

利用数字化转型构建政府精准服务机制。探索建立公共服务精准识别

和精准提供机制，深化便民服务"供给侧改革"，全面推进"15分钟便民服务圈"建设。完善省、市、县、镇四级政府为民办实事项目的征集筛选、科学决策、民意沟通、风险预警、资金保障、绩效评估等制度，着力解决好就业创业、教育卫生、社会保障、垃圾分类、老旧小区电梯加装等民生关键小事。深化推广"民意感知"的实践创新，加快推动公共服务供给从"经验判断型"向"数据分析型"转变，满足人民群众和企业个性化服务需求。

利用数字化转型推动信用浙江建设。建设信用政府和信用社会标准规范体系，制定数据共享、业务协同、信用修复等流程规范。更好地执行《政府信息公开条例》，健全政务信息公开制度，建立诚信监督体系和失信惩戒机制，持续提升政府公信力。利用互联网加大政务信息公开力度，主动公开涉及群众切身利益的政务信息，自觉接受人民群众监督。

完善防范和化解重大风险机制。聚焦基层基础风险治理，完善防范化解重大风险体系，形成有效应对重大风险的常态长效机制。组织开展重大风险评估和情景构建，对可能发生的各种风险挑战做到心中有数。加强应急物资储备能力建设，构建集实物储备、合同储备、生产能力储备于一体的应急物资采购供应体和储备系。构建"大安全、大应急、大减灾"应急管理体系，完善风险闭环管控的大平安机制。牢固树立安全发展理念，全面推动安全教育进机关、进校园、进企业、进社区，不断提高全社会的安全意识和防范化解重大风险能力。

以市场化改革推进共同富裕先行示范

徐应红　郑加莉　胡贵仁

共同富裕涉及两个方面的内容，一是解放和发展生产力，促进社会物质财富的增长，改善人民的生活；二是对经济利益关系、社会关系进行调整，从经济利益关系上和体制上保证各个群体，尤其是中低收入群体共享经济发展的成果，这既是一场经济革命，也是一场社会革命。改革开放以来，我国坚持市场化改革的目标，市场化改革的上半场大大解放和发展了生产力，促进了社会物质财富的极大丰富，但也出现了社会财富的分化。市场化改革的下半场，就是要按照"可持续增长"和"以人为本"的理念，进行社会结构、经济结构和利益关系的深刻调整，构建在市场经济基础上实现共同富裕的经济利益关系和经济体制。浙江省义乌市发挥自身商贸优势，咬定"兴商建市"战略不放松，持续推进区域经济市场化、工业化、城市化、国际化协调发展，成功从一个贫穷落后的农业小县，一跃成为全国改革开放18个先进典型之一。其市场化改革和共同富裕程度均走在全国的前列，是市场化改革与共同富裕高度统一的典范，对于如何以市场化改革推进共同富裕具有示范意义。

一、市场经济与共同富裕的内在逻辑

市场化是我国经济体制改革的基本原则和方向，实现全体社会成员的共同富裕是社会主义的价值追求和目标。如何正确认识发展市场经济与促进共同富裕之间的关系，是思想上的难点；如何实现市场经济下的共同富裕之路，也是实践中的难点。

改革开放以来，随着市场化改革的不断深化，我国经济发展的速度和效率大大提高，社会财富快速增长，创造了世所罕见的经济长期高速发展的奇迹。但是，在此过程中，不同群体、不同地区之间的贫富差距也在拉大。这种贫富差距的拉大不仅影响社会总消费能力，制约经济健康发展，也将成为一个社会问题，影响社会稳定。于是，有一种观点就认为，市场化必然导致贫富分化，不可能形成共同富裕，市场经济下的共同富裕之路是不可能走得通的。这种观点把贫富差距的扩大归咎于市场经济。

对此，我们要把市场化改革与共同富裕放在社会主义市场经济体制的框架下，辩证地看、历史地看，在比较中认识。我们国家搞的市场经济不同于西方的私有化、新自由主义，而是与社会主义相结合的，其内生的就包含两个基本原则：一个是社会主义的原则，就是共同富裕，这是其本质规定性；另一个是市场经济原则，就是讲效率优先，就是按要素分配，产生收入差距是必然现象。在社会主义市场经济体制下，两者是有机统一的，是手段与目的的统一，是阶段性特征与趋势目标的统一。

第一，市场化是经济发展的重要推动力，是实现共同富裕的必由之路。市场化改革作为推动经济发展的一种有效手段，是被实践、被历史证明了的。改革开放以来，我国坚持市场化改革方向，从计划经济转向市场经济，社会活力得到极大释放，社会经济取得了前所未有的成就，也比西方发达国家的发展速度更快，迅速成为世界第二大经济体，老百姓也实现了从普遍贫困向小康富裕的跨越。市场化极大地激发了群众的积极性和创造性，通过竞争促进资源的合理配置，创造平等的机会，可以说，市场化改革为脱贫攻坚的决定性胜利和共同富裕的实现奠定了坚实的物质基础，这是不可否认的事实。

第二，市场化不可能自然而然地导向共同富裕，需要发挥社会主义制度优势对市场经济进行有效引导。在市场经济下，包括资产、能力、知识、技术、资本等各种要素都要参与分配。因要素禀赋不同而产生马太效应，一个必然的结果就是产生收入差距，甚至会导致贫富差距进一步扩大。以美国为例，美国市场经济是世界最发达的，私有化、市场化程度都很高，贫富悬殊十分严重。因此，市场化本身不可能自动地形成共同富裕。

第三，在社会主义市场经济体制框架下，市场化与共同富裕是有机统一的。在社会主义原则下，在党的领导下，能够发挥社会主义制度优势，通过先富带后富、收入调节等手段，在保护市场积极性的基础上，促进社会公平。因此，在社会主义市场经济体制下，共同富裕是有制度基础的，是有政治保障的。事实上，市场化程度与共同富裕在社会主义市场经济体制下已经表现出了较强的相关性，市场化程度比较高的地区基尼系数较低、收入差距相对较小，而市场化程度低的地区基尼系数较高、收入差距相对较大。比如，义乌在市场化日益深化的过程中，群众的富裕程度都在提高，贫富差距、城乡差距也都随之缩小，是市场化与共同富裕有机统一的典范。自"十三五"以来，义乌民生支出年均增长7.4%，高等教育毛入学率由61.3%提高到69.1%，人均预期寿命由79.91岁提高到81.88岁。2020年，义乌城乡居民人均可支配收入分别为80137元和42158元，分别增长3.9%和6.7%，城乡收入比缩小至1.92∶1。

因此，不论是从理论层面，还是从实践层面，市场化改革对于共同富裕都是不可或缺的重要手段，也是有效的经济组织形式。那种把贫富差距简单归咎于市场经济，借以否定市场经济改革，既不符合社会主义市场经济理论逻辑，也不符合改革开放以来的实践逻辑。以产生收入差距为由否定社会主义市场经济的观点，不仅在理论上站不住脚，在实践上也是有害的。下一步要做的就是，结合社会主义原则，对市场经济体制不断完善，对有些方面进行纠偏矫正，形成一条社会主义市场经济下的共同富裕之路。

二、以市场化改革构建各群体融入现代经济体系的平台与机制

市场化改革要推动共同富裕，需要一个有效的实践传导机制，让群众参与到现代经济体系中来，让他们参与社会财富的创造，参与发展成果的分享。造成贫富差距的一个很重要的原因就是，一部分人、一部分地区因为各种原因无法参与到现代经济体系中去，他们成了现代经济体系的局外人群、边缘地区，既无法有效参与现代经济活动，也无法分享各种经济政策的红利。因此，要想让全体群众分享社会经济发展的成果，必须有一个利益传导机制和利益分享机制，建立起社会经济发展与群众获得感之间的相关性，也就是说，要建立一个全民共享的产业平台，把各类人群、各类区域都纳入现代经济体系中去，从而形成全民参与的利益创造机制和利益分享机制。

义乌地处浙中盆地，"既不沿边，又不沿海"，缺区位优势、缺政策资源、缺工业基础，不具备传统经济学理论所要求的资源禀赋和比较优势，更不要说实现共同富裕了。但是，改革开放以来，义乌市之所以在市场经

济高度发达的同时，共同富裕的基础也较为厚实，一个很重要的原因就是，义乌通过市场平台的带动、辐射、孵化作用，发展出一个不分地区、不分人群的现代经济体系纳入机制，营造了"大众创业万众创新"的全民创业格局，形成了以市场带动的共同富裕之路。

第一，义乌依托市场形成了一个市场经济纳入机制。边远的农村地区，部分丧失劳动能力的特殊人员、农村留守妇女等，在很多情况下无法参与到现代经济活动之中，成为现代经济体系的局外人、边缘人，失去了创造财富的基础条件。但是，义乌依托市场形成了覆盖全国、联结城乡的商品销售加工网络，通过来料加工，给边远地区和边缘群体送去工作岗位、送去创业致富的信息、技术、资金，让他们在家门口无门槛地参与到市场经济活动之中，将传统意义的"边缘地区""边缘人群"纳入现代市场体系，形成全域"众创空间"。可以说，义乌小商品市场已成为大众创业万众创新的孵化器、精准扶贫的发动机。

第二，义乌依托市场形成了一个红利传导和分享机制。一些基层群众对政策红利的获得感不强，对各级政府出台的政策也不以为然，觉得与自己无关。实际上，政策的落地需要一个传导转化机制，不可能政策一出台就产生立竿见影的红利。义乌把小商品市场打造成义乌的公共品、公共福利，利用市场的渗透、辐射功能，将市场与百姓利益紧密地联系起来，形成市场就有了造福百姓的红利传导和转化机制。义乌始终把市场作为龙头，把市场打造成共享式的创业平台，发挥市场的引擎和带动作用，以市场整合各种社会经济资源，将市场与义乌整个社会经济紧密交融捆绑在一起，让市场成为名副其实的"命根子"，只要市场繁荣了，群众的利益就有了保障。因此，政府只需要出台支持市场发展的政策措施，就能够将政策红利传导到千家万户。

第三，义乌依托市场形成了一个群众的教育培养机制。共同富裕需要群众不断提升自身素质，需要适应不断变化的社会经济环境，也就是需要一个社会教育机制。义乌市场在事实上扮演了市民大学的角色，以"开放办学"的方式对群众进行全天候的实践教育培训：一方面，依托市场把群众纳入城市经济发展的浪潮之中，推进了农民的市民化进程；另一方面，培育了群众的创业能力，促进群众完成从农民到商人再到企业家的身份转变，真正让群众自己成为脱贫致富的责任主体，从而激活和增强共同富裕的内生动能。

小商品市场成为义乌市共同富裕的第一推动力：一方面，市场的发展形成了一种经济发展过程的共创机制，以及经济发展成果的共享机制和普惠机制，形成了共同富裕的利益共同体、命运共同体；另一方面，市场的升级换代也带动了群众整体素质的提升，促成了市场与群众的利益融合，强化了群众在共同富裕中的主体责任意识，极大地激活了共同富裕的内生动能。

三、义乌以市场化改革构建"互为"的城乡结构

共同富裕需要打破城乡之间的壁垒与鸿沟，"以城带乡，以工促农"，城市支援农村，工业反哺农业。但是，工业的反哺、城市的支援毕竟是一种政策手段，会影响城乡融合的内生性和持久性。单向度的以牺牲农业、农村、农民利益为前提的城市化是不可持续的；同理，单向度的城市、工业对农村的输血式支援也很难持续。城市是区域经济中心，发挥着吸纳和辐射的功能；农村作为城市的广大腹地，其空间、生态、劳动力、资源等各方面的优势可以利用起来，为城市发展提供稳定而广阔的市场和各种物质支持。城乡融合，不仅仅是城市和工业对农村的单向度支援，而且蕴含着农村和农业对城市和工业的支撑，通过市场化机制实现城乡之间利益的

捆绑和作用的互为，不仅使农村离不开城市，也使城市离不开农村，城乡形成一个利益共同体。

在义乌，城乡融合呈现出一个崭新的图景：城乡实现了良性互动，互为支撑，不仅"以城带乡，以商强农"，而且"城乡互助，'三农'助商"，城乡融合提升到了新的层次，城乡统筹的内涵也有了新的发展。

义乌分类布局体系、城乡功能分区的建设，有力地扩展了相关产业的市场空间，并为二三产业发展提供了实体平台，直接支撑了城市产业的发展。电商小镇、汽车小镇、快递小镇等不断涌现，极大地繁荣了当地经济，对义乌主体市场业态作出了很好的补充，增加了农民的财产性收入；十条乡村精品线的建设以及美丽乡村的打造，带动了乡村旅游业的蓬勃发展，提高了农村的经济收入；农民生产生活条件得到改善，农民的消费需求不断提高，为城市提供了广阔的消费市场；通过社区积聚和有机更新，农村节余了大量的建设用地，为产业发展特别是产业的转型升级提供了空间和土地承载，农村已经成为产业转型升级的腹地。

可以说，义乌的城乡之间互为依托、互为市场、互为产业腹地，是一个不可分割的命运共同体和产业共同体。义乌市的城乡融合，是真正意义上的城乡融合，城乡融合的进程同时也是城乡居民利益得到保障、价值得到彰显的过程。在此过程中，政府不再唱独角戏，也不是城市向乡村单向输血，而是城乡之间要素自由流动、功能相互支撑、市场相互补充，形成一种互为机制，广大城乡居民成为发展的主力军和有力促进者，体现了中央提出的城乡融合发展的精髓。

义乌城乡这种互通、互嵌、互为的融合机制，一方面得益于政府的规划引导，形成了互通融合的城市规划、一体化的基础设施、普惠共享的公共服务、城乡均衡发展的文明体系；另一方面得益于物流、会展、金融、旅游、电子商务等现代服务业的兴起，增强了城乡融合的黏性。在这两种因素中，政府的"有形之手"起的是引导作用，其内生性的动力机制还是产业联动、要素流动所起的促进作用，政府"有形之手"遵循市场规律，通过市场"无形之手"起作用。通过这种互为的城乡结构，城乡之间相互开放、相互联结、相互影响，作用与反作用的互动机制不断完善，为共同富裕打通了城乡通道。

四、义乌以市场化改革构建农村资源的价值实现机制

共同富裕的过程是各群体之间权益平等保护的过程，也是各种权益实现的过程。由于各种原因，农村地区和农民以及其他一些社会基层群众相对弱势，其权利被弱化、虚化的现象较为突出。在共同富裕进程中，要加强对各种权益的保护，创新各种财产权、资格权、使用权的价值实现机制，将"沉睡"的资源激活、将潜在的价值变现。

在城乡二元结构的惯性作用下，农民在权益方面的劣势地位在短时间内难以根本扭转，如果不加强对农民权益的保护，农民的地位将不可避免地持续弱化、虚化，共同富裕也就失去了制度保障。由于农民身份的特殊性，其权益的保护也具有特殊性，简单地依靠宪法中的规定还不太够，需要对他们进行一定程度的倾斜性保护。对于农民来说，最重要的权益就是承包地、宅基地，他们拥有相应的承包权、资格权。但是，这些权益在相当长的时期里是固化的、静止的，流动性较差，资源的价值实践机制不畅通，资源配置缺乏真正意义上的公平性、有效性。

义乌市通过改革创新，形成了一套农村资源的价值实现机制。

一方面，将农民抽象的权益具体化。在全国首创宅基地所有权、资格权、使用权"三权分置"，在保持集体土地所有权不变的前提下，由村集体将土地所有权委托给镇街农村土地整备公司，整备公司需按6.5万元/间

的标准支付调出方村集体固定收益。整备公司再将未利用宅基地以市场化公开竞价方式，安置给市域范围内有资格权的农户。跨村安置所得的选位费，由整备公司和调出方村集体按比例分成，并实行收益封顶，同时，宅基地跨村安置地价差收入归整备公司所有。农户通过宅基地跨村跨镇街安置中标取得宅基地后，不得在原村安置宅基地，不得再审批宅基地，不改变其原有集体经济组织成员身份，允许其将户口迁入调出方村居。改革之前，未利用宅基地原先只能用于绿化、建设停车位等，造成土地资源的浪费；由于新增建设用地指标以及耕地占补指标的紧缺，存在农民宅基地无法落实的情况。现在，通过宅基地跨村跨镇（街道）安置，可以有效盘活农村建设用地，创新宅基地落地方式，破解已批宅基地落地难等问题。同时，部分收益归镇（街道）农村土地整备公司统筹，用于和美乡村和公共事业建设，让镇（街道）全体农村农民共享改革收益。根据调查，全市有约36万平方米宅基地可盘活利用，预计可增加集体经济收入近72亿元。根据新出台的《义乌市农村宅基地资格权益登记工作规则》，在获得宅基地使用权时，就可以办理宅基地资格权益凭证，在尚未安排具体建造地块的情况下，可以通过资格权益凭证，实现宅基地资格权益的质押、有偿退出或有偿调剂，体现宅基地资格权益的财产特性，使农户既可以获得生产经营需要的资金，又能通过有偿退出或有偿调剂等方式实现财产变现。也就是说，在宅基地的"真空"阶段，农户就可以质押、有偿调剂或有偿退出宅基地资格权益，激活"沉睡"的资产。

另一方面，将农村资源定价市场化。2016年9月，义乌开展农村集体经营性建设用地入市和土地征收制度改革。结合实际情况，义乌深入细致开展调查，查清全市92宗868亩农村集体经营性建设用地的权利主体、分布范围、规划用途、利用现状等基本情况，并建立唯一编码的存量农村集体经营性建设用地数据库，制定了完善农村集体经营性建设用地产权制度，明确入市范围和途径，建立交易规则和监督服务规则，建立兼顾国家、集体和个人的土地增值收益分配机制等六个方面的入市配套政策。农村集体经营性建设用地入市大幅提高了村集体获得的土地出让收益。

义乌这种对于农民权益的保护，具有很强的启发性和示范性：一方面，将农民的权益具体化，从而确保农民自己可以自主决定处置方式，使资源在城乡之间自由流动，更好地发挥市场在资源配置中的决定性作用，提升了市场配置资源的效率；另一方面，通过改革，对农民的各种权益进行赋能，将"沉睡"的资源激活，让农民有实实在在的获得感，这不光是对农民权益的保护，更是构建了一种农村资源的价值实现机制。

五、义乌以市场化改革推动共同富裕的重要启示

共同富裕是人类的美好理想，既是社会主义所追求的价值目标，也是推动经济可持续健康发展的客观要求。中国的改革进入新的阶段，必然把共同富裕作为发展目标，一方面，必须充分发挥市场在资源配置中的决定性作用，做大"蛋糕"；另一方面，又必须防止贫富差距的扩大，并不断缩小差距。

以市场化推动共同富裕必须坚守几个基本底线：

第一，市场化不等于私有化。私有化是一种所有制，而市场化是一种调节手段，两者不能画等号，不能以市场化之名行私有化之实，否则，非但不能走向共同富裕，相反，可能会进一步拉大贫富差距。

第二，市场化改革必须与社会主义基本原则相结合。新时期的改革必须有反映历史要求的新思路、新方法和新探索，市场化改革要体现共同富裕和公平正义的价值取向，必须让广大中低收入者能分享经济发展的成就。

第三，市场化改革推动共同富裕的同时要发挥政府的宏观调控作用。走共同富裕之路，必须坚持市场"无形之手"与政府"有形之手"相结合，要充分发挥政府的作用，把握市场化改革的正确价值取向，而不是以市场化之名弱化、虚化政府的责任。

走绿色发展道路推进共同富裕的先行示范

刘艳云　胡继妹　胡占光

党的十九届五中全会明确了到2035年基本实现社会主义现代化远景目标，并首次提出"全体人民共同富裕取得更为明显的实质性进展"。当前，中国经济社会发展一方面面临着资源环境的制约，另一方面收入不平等、贫富差距问题也成为实现共同富裕的重要障碍。浙江是全国最早完成脱贫任务的省份，城乡差距、区域发展与富裕程度指标均位于全国前列。国家"十四五"规划纲要中明确指出，在"十四五"时期支持浙江建设共同富裕示范区。在新的历史发展阶段，如何实现经济社会的最大化发展和资源能源的最小化消耗，从而提高人民收入缩小贫富差距，实现高质量发展是当前面临的一大课题。本课题基于湖州实践，从实现共同富裕的路径指向出发，探讨绿色发展与共同富裕理论框架及其区域实现路径，以期为新时代推进共同富裕提供有益借鉴。

一、发展是推进共同富裕的路径指向

发展依然是当代中国的第一要务，也是实现共同富裕的基本前提和关键之举。共同富裕的经济基础是生产力的高度发展，但不应简单体现在物质富裕层面，而应该将经济、政治、文化、社会、生态等内容纳入。只有从这个高度去认识共同富裕，才能真正把握社会主义的本质和最终目的。从发展这个路径来看，推进共同富裕先行示范必须体现发展的三个特性。

（一）发展过程的协调性

2021年1月28日，习近平总书记在十九届中央政治局第二十七次集体学习时的讲话中指出："促进全体人民共同富裕是一项长期任务，也是一项现实任务。"历史和实践也证明，共同富裕不是同时同步富裕，也不是平均富裕，而是一个逐步实现富裕的过程。当前发展的不平衡不充分问题成为新时代社会主要矛盾，必须把满足人民日益增长的美好生活需要作为推进共同富裕的主动力，在发展过程中注重区域和城乡，物质文明和精神文明，经济、政治、文化、社会、生态等各个方面的整体协调性。唯有如此，才能更好地推动人的全面发展、社会全面进步。

（二）发展方式的可持续性

改革开放40多年，我国在推动共同富裕的道路上取得了巨大的成就，但是一些深层次的矛盾问题依然比较突出，尤其是长期粗放式的发展方式导致生态问题突出。发展必须以人与自然和谐共生为根本前提，实现共同富裕必须以发展方式的可持续性为首要条件。党的十九届五中全会围绕"2035年基本实现社会主义现代化远景目标"要求，提出了"深入实施可持续发展战略、完善生态文明领域统筹协调机制、构建生态文明体系、促进经济社会发展全面绿色转型、建设人与自然和谐共生的现代化"的战略部署，这不仅是新时代高质量发展的目标方向，也是实现共同富裕的基本要素。

（三）发展成果的普惠性

共同富裕的最终目标是"共享"，必须让人民群众共享发展成果，这是社会主义的本质要求，是检验发展成效的根本标准，是共同富裕社会的根本标志。推进共同富裕必须牢牢把握以人民为中心的发展思想，在生产与分配两个环节中更加强化发展成果的普惠性，坚持在发展中保障和改善民生，统筹做好就业、收入分配、教育、社保、医疗、住房、养老、扶幼等各方面工作，更加注重向农村、基层、欠发达地区倾斜，向困难群众倾斜，促进社会公平正义，让发展成果更多更公平地惠及全体人民。

二、走绿色发展道路是共同富裕先行示范的必然选择

走什么样的发展道路决定着实现什么样的共同富裕水平，而走绿色发展道路是共同富裕先行示范的必然选择。从发展的协调性、可持续性和普惠性要求来看，这与绿色发展的核心要义是高度契合的，具体体现在以下三个方面。

（一）绿色发展是实现协调发展的重要手段

党的十八大以来，党中央把脱贫攻坚任务摆在治国理政的突出位置，举全党全社会之力组织推进精准脱贫，完成了消除绝对贫困的艰巨任务，这标志着我国在实现共同富裕的道路上迈出了坚实的一大步。然而当前发展不平衡不充分问题依然突出，特别是城乡、区域之间的发展差距依然较大，实现人的全面发展和全体人民共同富裕仍然任重道远。习近平总书记在2021年2月25日全国脱贫攻坚总结表彰大会上强调要求，"我们要切实做好巩固拓展脱贫攻坚成果同乡村振兴有效衔接各项工作，让脱贫基础更

加稳固、成效更可持续"。乡村振兴作为新时代解决"三农"问题，实现城乡区域协调发展的重大战略，必须坚持走绿色发展道路。这是新时代我们党从党和国家事业的全局出发，在深刻把握现代化建设规律和城乡发展特征的基础上，顺应亿万农民对美好生活的向往所作出的一项重大战略决策。

（二）绿色发展是实现可持续发展的内在要求

可持续发展的关键在于生态环境和资源分配上体现空间和时间上的公平性。因此，可持续的发展必须以保护自然环境为基础，与资源环境的承载能力相协调。绿色发展作为新发展理念的重要组成部分，是习近平生态文明思想在发展领域的集中概括，其目的在于建设美丽中国，形成人与自然和谐发展的现代化建设新格局。党的十八大以来，在习近平生态文明思想的指导下，特别是在"绿水青山就是金山银山"理念指引下，绿色发展不仅成为中国发展的方向，也得到世界各国认可，成为引领世界的时代潮流。因此，可以说绿色发展是可持续发展中国化的理论创新，凝聚了近年来中国共产党对生态文明建设规律的深刻认识，从根本上反映了可持续发展的内在要求。

（三）绿色发展是实现普惠发展的必备条件

生态环境是关系党的使命宗旨的重大政治问题，也是关系民生的重大社会问题。党的十九大报告提出，既要创造更多物质财富和精神财富以满足人民日益增长的美好生活需要，也要提供更多优质生态产品以满足人民日益增长的优美生态环境需要。党的十八大以来，以习近平同志为核心的党中央坚持走绿色发展道路，开启了生态惠民、生态利民、生态为民的生态文明新时代，人民群众的生态获得感、幸福感、安全感显著增强。习近平总书记多次强调，"生态环境没有替代品，用之不觉，失之难存"[1]，"环境就是民生，青山就是美丽，蓝天也是幸福，绿水青山就是金山银山"[2]，"良好生态环境是最公平的公共产品，是最普惠的民生福祉"[3]。因此，发展必须以满足人民群众日益增长的优美生态环境需要为重要旨归，把天蓝、地绿、水净的绿色财富造福普惠所有人。

三、以绿色发展推进共同富裕先行示范的湖州探索

湖州作为"绿水青山就是金山银山"理念的诞生地，十多年来，始终坚持协同推进生态环境保护和区域经济发展，始终坚持把生态文明建设作为"一把手"工程，坚定走好具有湖州特色的绿色发展之路，走出了一条绿色发展推动共同富裕的成功道路。

（一）始终坚持"绿水青山就是金山银山"理念引领，不断提高绿色发展的共识

绿色发展是生态文明建设的核心和灵魂，其根本在于解决生态环境的深层问题，即生态价值观问题。"绿水青山就是金山银山"理念是对发展观的全新阐释，是引领新时代走绿色发展道路的指导思想。十多年来，湖州市始终坚持以"绿水青山就是金山银山"理念引领，并将其贯穿融入经济建设、政治建设、文化建设、社会建设的各方面和全过程。

第一，将"绿水青山就是金山银山"理念融入战略决策。早在2003年，湖州市第五次党代会就明确了建设生态市的战略目标。2005年8月15

---

[1] 《习近平关于全面建成小康社会论述摘编》，中央文献出版社2016年版，第183页。
[2] 习近平：《推动我国生态文明迈上新台阶》，载《求是》2019年第3期。
[3] 《习近平关于全面建成小康社会论述摘编》，中央文献出版社2016年版，第163页。

日，习近平同志到安吉县余村考察，提出"绿水青山就是金山银山"科学论断，再次为湖州市的生态文明建设指明了方向。湖州市深入学习领会习近平同志重要指示精神，在"十一五"规划中提出了"建设现代化生态型滨湖大城市"的奋斗目标。2007年，湖州市第六次党代会明确提出"生态优市"战略，并明确提出"建设现代化生态型滨湖大城市"的发展目标。此后，历届市委、市政府坚持"建设现代化生态型滨湖大城市"奋斗目标不动摇，持之以恒推进生态文明建设，咬定目标不放松，一张蓝图绘到底，一茬接着一茬干。2020年3月30日，习近平总书记到湖州考察，再次对湖州寄予了新期望，提出了"再接再厉、顺势而为、乘胜前进"的新要求。市委八届九次全会明确提出"努力成为新时代全面展示中国特色社会主义制度优越性重要窗口的示范样本"，坚定走好具有湖州特色的生态文明之路，加快打造生态样板城市，尽显湖州全域之美、精致之美、制度之美，把"在湖州看见美丽中国"这张"金名片"擦得更加光彩耀眼。市委八届十次全会提出"奋勇争当社会主义现代化先行省的排头兵，高水平建设现代化滨湖花园城市"，更高水平推进生态文明，打造精致美丽"大景区"，拓宽精准转化"大通道"，构建精细治理"大体系"。

第二，将"绿水青山就是金山银山"理念融入发展规划。早在2004年9月28日，湖州市政府就颁布了《湖州生态市建设规划》，并将全国生态市的创建与全国文明城市、国家环保模范城市、国家园林城市作为一个整体，实施"四城联创"战略，提出了按照《国家级文明城市标准》《全国文明城市测评体系》《国家环保模范城市标准》《国家园林城市标准》《生态市标准》要求，进行四城同步谋划同步实施。之后，又相继制定了《生态文明建设规划》《环境功能区划》和低碳城市建设、循环经济发展等系列规划，并在所辖的德清县、安吉县探索开展了"多规合一"试点，从规划期限、目标、内容和信息平台、协调机制、行政管理等方面理顺"多规"关系。特别是按照习近平同志2006年在考察南太湖时的重要讲话要求，对滨湖65千米岸线、266平方千米区域开展一体化规划建设，加强空间、生态和产业的管控、引导，2015年太湖旅游度假区正式成为国家级旅游度假区。

第三，将"绿水青山就是金山银山"理念融入全民生态教育。早在2003年，湖州市就将生态文明列入党校干部培育的主体班次、干部网络教育的必修课程以及全市中小学教育的重要内容，全市党政干部参加生态文明教育培训的比例和学生环保教育普及率均达到100%，进一步确立了干部和师生人与自然和谐的生态伦理道德观，使"绿水青山就是金山银山"理念深入人心。2017年10月29日，浙江生态文明干部学院作为全国第一所专门以"生态文明"命名的干部学院在湖州成立。学院成立以来，以"绿水青山就是金山银山"理念大讲堂、网络讲堂、研究所和现场教学基地为载体，年培训近两万人，形成立足浙江、辐射全国的大培训格局，切实将"绿水青山就是金山银山"理念在中华大地上迅速铺开，推动各地加快推进"两山"转化，实现高质量高水平发展。

（二）持续推进"绿水青山"向"金山银山"的转化，不断提升城乡发展的协调性

城乡发展的不协调性是我国当前不平衡不充分发展的主要表现之一，城乡发展不协调性的矛盾主要方面在农村发展的滞后性，有效解决城乡发展的不协调性是实现共同富裕的重要任务之一。湖州在"绿水青山就是金山银山"理念的指引下，通过护美"绿水青山"、建设美丽乡村、培育和发展乡村休闲旅游产业，为农村发展和农民收入提高找到了一条行之有效的路径，为全国其他地区提供了有益借鉴。

第一，护美"绿水青山"。生态资源和生态优势是农村地区最为宝贵

的资源和优势。湖州跟东南沿海其他地区一样，虽然在改革开放后实现了长时间的快速增长，但粗放式的增长模式带来了环境污染，由此导致较为严重的环境群体性事件时有发生，生态环境问题也一度成为人民群众反映强烈的突出问题。在"绿水青山就是金山银山"理念的指引下，在浙江省委统筹实施"千村示范、万村整治"工程和"811"环境污染整治行动等重大举措的推动下，湖州以铁的勇气、铁的决心、铁的举措，大力度推进生态环境修复、整治，有效促进了农村生态环境的改善，保住了"绿水青山"的底色。

第二，建设美丽乡村。环境净化只是基础，想要把生态环境优势转化为经济产业优势，还需要在净化的基础上，做好美化的文章。从2007年开始，湖州就在全国范围内率先开展美丽乡村建设，2018年以来，又统筹推进"十大美丽示范"建设，全域开发山水田园景色，打造"处处是花园、遍地是风景"的全域美丽大花园。深化国家全域旅游示范区建设，引导全域旅游差异化、特色化和一体化发展，洋家乐、农家乐、渔家乐等民宿经济蓬勃发展。2020年，湖州已全域建成市级美丽乡村、99个省级美丽乡村特色精品村，为农村培育和发展美丽经济奠定了环境基础。

第三，推动"两山"转化。早在2005年，习近平同志就指出："如果能够把这些生态环境优势转化为生态农业、生态工业、生态旅游等生态经济的优势，那么绿水青山就变成了金山银山。"[1]十多年来，湖州始终牢记嘱托，在实践中牢牢把握乡村休闲旅游产业这个"两山"转化的关键抓手，从发展低附加值农家乐产业拓展到高附加值休闲度假产业，从单一的景区景点旅游拓展到全域旅游，较好地实现了自然山水"绿色效应"和旅游产业"金银效应"的良性互动，使美丽环境变成了实实在在的美丽经济，为农村居民收入的不断提高作出了较大贡献。2020年，全市城乡居民

---

① 习近平：《之江新语》，浙江人民出版社2007年版，第169页。

收入比仅 1.66：1，远低于全省、全国平均水平。

（三）创新完善绿色发展体制机制，不断提升产业发展的可持续性

可持续发展理论告诉我们，当代人在开发利用自然资源的时候，既要考虑满足当代人的需要，又要以不损害后代人满足其需要的能力为前提。传统低附加值产业以大量的资源能源投入为基础，以破坏生态污染环境为后果，跟绿色发展所要求的低碳、循环、节约、清洁等都不相适应。近年来，湖州在浙江省委、省政府的大力支持下，不断锐意创新、先行先试，通过一系列体制机制创新，持续优化产业结构，扎实推动绿色发展取得新成效。

第一，创新完善绿色考评体系。考核评价手段是重要的指挥棒，它能有效引导各级政府和企业致力于绿色发展。近年来，湖州根据生态文明建设和绿色发展的内在要求，着眼于区域整体绿色发展水平以及政府、企业两个重要主体，分别构建绿色发展评价指标体系以及绿色政绩考评体系和绿色制造标准体系，引领各级政府推动产业转型升级，引导市场主体致力于绿色发展。

第二，努力营造绿色生态环境。创新是推动发展的第一动力，也是实现可持续发展的重要支撑。湖州始终致力于创新驱动力的培育，以提高制造业自主创新能力为核心，以应用为导向，突出产学研深度融合的创新网络建设、重点行业创新公共服务平台打造以及创新驱动导向的制度环境构建，加快形成高效、联动、自主的产业协同创新体系，有效促进新兴产业培育壮大和传统制造业绿色转型。

第三，打造绿色金融服务体系。绿色发展离不开绿色金融的支持。湖州积极主动争创国家绿色金融改革创新试验区，并以此为契机大力推进绿色智造和绿色金融的"双绿融合"。通过优化绿色信贷管理审批，推动绿

色金融产品增量扩面，持续推进信贷绿色化。鼓励和引导金融机构开发绿色金融产品创新，大力探索各种抵质押模式。建立绿色金融货币政策激励机制，定向支持银行机构发放绿色信贷。

（四）持续优化生态环境质量，构筑公平普惠的品质生活新高地

良好生态环境是最公平、最普惠的公共产品和民生福祉，建设共同富裕离不开持续优化生态环境质量。湖州通过着力解决人民群众反映强烈的、最为突出的生态环境问题，不断满足人民日益增长的优美生态环境需要。

第一，全面治水，让水更清。浙江省委、省政府高度重视治水。进入21世纪以来，浙江实施了千万农民饮水保障工程、水资源保障百亿工程、万里清水河道工程、"千村示范、万村整治"工程、"811"环境整治工程、"五水共治"、剿灭劣Ⅴ类水等一系列治水工程，治水工作成效明显。湖州在省委、省政府的统筹指导推进下，深入开展"碧水行动"，扎实推进水环境治理工作。目前全市市控以上Ⅱ—Ⅲ类水质断面比例达100%，入太湖水质连续13年达到Ⅲ类水，2014—2020年连续6年被评为全省"五水共治"优秀市，获得"大禹鼎"。

第二，综合治气，让天更蓝。自2013年开始，全国各地雾霾天气多发频发，空气严重污染天数增加，社会反映强烈。湖州当年PM2.5平均浓度高达74.3微克/立方米，治理大气污染迫在眉睫。自2014年起，湖州市连续实施两轮三年行动计划，第一轮开展"治霾318"攻坚行动，重拳出击"治扬尘、治废烟、治尾气"。第二轮开展打赢"蓝天保卫战"三年行动计划，将治气任务纳入污染防治攻坚重点任务清单高标准推进，同时全面推进能源、产业、运输和用地四大结构调整优化，积极开展PM2.5和臭氧"双控双减"。至2020年底，两项指标改善幅度均居浙江省第一，

PM2.5降至26微克/立方米。

第三，系统治矿，让山更绿。"上海一栋楼，湖州一座山"，湖州凭借优越的水陆交通和矿山资源优势，为大上海建设作出了重要贡献。但无序的矿山开发必然带来生态环境的破坏和矿山资源的不可持续利用。湖州坚持以"绿水青山就是金山银山"理念为引领，在全国率先提出建设绿色矿山。通过系统谋划、加强矿山整治、整体推进废弃矿山等生态修复工作，十多年来，湖州坚持因地制宜，宜林则林、宜耕则耕、宜工则工、宜景则景，分类实施废弃矿山的环境修复和生态涵养，累计完成废弃矿山治理311个、治理复绿1.6万余亩、复垦耕地2.4万余亩，释放了环境与经济的"双重效益"。作为全国绿色矿业发展示范区建设试点，湖州市全域推进绿化矿山建设，到2020年，矿区绿色覆盖率将达到可绿化面积的100%。按照"近期减点控量、远期全面关停"的总体要求，全市矿山总数控制在42个，年开采总量控制在6800万吨以内。

四、加快提升绿色发展水平，高质量推进共同富裕先行示范

立足"十四五"，展望2035年远景目标，生态优先、绿色发展的理念及其导向、模式必须贯穿到经济社会发展全过程，这是湖州高质量推进共同富裕先行示范的发力点，更是"绿水青山"向"金山银山"高质量转化的聚力点。为此，提升绿色发展水平，推进共同富裕先行示范需要从以下几方面着力。

（一）以绿色低碳循环为导向，推进经济可持续发展先行示范

绿色低碳循环发展是可持续发展的重要方向，是高质量推进共同富裕

的应有之义。从发展趋势来说，绿色正凝聚成湖州发展的重要底气和现实底色。

第一，注重整体规划，完善政策体系。以高质量建设智能制造示范城市、国家绿色金融改革创新试验区等为支撑，加快完善绿色发展、低碳经济、循环经济等可持续发展相关的产业规划，推动传统产业绿色转型升级。同时，贯穿落实《关于加快建立健全绿色低碳循环发展经济体系的指导意见》，积极建立健全绿色低碳循环发展的生产、流通、消费、监督等全过程的法律法规制度体系，推进现代经济、绿色产业、先进标准的配套政策体系建设，为实现"碳达峰、碳中和"目标提供政策保障。

第二，着力创新驱动，强化动力支撑。以国家可持续发展议程创新示范区建设为契机，积极融入浙江省三大科创高地建设，协同打造绿色技术创新链。一方面，借力省三大科创平台，汇聚优势创新资源，积极构建市场导向的绿色技术创新体系，持续推动绿色技术研发、扩散及应用。另一方面，完善市场激励、约束、交易机制，优化创新资源配置，鼓励高校、科研院所和企业联合建立绿色技术创新研发中心，引入"联合开发、利益共享、风险共担"合作模式，加大跨专业的交叉学科研究步伐，聚力推动一批前沿性、关键性的新技术市场化。

第三，推动结构调整，加快绿色升级。以"绿色智造"为主攻方向，坚持新兴产业培育和传统产业改造提升并重，一方面，围绕争创国家制造业高质量发展试验区这一目标，积极培育新兴绿色产业，做大做强数字产业、高端装备、新材料、生命健康四大战略性新兴产业，并着力产业细分领域，打造新能源汽车、北斗地理信息等十大优势产业集群，完善产业链条和先进制造业体系。另一方面，积极推进传统制造业改造提升分行业省级试点区县建设，改造提升绿色家居、现代纺织等传统产业，推动传统产业在质量、标准、品牌方面实现绿色升级。

（二）以乡村振兴为载体，推进城乡协调发展先行示范

乡村振兴是实现共同富裕的必由之路，也是城乡协调发展的关键举措。

第一，激活土地要素，优化资源配置。着力撬动土地资源，提升乡村振兴活力。以产业振兴为纽带，完善农村基本经营制度，激活农村要素市场，破解农村资源优势发挥难和城乡要素双向对流难问题，进一步放大农村产业价值。特别是以农村土地要素为核心，积极实施"三权分置"，适度放活宅基地和农民房屋使用权，推进集体经营性资产股份合作制度改革，确保村集体产业做大做强。同时，依托农村产权制度改革，重构农业产业空间，进一步打通城乡之间劳动力、技术、资本等要素通道。

第二，推进"两山"转化，聚力统筹发展。基于南太湖新区和安吉"两山"转化创新经验，着重在破解城乡发展不平衡问题上先行先试。当下而言，努力将"两山"转化作为对接城乡发展的有效切口，统筹调度城乡各方资源和力量，提高区域发展均衡性、协调性。一方面，以南太湖新区"两山"转化实践示范区和安吉新时代"两山"试验区建设为平台，积极引导城镇资源参与"两山"转化活动，鼓励资本、人才、项目下乡，提升美丽生态转化美丽经济的效率；另一方面，围绕"两山"转化实质内容，加强城乡信息对接，扩大城乡居民需求供给，实现生态和经济资源双向流动。

第三，坚持抓镇促村，确保全面提升。坚持以人为核心的新型城镇化，以构建美丽城市、美丽城镇、美丽乡村共建的全域美丽格局为指引，树立"融合共生""绿色发展"理念，把城乡协同发展纳入乡镇重点规划之中，协调推进新型城镇化和乡村振兴。搭建"以'镇'为着力点，以'村'为操作点"的工作载体，打破条块分割限制，既要为乡镇减负，又

要让乡镇积极承接县市经济社会管理权限，赋予其更多治理权限，进一步统筹城乡组织资源，推动城乡治理融合、服务融合、发展融合。

（三）以数字赋能为手段，推进生态普惠共享先行示范

生态普惠共享是共同富裕的重要特征，全面推进数字化改革背景下，数字赋能更有利于促进生态成果共享。

第一，数字赋能生态环境保护。积极打造全国现代环境治理体系示范市，集聚环保、高校、科研院所、气象等部门，创新数字信息共享模式，着力构建智慧高效数字化生态监管体系及环境污染综合决策支持平台。通过数字化平台，对大气、水体等进行科学监测，或者对自然灾害进行模拟预警，预测未来环境变化的趋势，为环境决策提供参考依据。同时，借助物联网监管、大数据分析等科技手段，推行非现场监管方式，提升环保执法效能。

第二，数字赋能绿色生活方式。依托现代智慧城市建设，推动绿色生活方式升级。推进大数据、云计算、区块链、人工智能等信息技术和智慧手段应用到城乡多重社会场景中，特别是在绿色交通、垃圾分类、无纸化办公、绿色消费等领域，加快实现社会场景数字与生活方式绿色化互嵌融合。同时，积极借鉴蚂蚁森林、低碳军运等数字化平台在创新低碳生活引导工具和机制方面的经验，搭建具有全国影响力和统一适用标准的数字化绿色低碳生活方式平台，支撑所有消费者个体和团体的绿色低碳行为。

第三，数字赋能"两山"转化。高标准打造"数字湖州"，加快数字化技术在"两山"转化中的应用。基于城市数字大脑，建立市县联动的数字"两山"决策平台，打通市县生态资源数据互联共享，实现优质生态系统资产数字化呈现。在国内首个县域"数字'两山'决策支持平台"的基

础上，加快构建以生态系统生产总值（GEP）为核心的"两山"转化评估体系，完善全市生态资源变资产资本的平台、体系和机制，让生态系统生产总值核算进规划入考核、进决策入项目，进一步开辟"两山"转化新通道。

（四）以机制建设为保障，高质量推进共同富裕先行示范

走绿色发展推动共同富裕先行示范，实现绿色发展成果共享，离不开绿色保障机制。

第一，绿色发展推进机制。围绕打造长三角绿色发展引领区的目标，着力从体制上破除阻碍绿色发展的条条框框，推动长三角要素市场一体化改革，促进要素跨区域流动共享，实现与长三角生态绿色一体化发展示范区的紧密联动。同时，紧盯绿色发展推动共同富裕这个主要目标，发挥以"绿色考评"为导向的指挥棒作用，从项目准入、政策引导、考核监督等方面入手，推动部门管理、区域联动、执法体制等改革，明确改革路线图和时间表，倒逼各部门创新方式、发挥作用。

第二，区域联动协作机制。针对乡镇政策不协调、发展不平衡、行政资源浪费等问题，建立不同功能定位的协作区域，增强乡镇间协调统筹能力，对乡镇发展特色规划、重大项目、公共服务、人口布局等，进行"大区域化"统筹安排，促进区域政策协同、资源共享。特别是涉及群众切身利益的民生事项，加强上下级之间、城乡之间的交流合作，实施公共服务分片区协作、抱团式发展模式，优化公共服务供给方式，实现基本公共服务均衡发展。

第三，社会公平保障机制。坚持保障和改善民生，完善基本公共服务体系，健全公平保障长效机制。注重社会资源的调整和分配，促进民众权利平等，积极提供有序参与政治生活的制度化渠道，使群众能有效表达意

志和意愿，保障他们的合法权利；促进机会平等，通过合理的制度设计，为民众提供平等的教育、医疗、就业等机会；促进过程平等，积极推动全过程民主，为民众参与政治、经济、社会等各项活动提供公开透明、平等协商的平台或载体，提升民主法治水平。

以公共服务高质量发展助推
共同富裕示范区建设

董敬畏　侣传振　徐　律

国家"十四五"规划纲要明确支持浙江高质量发展建设共同富裕示范区，这是在新发展阶段赋予浙江的一个重大使命。浙江要打造共同富裕示范区，需要从解决发展不平衡不充分问题出发，以公共服务高质量发展为导向，通过逐步消除城乡差距、地区差距与行业差距，实现全体人民共同富裕取得更为明显的实质性进展。

一、公共服务高质量发展对共同富裕示范区建设的主要意义

（一）公共服务供给均等化有助于实现发展成果共享

"十三五"时期，浙江财政总收入由2015年的8549亿元增至2020年的12421亿元；一般公共预算收入由4810亿元增至7248亿元，规模居全国第三位，提升了两位，年均增长8.5%，增速居沪苏浙鲁粤五省市首位。在经济高质量发展背景下，进一步推动公共服务供给均等化，有助于消除城乡、区域、行业间的不平衡，实现发展成果的共建共治共享。

（二）公共服务供给高效化有助于满足人民对美好生活的向往

按中等收入群体年收入为 10 万—50 万元（以三口之家计算）的标准，根据浙江省调查总队的调查数据，2019 年浙江已有 68.4% 的家庭达到中等收入水平，高于全国 39.8 个百分点。按国际通用的中等收入群体占比在 60%—70% 之间的标准，浙江已基本形成中等收入群体为主的橄榄型社会结构。随着中等收入群体规模的扩大，推动公共服务高质量发展有助于满足日益提升的美好生活标准。

（三）公共服务供给精准化有助于满足人民日益多样化的生活需求

浙江作为第四经济大省，2019 年常住人口总量仅为全国第十，但流动人口却超过江苏、山东等经济大省。流动人口数量居全国第二，促成了民生服务需求多元化趋势，为公共服务精准化供给带来挑战。进一步提升公共服务精准化，有助于有效解决公共服务结构性失衡，满足人民日益多元的差异化生活需求。

二、浙江公共服务高质量发展面临的三大问题

（一）供需结构仍不平衡，公共服务均等化受限

浙江在不同地区公共服务均等化水平上仍存在较大差异，据 2020 年度基本公共服务均等化实现度评价，均等化实现度地域差距最大的三个领域依次是基本公共文化领域、基本公共教育领域和基本健康服务领域。其中，基本公共文化领域绍兴（99.8%）与衢州（87.1%）相差 12.7 个百分

点，基本公共教育领域杭州（100%）与温州（91.7%）相差 8.3 个百分点，基本健康服务领域杭州（97.7%）与丽水（89.9%）相差 7.8 个百分点。各地公共服务的结构性错配问题依然存在。在浙江部分人口净流入的发达地区，公共服务资源配置与当地人口结构转型不匹配现象较为明显。如杭州市临平区人口最为密集的乔司街道等局部区块，医院布局存在明显薄弱点，5 千米半径就医服务圈尚未形成；杭州市余杭区未来科技城板块各类高端人才集聚，但优质的医疗资源、教育资源明显不足。

（二）智能化水平不高，公共服务效能偏低

当下全省在智能化公共服务领域存在覆盖面小、集成度低、服务数据壁垒等问题。在智能化服务推广中，针对老年人、残疾人等弱势群体的医疗健康领域智能化服务依然偏少。衢州市多数村卫生室药品、诊疗项目等未实现数字化管理，计算机网络不具备与医疗保险信息管理系统联网的基本条件，全市只有不到三成的村卫生室成为医保定点机构，削弱了公共服务诉求表达意愿。在智能化服务应用上，尽管各地各条线开发了各类智能化服务 App，但全省层面缺乏集成高效、权威综合的智能化服务发布与咨询平台。在农村智能化服务平台建设中，如"平安通""村情通"等乡村基层治理平台尚未形成智慧联动，导致部分群众服务需求响应不及时、服务需求辨识不精准、服务内容不专业等问题。不同职能部门的数据也尚未实现按需共享，公共服务数据经常依照行政层级、权力大小进行配置，阻碍了数据的按需共享，造成了公共服务决策与配给错位。如全省各地针对特困户房产资格认定，房管局的资产信息并未链接到乡镇（街道）的民政数据系统，公安的基础数据其他政府部门很难得到和应用。

（三）社会力量参与不足，多元化需求满足难

尽管浙江部分发达地区社会组织规模已超过每万人7个社会组织参与公共服务的标准配额，但社会组织参与公共服务渠道仍较为匮乏。在杭州市，社会组织普遍缺乏有效的需求反馈与响应对接平台，并不能很好发挥在专业人才、社会资源、组织策划能力上的优势。在衢州、金华等地，政府多采用大包大揽的方式向社会组织购买服务，社会组织缺少服务项目策划自由，难以调动社会组织参与公共服务积极性。当下，众多社会组织参与公共服务的内容与形式也未突破公益志愿范畴，服务碎片化且缺乏专业性。如社会组织在医疗、养老等亟须服务项目中参与程度较低，服务边缘化现象严重。这是社会组织培育与扶持政策在省级层面未调整，造成市县两级配套政策无法跟进的政策错配问题造成的，导致社会组织在服务项目设计、行动策划、社会资源吸纳等能力上较弱，阻碍了社会组织积极适应日益增长的公共服务需求趋势。

三、以公共服务高质量发展助推浙江共同富裕示范区建设

（一）深化公共服务供给侧改革，推进公共服务供需平衡发展

建立健全人口监测预测体系，结合区域人口总量调控目标及人口分布特征，特别针对农村地区公共服务设施少、资金利用率低等情况，科学规划城乡公共服务供给总量，优化城乡区域服务资源空间布局。尤其针对净流入人口多的地区，加快制定与本地人口流动形势相匹配的公共服务政策，多渠道创新公共服务供给方式，建立与特定群体需求相适应的服务模

式，降低因流动人口的不确定导致政策失效问题，缓解城乡人口流动不平衡造成的供给压力。

（二）完善智能化服务体系，提升公共服务效能

按照省市平台统建与区县应用拓展的思路，打造线上线下综合服务平台，推动实现大厅实体端、电脑端、移动端以及自助终端四端协同。在服务过程中，通过场景化的功能布局与专人专事的岗位设置，促进传统"面对面"服务咨询模式向"肩并肩"专人辅导咨询模式转变，并按实际需求有序整合与缩减实体服务窗口，促进不同业务间的融合。在数据共享模式上，积极推进数字赋权，利用诸如字段授权途径，提升数据查询效率，突破不同部门间的数据壁垒，从整体上提升服务需求的响应效率与识别精准度。

（三）健全社会组织培育机制，增强公共服务多元化供给水平

坚持政府履职、社会参与、群众满意的原则，重点在就业培训、文化卫生、养老服务等领域，探索政府采购、定向委托专项基金等多元社会购买方式，出台精准配套政策，落实社会组织税收优惠政策，增强政策可操作性。通过建立枢纽型社会组织培育平台，形成社会组织培育发展长效机制，优化社会组织培育发展环境，激发社会组织参与服务项目的积极性。通过发挥培育孵化、联系服务、资源支持等功能，增强社会组织服务专业化水平与资源链接能力，拓宽社会组织参与公共服务的渠道。

深化"县乡一体、条抓块统"改革
打造社会治理现代化示范区

刘开君　曾　云

浙江省第十四次党代会提出确保2020年实现高水平全面建成小康社会的战略目标，涵盖了"六个浙江"建设的全部内容，在工作导向上突出"四个强省"，特别是要以"最多跑一次"改革为突破口，实施一批解决人民群众"急难愁盼"问题的重大改革举措，再造体制机制新优势，努力在治理体系和治理能力现代化上继续走在前列。2017年以来，绍兴全面贯彻落实省委决策部署，重点推进"最多跑一次"改革、"基层治理四平台"、三级矛调中心体系建设等重大改革，推动整体性治理和数字化治理深度融合，持续深化"县乡一体、条抓块统"的基层治理改革，着力打造具备"整体智治"新优势的基层社会治理现代化示范区。

一、以"最多跑一次"改革为牵引，推动"以政府履职为中心"向"以人民为中心"转变

（一）启动实施"最多跑一次"改革

"最多跑一次"改革是进入新时代浙江尝试推进"县乡一体、条抓块

统"改革的首次尝试。由于中国治理疆域辽阔、治理情境复杂和治理规模庞大，政府采取属地治理与垂直管理相结合的模式，形成了"条块分割"的行政管理体制。长期以来，这种"条块分割"管理体制的弊端在乡镇（街道）层级体现得非常明显：各职能部门在乡镇（街道）设置了市场监管、税务、财政、综治、司法、土地、公安、林业、文化、法庭、计生等"七站八所"，政府职能部门以方便各自行政职能履行为中心，让企业和群众办理"一件事"往往需要跑多个部门、跑多次、跑多个地方，办事效率低下。这种"碎片化"的管理模式完全不适应工业化、信息化和全球化的新要求。

为破解"条块分割"带来的弊端，2016年12月，浙江启动"最多跑一次"改革，各地迅速铺开，试点推进。2017年，浙江省人民政府印发《关于推进"最多跑一次"改革实施方案》，在全省范围内启动实施"最多跑一次"改革。基本做法是：在各县（市、区）、乡镇（街道）、行政村（社区）建设标准化的为民服务中心，设置综合服务窗口。除税务等专业性较强的政务服务外，其余政务服务窗口无差别受理，即"一窗受理、集成服务"。依托标准化服务和数字化治理技术，打通各层次各部门政务服务之间的"功能孤岛"，实现信息和数据共享。政府各职能部门之间的协调和运行隐身于窗口之后，最终实现企业和群众在材料齐全的情况下到政府办事"最多跑一次、最好不用跑"的目标。

（二）打造"最多跑一次"改革升级版

绍兴市在贯彻落实省委、省政府改革决策的基础上，积极探索打造"最多跑一次"升级版。例如，绍兴市代管的诸暨市在全省改革基础上创造出了"一窗通办、一网通办、一证通办、城乡通办"的"四个通办"，让企业和群众"最多跑一次"。2018年，在"枫桥经验"发源地枫桥镇为民服务中心可以办理企业商事登记、个人生老病死等603个服务事项，在枫源村为民服务中心可以办理与人民群众生产生活息息相关的198个服务事项。同时，绍兴积极打造"掌上办公之市""掌上办事之市"。截至2020年底，政务事项掌上可办理率达95%。"最多跑一次"改革采用了整体性政府的理念，把改革的评价权交到服务对象手中，推动传统的以政府为基本分析单位的"以政府履职为中心"的公共管理模式向"以人民为中心"的政务服务模式转变，是对政府治理理念、职能、制度、技术的一次彻底重塑。[①]

（三）以数字化改革推动"最多跑一次"改革全市域升级

2020年数字化改革以来，绍兴市打响"越改越好"品牌，着力打造"最多跑一次"改革全市域升级版，把"县乡一体、条抓块统"升级为全市域一体化，推动数据共享、服务互通。

第一，及时升级"四个通办"。把诸暨市创造的"一窗通办、一网通办、一证通办、城乡通办"升级为"一窗办、全城办、一证办、移动办"。其中，"一窗办"，即实施分板块"无差别全科受理"改革，绍兴市本级大厅受理窗口从134个压缩到54个，缩减80个，减少59.7%。"全城办"，按照"属地受理、属地办理""属地受理、异地办理"两种模式，全面巩固提升603个"全城办"事项，其中386个实现"全市域通办"、217个实现"三区通办"。"一证办"，统筹推进全市200个高频政务服务事项"一证办"，151个通过综合性自助服务机延伸实现自助办。"移动办"，依申请政务服务事项100%接入浙江政务服务2.0，实现群众办事从"大厅办

---

① 郁建兴、黄飚：《超越政府中心主义治理逻辑如何可能——基于"最多跑一次"改革的经验》，载《政治学研究》2019年第2期。

事为主"向"网上办""掌上办"迭代升级。

第二,推进"一件事"集成改革。规范主题集成模块,完善办事窗口设置,深化线上线下协同办理,推动群众、企业"一件事"迭代与拓展,实现"失业"等4个事项迭代升级,推出"高校毕业生就业"等17项新的"一件事",在全国率先开展退役军人全生命周期"一站式"改革,在全省率先开展交通事故处理"一件事"、不动产司法拍卖"一件事"、招投标"一件事"等集成改革,在市级层面还推出了5G基站建设审批"一件事"、"一码管地"、公民身份信息变更"一件事"、驾培驾考"一件事"等一批特色改革。截至2020年底,全市个人和企业全生命周期"一件事"集成改革达到61项,"掌上"可办理率达到95%。

第三,打造"15分钟政务服务圈"。出台村级便民服务中心标准化建设实施方案,推进基层便民服务代办点规范化、便利化、信息化建设,在全市范围内以城市居民社区生活为中心打造"15分钟政务服务圈"。目前,已成功创建示范型镇(街)便民服务中心46个,村级便民服务中心标准化全覆盖。及时向全市推广越城区24小时自助服务区建设、柯桥区区镇村三级联动、上虞区"不见面"审批、诸暨市乡镇中心"无差别受理"、新昌县"办事不出村"、嵊州市"兜底综合服务"等做法。

四年来,"最多跑一次"改革逐渐从企业和居民服务向公共服务、城市管理、乡村振兴、社会治理等领域延伸扩面提质,从"可办"向"好办""易办"转型,从"事"向"制""治""智"转变,推动政务服务能级和质量持续提升,政府数字化转型持续迭代升级,营商环境持续优化,事中事后监管持续强化,公共服务和社会治理质效显著改善。

二、持续深化"基层治理四平台"改革，推动"条块分割"的传统治理向"整体智治"转变

2016年，浙江省开始实施"基层治理四平台"改革，这既是推进基层治理体系和治理能力现代化的重要举措，更是推动"条块分割"的传统治理向"整体智治"现代治理转变的重要内容。2016年，绍兴市在柯桥区杨汛桥镇和诸暨市枫桥镇开展"基层治理四平台"试点，并把两个乡镇的经验在全市推广。2017年，全省乡镇（街道）构建起"基层治理四平台"的制度框架。

（一）搭建"基层治理四平台"的基本框架

"基层治理四平台"，就是设置乡镇（街道）综治工作、市场监管、综合执法、便民服务四个功能性工作平台（简称"四个平台"），把县直部门在乡镇（街道）设置的"七站八所"等整合到"四个平台"，推动县市区直部门工作重心和资源力量向乡镇（街道）下沉，理顺县市区直部门和乡镇（街道）之间条块关系和职能边界，推动县市区直部门在乡镇（街道）的派驻机构与乡镇（街道）机构设置、力量配置、职能履行的深入融合，加快探索重构"县乡一体、条抓块统"的基层治理体系。

第一，构建大综治平台，属地整合优化乡镇（街道）社会服务管理综合协调功能。依托乡镇（街道）社会治理办公室，统筹整合公安派出所、乡镇（街道）派驻检察室、法庭、司法所、人武部和信访等工作力量，全面负责社会治安、矛盾化解、社区矫正、安置帮教、禁毒戒毒、反邪教和流动人口服务管理等工作。综治工作平台一般由乡镇（街道）分管负责人牵头，由乡镇（街道）综合治理办公室负责日常管理协调工作。

第二，构建大监管平台，属地整合优化乡镇（街道）面向企业和市场经营主体的行政监管和执法功能。依托乡镇（街道）食品安全委员会办公室和市场监管所，加强与农业、卫生等部门的制度化联动协同，有效维护市场秩序，持续改善营商环境，有力保障经济主体正常开展活动。市场监管平台由乡镇（街道）分管负责人牵头，食品安全委员会办公室负责日常管理协调工作。

第三，构建大执法平台，属地整合优化乡镇（街道）日常综合执法巡查和现场监管功能。依托乡镇（街道）综合行政执法中队，构建自然资源和规划执法、市场监管管理、环保执法等乡镇（街道）执法队伍相互协调配合的执法大格局，根据各乡镇（街道）实际探索推进综合执法和联合执法两种执法模式，统筹行使违法建设、集镇秩序管理、环境保护、食品药品安全和市场监管等执法职能。综合执法平台由乡镇（街道）分管负责人牵头，执法中队（执法办公室）负责日常管理协调工作。

第四，构建大服务平台，属地整合优化乡镇（街道）基层各类公共服务和便民服务功能。实现乡镇（街道）便民服务中心标准化建设全覆盖，把税务、国土、市场监管、建设等603个直接面向基层的各类事项纳入乡镇（街道）便民服务中心并延伸至行政村（社区）便民服务中心，实行无差别受理和无差异化处理，实现"中心之外无权力"。通过加强与医疗卫生、文化广电、法律服务、农经农技、人力社保等基层站所及家政、养老、志愿者等社会服务组织的协作联动，畅通信息渠道，提供服务和便利。依托浙江政务服务网，完善乡镇（街道）网上服务站，设立村（社区）网上服务点。便民服务平台由乡镇（街道）分管负责人牵头，便民服务中心管理机构负责日常管理协调工作。

（二）构建整套"基层治理四平台"运行机制

在全省率先推出"基层治理四平台"标准化建设体系，研究出台《标准化手册》《品牌识别系统》《宣传折页》《典型案例汇编》等规范标准，构建包含工作制度、信息平台、指挥运作、全科网格、属地管理、便民服务、标识标牌、工作台账八个方面内容的"8＋X"标准化体系，打造集中统一、信息共享、功能完善的工作平台，型构权责清晰、功能集成、依法行政、高效运行"县乡一体、条抓块统"基层治理体系。

第一，建立健全综合指挥协调机制。纵向层面，标准化建设县（市、区）、乡镇（街道）、行政村（社区）三级指挥中心，实现市县村三级"纵向贯通"。2020年12月31日，绍兴市社会治理综合指挥中心（"城市大脑"）建成投运后，已经实现了市域、县域、镇域、村域四级联动，四级指挥中心均实行本级领导班子轮流值班制度，采取自上而下逐级联动。横向层面，通过"基层治理四平台"统筹全市域内的公共服务、行政执法、综合治理、市场监管等社会治理、政务服务和行政执法政务活动。

第二，建立健全事件闭环处置机制。"基层治理四平台"依靠"全科网格""雪亮工程""综治视联网""城市大脑"等数字化系统，形成了事件上报、分流、处理、结案、反馈等一整套闭环处置机制。网格员发现并上报事件后，系统自动报送乡镇指挥中心，乡镇能解决的事件则由指挥中心派到相应职能线办或村社并监督执行，分不同性质事件限时处理，再由指挥中心结案并反馈上报网格员。超过乡镇（街道）处理能力的事件则向县级和市级指挥中心逐级上报，由上级部门统筹县域和市域资源能力解决。

第三，建立健全属地管理机制。属地管理是确保"七站八所"功能整合到"基层治理四平台"的基础制度。要求乡镇（街道）统筹、协调、指挥、监督辖区内社会治理和行政执法活动；加强县乡执法联动，强化日常监管，在乡镇（街道）辖区开展联合执法和综合整治，提升管理执法效能。属地化的考核机制是确保属地管理落地落实的保障性制度，强调把综合执法、国土资源、规划、环境保护、安监、市场监管等部门派驻机构人员纳入乡镇（街道）日常管理和考核，派驻机构负责人的任免须征求乡镇（街道）党（工）委同意。乡镇（街道）对信息接收、分流交办、执行处置、回复反馈各环节实行全流程监督。

（三）实现"基层治理四平台"数字化支撑

第一，深化全科网格建设。全科网格是支撑"基层治理四平台"数字化运行的神经末梢。绍兴市打造网格化管理2.0版，实现"网格化管理、组团式服务"，夯实网格基础，在行政村（社区）以下划分网格，构建统一的基层社会治理网，全面整合公安、人力社保、环境保护、市场监管、综合执法、文化广电新闻出版、卫生计生、安监、流动人口服务管理、消防等部门在行政村（社区）的各类辅助工作力量，建设一支专兼结合的网格员队伍，由乡镇（街道）统筹调配到网格，实行"多员合一""一员多用"。目前，绍兴共有网格员20148名，其中，专职网格员3770名。

第二，推动数字化转型提升。认真贯彻《浙江省"基层治理四平台"数字化建设指南》《关于加强乡镇（街道）"四个平台"建设完善基层治理体系的实施意见》等政策精神，加快推动政务服务、社会治理、行政执法等治理事项数字化转型。在乡镇（街道）"基层治理四平台"指挥中心建立统一的信息搜集分办系统，对浙江政务服务网、平安建设信息系统以及政务咨询投诉举报平台等各类渠道接收的信息，实行统一归集和分流，推进智慧治理。

第三，构建数字化评价体系。在标准化建设的基础上，制定出台《绍兴市"基层治理四平台"有效运行评价指标体系》，设定"2＋6＋N"评价体系，其中，"2"是"平台基础"和"运行效能"2个评价维度；"6"是组织基础、硬件基础、制度基础、网格质量、平台运行、主动应用6个二级指标；"N"是代表派驻机构人员、平台运行管理、事件办结率等40个三级指标，并根据平台实际运行情况择优设定，客观评价各地"四个平台"运行绩效，引导和推动"四个平台"高效运行。

三、探索建设县、镇、村三级矛调中心体系，推进社会治理领域矛盾化解"最多跑一地"改革

2019年11月，浙江省十四届六中全会提出把"最多跑一次"改革延伸到社会治理领域，正式吹响了"最多跑一地"改革的号角，决定把县级社会矛盾纠纷调处化解中心建设作为推进社会治理领域"最多跑一地"改革的重要抓手。绍兴市自觉扛起"枫桥经验"发源地的使命担当，充分发挥在矛盾化解和源头治理方面的独特优势，针对新时代矛盾纠纷主体多元化、矛盾纠纷类型多样化以及调解纠纷矛盾的难度加大等新特征，立足"整体智治"要求，按照县级"终点站"、镇级"主阵地"、村级"前哨所"的功能定位，标准化建设县、镇、村三级矛调中心体系，以解决长期存在的"不知往哪跑、来回跑、反复跑"的问题。

绍兴市根据三级矛调中心体系不同的功能定位，建立了"631"工作机制，旨在把矛盾纠纷化解在县域层次，防止社会矛盾外溢和上行，努力实现"小事不出村、大事不出镇、矛盾不上交"的目标，为新时代"枫桥经验"实践增添了新亮点。要把标准化建设村级社会矛盾纠纷调处化解中心作为"前哨所"，采取定人包案、限期调处、就地化解等措施，努力把占总量60%的一般性社会矛盾纠纷化解在村社层级。要把标准化建设镇级社会矛盾纠纷调处化解中心作为"主阵地"，实行矛盾纠纷联合化解，做

到"就地调、就地解",力争把占纠纷总量30%的重大疑难社会矛盾纠纷和不稳定问题解决在乡镇(街道)层级。要把标准化建设县级社会矛盾纠纷调处化解中心作为"终点站",以整合县级资源力量,努力把占社会矛盾纠纷总量10%的"疑难杂症"和民生积案化解在县域层次。2020年底,绍兴全市三级矛调中心体系建设基本完成。为了保障"631"工作机制顺利实施,构建市域统筹和县域、镇域、村域三级联动整体治理格局,在三级矛调中心体系建设过程中全面推行"四个一"的运行模式。

第一,社会矛盾纠纷"一窗口"全受理。将分散的相关职能部门与多样复杂的社会矛盾纠纷化解需求对接起来,是实现"整体智治"的关键。针对以往矛盾纠纷化解中各自为战、整体协同不足的碎片化现象,绍兴市把集成治理理念落实到三级矛调中心体系建设中,将多中心整合成一中心,做实空间统一、人员归并和职权融合,让社会矛盾纠纷化解"一扇门进出、'一窗口'受理、事情全办清"。在空间场地上,因地制宜搭建实体化运行平台,相关部门全部入驻,集中办公;在人员机构归并上,整合各方力量资源,为人民群众提供优质高效服务;在职能职权融合上,在矛调中心设置无差别综合受理窗口,实现无差别受理。

第二,社会矛盾纠纷"一站式"全解决。构建"横向到边、纵向到底"的闭环工作机制,环环相扣,实现矛盾纠纷调处化解"一站式"全解决。其中,"横向到边",就是通过"窗口即接即调—事权部门内调—系统交接联调—中心牵头协调—区领导交办督调"的分级调处机制以及"一窗受理、派单交办、调处化解、跟踪回访、定期研判"等各环节的闭环管理机制,实现业务办理的全流程信息化管理,使来访群众"一站式"享受到即收即办、急办快结的便捷服务。"纵向到底",则是坚持"基层化解、源头治理"的原则,构建县级、镇级、村级三级矛调中心联动的数字化流转闭环,实现无缝衔接,村级化解不了的矛盾纠纷由村级中心上报到镇级中心，镇级中心不能成功化解的矛盾纠纷上报县级中心，由县级中心受理并牵头联调，并及时反馈调处结果。

第三，社会矛盾纠纷"一揽子"大调处。围绕"调解优先、诉讼断后"的理念强化诉源治理，整合人民调解、专业性行业性调解、诉前调解等矛盾纠纷多元化解资源，健全完善诉调、访调、警调、检调、专调有效衔接，协调联动的大调解工作格局，实现群众信访和矛盾纠纷"一揽子"调处、全链条解决。通过"联合接访"，第一时间受理好、答复好、解决好来访人的法律问题和诉求，把问题解决在初信初访环节。通过"联合调处"，党委领导、政法牵头、信访和司法负责、部门参与、社会联动，全面提升矛盾纠纷调处化解的质量。通过"联合研判"，对综合、疑难和复杂的社会诉求，及时、高效、精准地会商研判，切实解决。同时，坚持领导下访接待制度和信访代办制，全面推行民情民访的代办代跑，不断提升"小事不出村、大事不出镇、矛盾不上交"的能力。

第四，社会矛盾纠纷化解"一体化"齐联动。通过互联网、大数据技术赋能，为社会治理插上了加速度翅膀，助力提升社会治理的整体效能。充分运用"一中心四平台一网格"数字化系统，建立三级联动的工作机制，向下延伸社会矛盾调处网络，推动矛盾纠纷就地化解。在县级层面打造区域性社会治理的智慧中枢，融合"城市大脑""智慧公安""智慧城管""基层治理四平台""综治视联网""雪亮工程"等数字化系统，建立起集线上流转办事、实时动态管理、中央调度指挥、预警预测研判于一体的智慧大脑，精准预警社会问题，高效处置矛盾纠纷。同时，充分运用"三级视频接访"系统、浙江省在线矛盾纠纷多元化解平台（ODR）等数字化平台，建立县镇村三级工作日在线接访制度，让律师、法官等专业人士提供在线咨询，避免群众信访"来回跑"，努力实现"上访不出村""上访跑零次"。

标准化建设县镇村三级矛调中心体系,既是社会治理理念和治理工具的综合集成过程,也是一个破旧立新的动态过程,旨在通过整合资源、创新机制、流程再造倒逼社会治理创新,强化市域层级的统筹协调,带动形成县、镇、村三级"上下联动、左右协调"的整体性社会治理体系。

四、绍兴实施"县乡一体、条抓块统"改革的启示

从绍兴创造性推进"最多跑一次""基层治理四平台""三级矛调中心体系"等社会治理品牌工作,实施"县乡一体、条抓块统"改革的过程中,可以得出如下启示。

(一)始终坚持以人民为中心的治理理念

建设社会治理现代化示范区,需要从各方面保持领先优势,首先要回答建设社会治理现代化示范区为了谁、依靠谁的问题,这也是坚持和发展新时代"枫桥经验"必须首先回答的问题。建设社会治理现代化示范区必须始终坚持以人民为中心的治理理念,坚持社会治理依靠人民、社会治理为了人民、社会治理成果由人民共享。从"最多跑一次"改革到"基层治理四平台",再到三级矛调中心体系建设,都始终把人民群众对良好服务的期待放在优先位置。只要始终坚持以人民为中心的价值取向,即使各地各部门在推进社会治理转型过程中还存在一些短板和瑕疵,这种改革依然是有价值的,依然值得肯定,依然需要继续推进。相反,如果偏离了以人民为中心的治理理念,演变成为改革而改革,那改革就丧失了价值。

(二)始终坚持把问题导向作为基本着力点

世界是在不断解决矛盾的过程中前进的。解决社会治理领域遇到的一

个又一个问题的过程，就是社会治理现代化转型不断实现的过程。"最多跑一次"改革，就是针对企业和人民群众办事过程中，"以政府履职为中心"所带来的服务效率和服务质量问题而提出的破解之策。"基层治理四平台"主要针对推进治理现代化转型中频频出现的碎片化治理所带来的种种负面效应。三级矛调中心体系建设，则是针对坚持发展新时代"枫桥经验"过程中，社会矛盾难以完全在村社和乡镇（街道）解决的现实问题而采取的针对性措施。显然，新的问题解决了还会出现其他的问题，原来不那么突出的问题也可能演变为突出的问题。因此，建设社会治理现代化示范区，必须坚持"发展出题、改革破题"的思路，不断解决问题。

（三）始终坚持把"整体智治"作为基本方向

"整体智治"是打造现代政府的既定方略，也是绍兴建设社会治理现代化示范区必须坚持的基本方向。现代政府组织普遍具备科层制组织层级节制、职能专业化、非人格化等现代组织的优势，但是这种组织结构也带来了碎片化治理、缺乏人情味、效率低下、不负责任等问题，这些问题在中国辽阔的治理疆域和差异化治理情境下被放大。对此，浙江提出了"整体智治"的应对方略，吸纳了20世纪90年代以来全球普遍流行的整体性治理和数字化治理的双重优势。"整体智治"的核心理念是倡导把政府作为面对企业和群众的一个"界面"，相关职能部门在后台实现协作。"整体智治"破解了传统治理方式下各职能部门间协同治理难度大、成本高的问题，为政府职能部门之间的协同治理提供了技术支撑。

（四）始终坚持把体制机制创新作为基本内容

未来国际国内竞争是以制度为核心的综合竞争，推进社会治理现代化示范区建设也不例外。绍兴持续推进的"最多跑一次""基层治理四平台""三级矛调中心体系"等改革过程，就是体制机制不断创新的过程。从微观层面来看，推进"县乡一体、条抓块统"改革，本身就是制度创新，是基于社会治理现行体制机制的弊端提出来的针对性改革措施。从宏观层面来看，建设社会治理现代化示范区就是把中央和省委的制度设计转化为具体的制度实践，在社会治理领域加快建设全面展示中国特色社会主义制度优越性的重要窗口。一切制度都需要不断完善，我们建设社会治理示范区就是不断推进社会治理领域的实践创新和理论创新，为其他地区推进社会治理现代化提供可资借鉴的经验，并持续把实践创新和理论创新转化为制度创新，推动中国特色社会主义制度不断完善。

实施城乡统筹与协调发展推进共同富裕①

陈国强

推进共同富裕，必须要处理好不同人群、不同地域之间的协调与均衡发展。纵观我国的发展历史和发展现实，城乡之间不平衡、不协调发展是一个突出的问题。为了应对这一问题，党中央高度重视城乡的统筹与协调发展工作，从2004年起连续18年的中央1号文件部署和推进乡村振兴，取得了一系列重大成果。在中央和省委的部署要求下，嘉兴市积极探索城乡统筹协调发展，成绩突出，2020年城乡收入比达到1.61∶1，农村人均收入连续17年居全省首位，为全省乃至全国实现城乡统筹协调发展、推进共同富裕提供了有益借鉴。

一、城乡统筹与协调发展是共同富裕的基本内涵

从城乡统筹与协调发展的基本特点看，它与共同富裕的内在要求具有一致性。因此，实现共同富裕，离不开城乡统筹中对农业农村的发展，离不开对农民致富的促进。

---

① 2020年，嘉兴市委、市政府就嘉兴统筹城乡发展16年来的实践作了系统总结，并形成了《嘉兴统筹城乡发展十六周年报告（2004—2019年）》。为保证权威性与客观性，本文第二部分主要参考该报告。

（一）城乡统筹与协调发展是对共同富裕重点对象的聚焦

共同富裕就是要"人人享有、各得其所，不是少数人共享、一部分共享"。这表明，共同富裕的对象覆盖了各族、各地区的各类人群。而在全体人民群众中，后富地区和后富人群尤其是农村与农民是协调发展的重点。一方面，农民群体依然是我国人数占比很高的一个群体，2018年乡村人口为5.6亿，占总人口的40.4%。[①]这部分人口是否致富直接关系着共同富裕的实现情况。1953年12月，在《中共中央关于发展农业生产合作社的决议》中首次提出共同富裕时，也主要针对农民群体。另一方面，由于我国长久以来侧重于工业和城市的发展，造成了农村和农业发展迟缓，而农民则成为发展相对落后的群体。尽管经过近些年来的努力，城乡居民人均收入的差距有所缩小，但2020年的人均可支配收入比仍为2.56∶1。[②]

统筹城乡协调发展的目标就是要通过建设现代农村、发展现代农业增加农民收入和改善农民生活水平。习近平同志在浙江工作期间指出，"统筹城乡兴'三农'的战略决策和部署是完全正确的。我们要进一步深化统筹城乡发展重大战略的认识，不断提高统筹城乡兴'三农'的自觉性"[③]。因此，城乡的统筹与协调发展根本上就是对推动共同富裕对象的聚焦。

（二）城乡统筹与协调发展是对共同富裕内容的落地转化

在共同富裕理论的形成和发展过程中，共同富裕的具体内容也在发生

---

① 国家统计局农村社会经济调查司编：《中国农村统计年鉴（2019）》，中国统计出版社2019年版，第32页。

② 宁吉喆：《中国经济逆势前行跃上新台阶》，载《求是》2021年第3期。

③ 习近平：《干在实处 走在前列——推进浙江新发展的思考与实践》，中共中央党校出版社2006年版，第151页。

变化，总体上表现为从注重物质财富为主向人的全面发展转变，包括拥有发展机会、提高发展能力、提升发展水平、享有发展成果。因此，习近平总书记指出，"共享发展就要共享国家经济、政治、文化、社会、生态各方面建设成果，全面保障人民在各方面的合法权益"①。

城乡统筹与协调发展是一项全面而系统的工程，是一种跳出"三农"抓"三农"的发展思路，他要求"把农村和城市作为一个有机统一的整体统筹协调，充分发挥城市对农村的带动作用和农村对城市的促进作用，形成以城带乡、以工促农、城乡互动、协调发展的体制和机制"②。因此，乡村的发展是在与城市的对照中整体谋划与统筹推进的，其中包括增加农民收入、改善农村基础设施条件、改善农民生活环境、提升农村公共服务水平、推进农业现代化水平等，从而使农民在各方面共享发展成果，实现共同富裕。

（三）城乡统筹与协调发展是对共同富裕基础的夯实

习近平总书记指出，共同富裕是一个渐进的过程，需要"充分调动人民群众的积极性、主动性、创造性，举全民之力推进中国特色社会主义事业，不断把'蛋糕'做大"③。换言之，共同富裕需要在发展中才能得到实现。这就要求继续坚持以经济建设为中心不动摇，努力创造更多更好的财富，从而为分好"蛋糕"奠定基础。

城乡统筹与协调发展的根本还是要依靠发展，而不是对城乡原有发展

① 习近平：《在省部级主要领导干部学习贯彻党的十八届五中全会精神专题研讨班上的讲话》，人民出版社2016年版，第27页。
② 习近平：《之江新语》，浙江人民出版社2007年版，第104页。
③ 习近平：《在省部级主要领导干部学习贯彻党的十八届五中全会精神专题研讨班上的讲话》，人民出版社2016年版，第28页。

水平的简单平衡。这就要求积极推进农业和农村的现代化水平，使农村经济首先获得发展。正因如此，使得统筹城乡发展成为夯实共同富裕基础的重要方式。对此，习近平同志也深刻阐明，我国"要走工业、农业同步建设和实现现代化的共同富裕的发展道路"，而"中国的农村市场化建设必须与工业化、城市化建设同步进行"。其中，尤其要切实发展好农村集体经济，因为"集体经济是农民共同致富的根基，是农民走共同富裕道路的物质保障"。

二、城乡统筹与协调发展推进共同富裕的嘉兴实践

2004年3月，浙江省委书记习近平同志就统筹城乡发展专程到嘉兴进行为期四天的蹲点调研，并指出"嘉兴完全有条件成为全省乃至全国统筹城乡发展的典范"。从那时起，嘉兴始终牢记嘱托，坚定不移探索城乡统筹与协调发展的路径与方法，形成了推进共同富裕的良好局面。

（一）主要做法

第一，坚持农民全面发展，优先推进富农惠农。坚持发展为了人民，发展依靠人民，发展成果由人民共享。一方面，嘉兴牢固树立"多予、少取、放活"的理念，把保障和维护农民权益、促进农民全面发展作为统筹城乡发展的根本出发点和落脚点，在优先富民与惠民的导向下，努力将提升农民素质、改善农民生活条件、拓宽农民收入渠道和统筹基本公共服务体系和社会保障体系建设、区域生态环境建设与保护等纳入发展的范围内，切实让城乡居民共享改革发展的成果；另一方面，嘉兴按照"农民可接受、政府可承受、发展可持续"的基本要求，在政策制定、工作落实等各个环节充分尊重农民意愿，依法保护农民利益。同时，坚持农民自愿，

充分尊重基层和群众的首创精神，发挥人民群众的主体作用，严格依法办事，不搞强迫命令，把选择权和决定权交给农民，让农民全程参与改革进程，实行"阳光操作"。

第二，突出行动统筹协调，健全领导组织体系。为保证城乡统筹工作协调、有力、有序进行，嘉兴突出组织领导作用，形成了党委领导、政府主导、部门协同、市县联动的工作推进体系。组建高规格组织领导机构，成立城乡一体化工作领导小组，实行书记、市长双组长制，分管副书记和副市长担任副组长，市级有关部门主要负责人以及各县（市、区）分管领导为成员。把推进城乡一体化的成效作为检验各级党委、政府和各个部门工作水平的重要内容，将统筹城乡重点工作列入县（市、区）年度目标责任制和市级部门年度考评。创新涉农管理服务体制，率先探索涉农行政管理"大部门制"，逐步推行党委、政府涉农部门集中办公、合署办公进行全面整合，实现人员集中、资源集聚，增强工作合力。创新发展"新仓经验"，率先在全国组建市农村合作经济组织联合会（以下简称"农合联"），建立市县镇三级农合联组织架构，着力拓展为农服务功能，扩大为农服务领域，提升为农服务效能。建立组织运行机制，市级层面抓好统筹城乡发展的总体设计，县（市、区）发挥好主体作用，做好县域内具体工作。市级部门由农办（统筹办）总牵头，相关部门各司其职、各尽其力，协同推进。

第三，注重顶层谋划设计，构筑统筹发展框架。嘉兴市以推进共同富裕为目标，从城市化发展的一般规律和我国发达地区城乡统筹发展的战略高度，探索把握破解城乡二元结构的发展途径。嘉兴坚持从实际出发，发挥区域发展和城乡发展均衡的比较优势，率先提出了城乡发展一体化战略。2003年嘉兴市第五次党代会将城乡一体化确立为全市经济社会发展的"五大战略"之一。2004年，嘉兴在全省乃至全国地级市率先制定《城乡一体化发展规划纲要》（以下简称《规划纲要》），明确了"三步走"的城乡一体化发展总体目标，提出了全面构建城乡空间布局、基础设施、产业发展、劳动就业与社会保障、社会发展、生态环境建设与保护六个一体化，为嘉兴统筹城乡发展搭建了总体框架。城乡一体化战略提出以后，嘉兴市委、市政府一以贯之、坚定不移实施城乡一体化战略，一任接着一任干，一张蓝图绘到底，保持了发展思路的连续性，并根据不同阶段的发展形势和要求，与时俱进、大胆创新工作方法和政策措施，让统筹的理念在实践中提升。2008年，嘉兴制定出台《嘉兴市打造城乡一体化先行地行动纲领》（以下简称《行动纲领》），明确推进城乡一体化的指导思想、基本原则和阶段目标。《行动纲领》与《规划纲要》既一脉相承，又有创新提升，进一步完善了嘉兴城乡一体化的宏伟蓝图。2008年4月，嘉兴抓住被列为浙江三大省级综合配套改革试点区之一的契机，启动实施了以优化土地使用制度改革为核心、以"十改联动"为主要内容的统筹城乡配套改革试点，出台《关于开展统筹城乡综合配套改革试点的实施意见》，建立"1＋X＋Y"[①]规划体系，构筑"1640"[②]和"四百一千"[③]的城乡村庄布局结构。

第四，强化改革牵引赋能，破解体制机制壁垒。嘉兴坚持问题导向，以解决城乡发展一体化实践中遇到的体制机制障碍为着力点，以改革为动力，在构建城乡统筹发展格局上积极探索，通过"十改联动"破除城乡二元制度壁垒。"十改联动"的核心是优化土地使用制度改革，即按照"土地节约集约有增量、农民安居乐业有保障"的要求，以农村集体土地所有权性质、农用地的用途、农用地的量与质"三不变"为前提，以"农业生

---

① "1＋X＋Y"："1"是指新市镇社区，"X"是指镇区以外配套的农民集中居住新社区，"Y"是指传统自然村落保留点。
② "1640"：1个中心城区、6个副中心城市和40个左右的新市镇。
③ "四百一千"：433个城乡一体新社区、1102个传统自然村落保留点。

产经营集约、农村人口要素集聚，提高农民生活水平和生活质量"为目的，改革完善农村土地承包经营机制和农村宅基地使用制度，推进农地经营规模化、农村居住社区化、土地利用节约集约化、农民收入多元化，转变农民生产生活方式。在此基础上，协调推进劳动就业、社会保障、户籍制度、新居民管理、涉农体制、村镇建设、金融体系、公共服务、规划统筹九项改革，以"一改"带"九改"、"九改"促"一改"，构建城乡发展一体化的制度体系：率先建立城乡统一的户口登记制度、户口迁移制度；率先实行按居住地划分的人口统计制度和流动人口管理工作机制，设立流动人口管理服务机构，对流动人口实行一体化管理；率先实行城乡统一的就业创业政策，全面开展充分就业村（社区）创建，建立完善城乡公共就业创业服务体系，实行城乡统一的人力资源和劳动用工管理；率先探索建立城乡一体的社会保障体系，首创城乡社会养老保险、医疗保障、失业保险制度性全覆盖；率先探索农村集体资产股权、承包地经营权和农房所有权抵质押贷款，首创"三治信农贷"①"民票通"②，全面实施农户小额普惠贷款；率先开展村集体资产股份合作制改革，全面完成农村土地承包经营权确权登记颁证，探索承包地、宅基地"三权分置"；率先开展排污权交易，对污染物排放总量实施控制，建设覆盖城乡的四级垃圾收集处理机制；率先建立"三治融合"乡村治理体系，探索在乡村治理中推广应用"积分制"。

第五，加强项目载体搭建，推动资源优化配置。嘉兴坚持以点带面、

---

① "三治信农贷"：通过"三治融合"积分评价体系，为农民提供无抵押、无担保、纯线上的信用贷款。
② "民票通"：运用央行再贴现工具，引导金融机构运用低成本的央行资金，对民营小微企业签发的或收受的票据办理贴现。

载体引领，推动资源优化配置。以农业"两区"①建设引领农业基础设施投入和新型农业经营主体培育，以"省、市级小城市培育工程"引领现代新市镇发展，以"示范城乡一体新社区建设工程"引领农房改造集聚，以"五个一百"示范工程②和"五个一批"③人才培养工程引领现代都市型生态农业发展，以"美丽乡村四联创活动"引领城乡生态环境与保护。在这些载体、项目的建设过程中，推动资源优化配置。在土地资源配置上，率先在全省建立耕地保护补偿机制，探索城乡建设用地增减挂钩，率先开展以农房搬迁集聚、宅基地复垦为主的农村土地综合整治，率先实施农村土地全域综合整治；在乡村资金投入上，强化资金整合，加大财政投入力度，建立以财政资金为引导、社会资本多元化投入、金融资本积极参与的投融资机制；在人力资源供给上，建立健全引、育、留、用人才机制。

（二）主要成效

第一，基础设施配套完善。一是交通网络实现城乡一体。农村公路总里程7554千米，密度达1.9千米／平方千米，居全省第一；"四好农村路"走在全省前列，优良中等路率95.9%；基本做到了通村达组到户，全市所有镇（街道）15分钟均可上高速。城乡三级公交网络畅通有序，公交通村率达到100%，城乡交通运输一体化发展水平全部达到AAAAA级，位居全省前列。二是供电、供水、供网实现城乡一体。电力基础设施网络体

---

① "两区"：粮食生产功能区和现代农业园区。
② "五个一百"示范工程：100个粮食生产功能示范区、100个现代农业示范园、100个农民专业合作示范社、100个农业龙头示范企业、100个知名农产品示范品牌。
③ "五个一批"：1000名以上现代职业农民带头人；1000名以上城乡一体新社区优秀管理人才；1000名以上优秀基层农业技术推广人才；1000名以上善经营、通市场、带动能力强的农村职业经纪人；1000名以上农业社会化、专业化服务人才。

系日益完善，新农村电气化镇村全覆盖，率先成为全国新农村电气化地级市；城乡一体化供水覆盖率100%，实现供水"同网、同质、同价、同管理"；所有行政村实现了广播、有线电视、宽带网络全覆盖，农村通信网络4G全覆盖，建成5G基站1300多个，固网平均速率突破100Mbps。三是公共文体设施实现城乡一体。建成市、县、镇、村四级文化馆（站）和公共图书馆（室），镇（街道）综合文化站一级站占比94.52%，图书流通站点覆盖率达2.5万人/馆。建成各类博物馆28个、剧院59个。基层公共文化服务评估指数实现全省"六连冠"。南湖、嘉善、海宁被列入新时代文明实践中心建设全国试点，新时代文明实践中心和文化礼堂实现行政村全覆盖。建成非物质文化遗产主题小镇3个、乡村"文化名师工作室"15个、乡村"运动家"智慧体育社区60个。率先实现省级体育强镇、小康体育村双覆盖，人均体育场地面积达2.35平方米，基本形成城乡一体化"15分钟健身圈"。四是农田基础设施全面提升。实施省级全域土地综合整治与生态修复工程48个，面积53万亩。率先在全省探索建立耕地保护补偿机制，建成永久基本农田260万亩，其中高标准农田209万亩，一二等田占比超过93%。建成粮食生产功能区115.7万亩。

第二，产业发展协调联动。一是产业结构协调优化。粮油战略产业地位稳固，粮食面积产量稳中有增，以不到全省1/10的耕地贡献了1/6的粮食产量，面积和产量均列全省第一。主导产业产值占比达74.4%，粮经比50.8∶49.2。乡村旅游业蓬勃发展，年接待游客1600万人次，营业收入13亿元，年均增幅达30%。建成"淘宝镇"17个、"淘宝村"113个、农村电商服务点698个，农产品网络零售额42.6亿元，数量和销售额均居全国前十。二是发展平台优化升级。首创农业经济开发区模式，实现县（市、区）全覆盖，已引进项目116个，其中超亿元项目39个。建成特色农业强镇7个、农业全产业链6条。建成国家级星创天地7家、省级6家。建设小微企业园153家,已入园小微企业达3911家。全市54个市镇工业园区实现工业总产值3951亿元,吸纳劳动力109万人。^①三是农业科技能力提升。建成国家级农业科技园区1家,省级农业科技园区4家、重点农业企业研究院3家、农业科技研发中心93家。设施农业面积超过30万亩,农机总动力达117万千瓦,水稻耕种收综合机械化水平达82%。信息益农社实现行政村全覆盖,平湖、海宁、桐乡成为全国县域数字农业农村发展水平评价先进县。

第三,适度规模经营格局确立。累计流转土地147.7万亩,流转率68.5%,农业法人化经营比例达75%。注册家庭农场4344家,经营面积48.6万亩,培育合作社1311家;市级以上农业龙头企业190家,年销售收入207亿元、市场交易额425亿元。农业现代化发展水平综合评价居全省前列,2019年实现农林牧渔业总产值201.7亿元,农林牧渔业增加值128.8亿元。

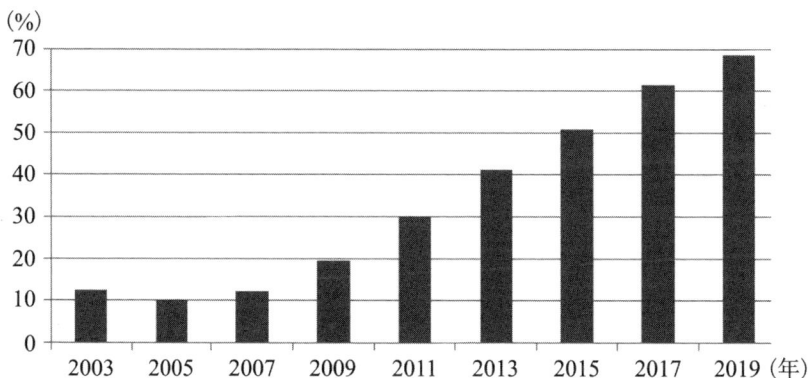

图1 嘉兴市土地流转率增长情况

---

① 2017年数据。市镇工业园区2018年后经过平台优化提升攻坚行动融入当地重大平台,撤销园区建制。

第四，乡村环境全域秀美。一是人居环境提档升级。建成百户以上城乡一体新社区264个，搬迁集聚农户6.07万户；"垃圾革命""污水革命""厕所革命"深入推进，农村生活垃圾分类处理、农村生活污水治理、无害化卫生厕所实现行政村全覆盖。小城镇环境全面整治，腾退低效用地7.79万亩，创建国家级、省级卫生乡镇38个，市级卫生乡镇创建率达到100%。二是生态指标大幅改善。全市地表水市控断面Ⅲ类水质占比实现从0到65.8%的历史性转变，劣Ⅴ类水全面"清零"，改善幅度居全省首位；自2013年以来，市区PM2.5、二氧化硫、氮氧化物分别下降了48.5%、37.8%和76.7%，市区空气质量优良率首次达到80%，提高了21.1个百分点。三是美丽联创持续深化。深入实施"千万工程"，全力打造美丽乡村3.0版，成为全省美丽乡村建设"五朵金花"之一。累计建成美丽乡村精品线22条（段），省级美丽乡村示范县2个、示范镇29个、精品村96个、精品示范村45个。建成"优美庭院"示范村417个，示范户22.12万户。建成美丽经济交通走廊2246千米、美丽河湖270条。四是美丽田园扩面提标。生态种养技术全面推广，测土配方施肥技术覆盖率达97.1%，农作物秸秆综合利用率达96.3%，化肥、农药施用强度分别下降了15.13%和30.7%①。

第五，公共服务均等优质。一是统筹城乡就业创业机制全面建立。城乡劳动者基本实现平等充分就业，农村实有劳动力在二三产业就业比例提高到86.2%，农村居民人均可支配收入中工资性收入占比达63.6%。二是社会保障体系不断完善。覆盖城乡的社会"大救助"体系全面建立，"两不愁三保障"全面落实，基本养老保险参保率达95.9%，基本医疗参保率达99.6%，率先实现城乡"低保"标准同标同保。三是城乡教育资源布局

---

① 化肥农药使用强度对比2005年。

优化。在全国率先实现国家"义务教育均衡发展县"满堂红，农村等级幼儿园占比97.1%，公办幼儿园覆盖率63.6%，义务教育学校标准化率达95.7%。四是公共卫生服务全面提升。城乡居民"20分钟医疗卫生服务圈"可及性达到100%，镇（街道）卫生院、村（社区）卫生室一体化管理率100%，村（社区）卫生室标准化建设率达到100%，基层就诊率达到70.25%，基本公共卫生绩效评价列全省第一。五是公共文体服务供给丰富。图书馆、文化馆总分馆制全面推行，实现网点布局、标准服务、数字服务、效能评估、下派上挂"五统一"，打通了基层公共文化服务"最后一公里"，成功创建国家公共文化服务体系示范区。乡村艺术团总数达4707个，参与人数10.45万，年开展各类文化活动10万余次。乡村每万人拥有体育健身组织11个，每年开展乡村体育赛事活动12万余次。

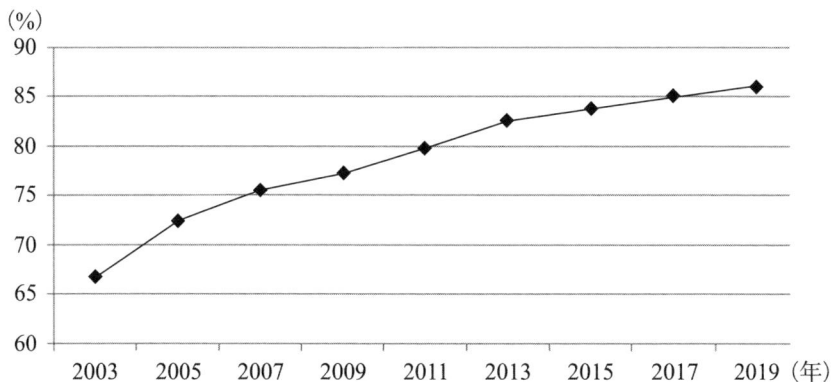

图2　嘉兴市农村居民转移就业情况

第六，农村社会文明和谐。一是"三治融合"打响品牌。"三治融合"嘉兴经验成为浙江基层社会治理的重要品牌，被写入党的十九大报告，并被中央政法委定位为新时代"枫桥经验"的精髓、新时代基层社会治理创新的发展方向。桐乡、海宁被列入全国乡村治理体系试点，平湖"股份分红＋善治积分"管理模式由农业农村部向全国推广。新时代"网格连心、组团服务"不断深化，实现网格党组织全覆盖。二是平安建设成果显著。荣获一星平安金鼎和全国综治最高奖"长安杯"。实现"四降三升"，即民商事案件、刑事发案数、信访总量、安全事故下降和平安建设参与率、群众安全感满意率、执法满意率上升。率先实现社会矛盾纠纷调处化解中心县镇全覆盖。市级以上民主法治村占比达69.7%。三是文明乡风传承弘扬。"勤善和美，勇猛精进"的新时代嘉兴人文精神深入人心，4人入选"中国好人榜"，26人入选"浙江好人榜"。县级以上文明村镇建成率达到94%，居全省首位。累计创建全国文明镇6个、文明村12个，省级文明镇25个、文明村76个。26个省级历史文化村落通过省级验收，3个村落被列入中国传统村落名录。

第七，人民生活幸福美好。一是农民收入领跑全省。2019年，全市农村居民人均可支配收入37413元，绝对值连续16年保持全省第一，比2003年增长了4.6倍。城乡"低保"标准提高到810元/月，高出省标准28%；以"低保"标准的2倍为低收入认定标准线，低收入农户人均可支配收入达到17437元，绝对值和增长率位居全省前列。二是农民生活持续改善。农村居民恩格尔系数下降到28.4%，比2003年下降了11.56%；人均居住面积达73.23平方米；农村户均拥有生活用汽车0.75辆、计算机0.88台。农村居家养老服务照料中心实现行政村全覆盖，AAA级以上占比达76%。国民体质监测合格率省内领先，人均期望寿命达到82.49岁。三是村级经济发展壮大。创新"飞地抱团"，实施"强村九法"。全市村级集体经济总收入达42.2亿元，村均492万元，分别比2003年增长5.17倍和6.56倍。村级集体经常性收入达到了176万元/村。年经常性收入在100万元以上的村达100%，1/3的村开展股份分红。

（亿元）

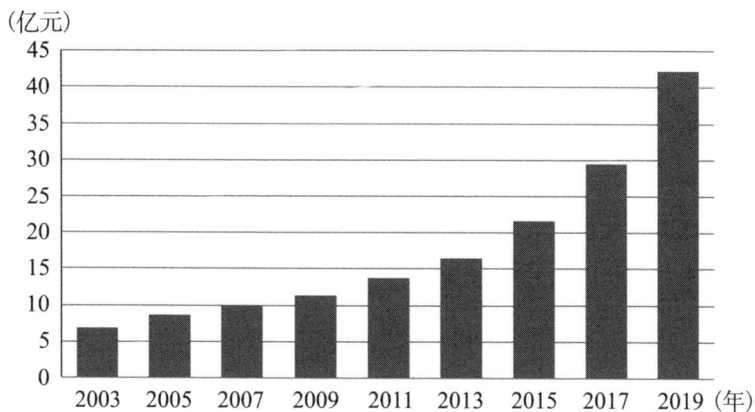

图3　嘉兴市村级集体经济总收入增长情况

（万元）

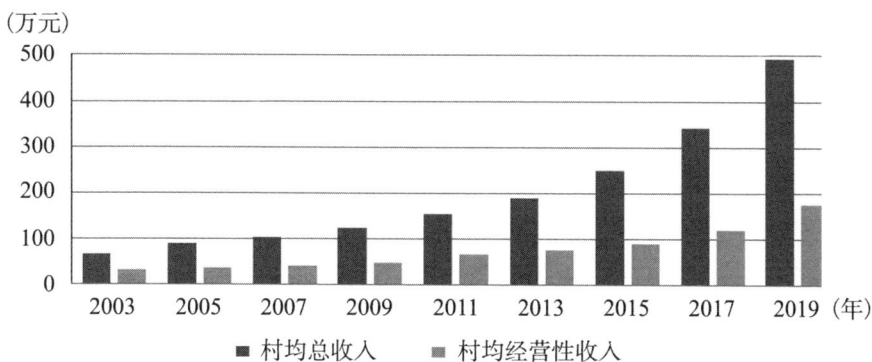

■ 村均总收入　　■ 村均经营性收入

图4　嘉兴市村均集体经济收入和经营性收入增长情况

三、城乡统筹与协调发展推进共同富裕的基本内涵

嘉兴在统筹城乡、协调发展中的探索和实践，较好地改善了农村的发展面貌，缩小了与城市之间的发展差距，最终让农民纷纷走上了致富之路。因此，统筹城乡、协调发展成为推动共同富裕的重要途径，嘉兴的实践为此提供了经验借鉴。

（一）坚持富民为本是统筹城乡发展的根本方向

统筹城乡发展的出发点和落脚点在于增进农民根本利益、促进农民全面发展，这是衡量统筹城乡发展的根本标准。只有通过改变城乡二元结构，改变农民相对于市民的贫苦面貌，才能使城乡发展中的对象进一步聚焦，从而推进共同富裕。

统筹城乡发展必须坚持以人为本，从农民的根本利益出发谋发展、促发展，不断满足农民日益增长的美好生活需要，切实保障农民的权益，让发展的成果让更多的农民共享。正如《中共中央关于全面深化改革若干重大问题的决定》中所强调的，要赋予农民更多财产权利，保障农民集体经济组织成员权力和集体收益分配权，保障农户宅基地用益物权，依法维护农民土地承包经营权，维护农民生产要素权益，保障农民同工同酬。切实维护和保障农民自由迁移的权利。要"通过富裕农民、提高农民、扶持农民，让农业经营有效益，让农业成为有奔头的产业，让农民成为体面的职业，让农村成为安居乐业的美丽家园"①。要加强对农民的服务，重视农村"三留守"问题，搞好农村民生保障和改善工作，完善和提高农村社会保障水平，健全农村公共服务体系。要尊重农民的主体地位，善于发挥农民的能动性、调动农民的积极性，在统筹城乡发展的各项举措和各个环节中通过多种途径汲取农民智慧、得到农民认可，坚持把农民作为统筹城乡发展推进共同富裕的依靠力量。要"积极培育新型职业农民，培育一大批种田能手、农机作业能手、科技带头人、农产品营销人才、农业经营管理

---

① 《中央农村工作会议在北京举行　习近平李克强作重要讲话》，载《人民日报》2013年12月25日。

人才"①，切实解决"谁来种地"的问题。

（二）坚持深化改革是统筹城乡发展的根本动力

改革创新是解决农业农村发展中各种矛盾和问题的根本出路，只有通过改革才能破解城乡发展中的深层次问题，从而为农村发展注入活力，逐步缩小城乡差距，促进共同富裕的实现。

深化农村改革，要适应工业化、城镇化快速推进中农村经济社会发生深刻变化的新形势，要针对农业劳动力大规模转移、市场经济的观念和机制在农业农村中不断深化、现代农业技术和装备更普遍应用等新情况，在切实保障农民各项合法权益的基础上，大力推进农业的组织和制度创新。要坚持巩固和完善农村基本经营制度，深化农村土地制度改革，完善承包地"三权分置"制度。要在稳定和完善以家庭承包经营为基础、统分结合的双层经营体制基础上构建新型农业经营体系，要在切实保障农民合法财产权益基础上提高农业生产经营的组织化程度、发展多种形式的规模经营，要在增强农村集体经济组织实力和服务能力的同时发展各类农民专业合作组织、农业社会化服务组织和农业产业化经营体系，提高农业生产的专业化、集约化、规模化、社会化、组织化程度。要进一步发挥工业化、城镇化的作用，加大反哺农业、支持农村发展的力度。加快完善城乡发展一体化体制机制，着力在城乡规划、基础设施、公共服务等方面推进一体化，促进城乡要素平等交换和公共资源均衡配置，形成以工促农、以城带乡、工农互惠、城乡一体的新型工农、城乡关系。

---

① 中共农业部党组理论学习中心组：《坚持不懈推进农业强农村美农民富——深入学习贯彻习近平同志关于"三农"的重要论述》，载《人民日报》2014年6月23日。

（三）坚持农业现代化是统筹城乡发展的重要支撑

统筹城乡发展就是要积极发挥农业在经济建设中的作用，只有正确认识农业的基础性地位，正确认识农业现代化的支撑作用，实现农业发展水平的提升，才能为实现工业与农业、城市与农村、市民与农民之间的均衡、协调发展提供重要支撑，为推进共同富裕提供重要支撑。

农业现代化就是用现代工业、现代科技和现代管理方式改造传统农业的过程，这有利于提高农村经营效益，有利于增加农民收入，是改变农业长期发展水平低下的过程，是释放农业内部潜力的过程。实现农业现代化，就是要立足我国基本国情农情，遵循现代化规律，依靠科技支撑和创新驱动，提高土地产出率、资源利用率、劳动生产率，走出一条生产技术先进、经营规模适度、市场竞争力强、生态环境可持续的中国特色新型农业现代化道路。其中，科技进步和创新是农业现代化的关键，要真正让农业插上科技的翅膀，走内涵式发展道路。要适应资源禀赋和发展阶段变化，适时调整农业技术进步路线。以解决好地少水缺的资源环境约束为导向，按照增产增效并重、良种良法配套、农机农艺结合、生产生态协调的原则，组织开展重大农业科技攻关和成果转化，加快发展民族种业，提高农业机械化和信息化水平，促进农业技术集成化、劳动过程机械化、生产经营信息化、安全环保法治化。①

（四）坚持乡村美丽是统筹城乡发展的基础性工程

统筹城乡发展是对乡村发展环境的改善与提升，从而为农民发展提供

---

① 中共农业部党组理论学习中心组：《坚持不懈推进农业强农村美农民富——深入学习贯彻习近平同志关于"三农"的重要论述》，载《人民日报》2014年6月23日。

良好的条件。只有消除城乡之间在基础条件上的差距，发展乡村生态环境的比较优势才能夯实农业、农村、农民的发展基础，为农民最终走上共同富裕创造有利条件。

要发挥农村人居环境改善在统筹城乡发展中的基础性作用，就要把体现这一价值的美丽乡村建设作为基础工作来抓。统筹城乡发展不仅要支持农村的发展，更要为农村今后的长远发展打好基础。注重改善农村生态环境，推进农业和农村节能减排，加快农村生活污水处理和垃圾处理等技术研发和推广，遏制工业和城市污染向农村转移，加强农村水利建设与灌溉系统节水改造，深入实施天然林保护、退耕还林等重点生态工程。注重完善配套设施、改善公共服务、方便农民生产生活等的综合性工作，加大对农村的公共资源投入和建设，并实现城乡公共资源的统筹配置。重点发挥县域综合服务能力和统筹规划作用，完善乡村水、电、路、气、通信、广播电视、物流等基础设施。保障金融机构农村存款主要用于农业农村，财政支出进一步向农业农村倾斜，公共财政的阳光进一步向农村普照，公共基础设施进一步向农村延伸，公共服务进一步向农村覆盖，努力建设农民幸福生活的美好家园。

全面推进乡村振兴助力共同富裕

李传喜　　杨富平　　王再武

实现共同富裕是社会主义的本质要求，是中华民族伟大复兴的应有之义。要实现共同富裕，乡村振兴是必经之路。乡村兴则国家兴，乡村衰则国家衰。乡村在中国特色社会主义事业发展中具有重要而独特的地位和作用。从宏观层面看，乡村振兴是中国实现中华民族伟大复兴、应对全球化挑战的"压舱石"；从中观层面看，乡村振兴是构建新发展格局、应对国内外风险挑战的"基本盘"；从微观层面看，乡村振兴是维护广大人民群众根本利益、实现共同富裕的"稳定器"。党的十九届五中全会提出，"要扎实推进共同富裕"，到2035年实现"全体人民共同富裕取得更为明显的实质性进展"。而要实现共同富裕"最艰巨最繁重的任务依然在农村，最广泛最深厚的基础依然在农村"。如今，我国脱贫攻坚战取得全面胜利，"三农"工作重心全面转向乡村振兴。党中央认为，"新发展阶段'三农'工作依然极端重要，须臾不可放松，务必抓紧抓实。要坚持把解决好'三农'问题作为全党工作重中之重，把全面推进乡村振兴作为实现中华民族伟大复兴的一项重大任务，举全党全社会之力加快农业农村现代化，让广大农民过上更加美好的生活"。

一、乡村振兴与共同富裕的内在逻辑

（一）乡村振兴是维护广大农民根本利益的"稳定器"

乡村振兴是全面的振兴，其中，农业现代化和农村现代化是实现乡村振兴的两大关键举措。2021年中央一号文件指出，"坚持农业农村优先发展，坚持农业现代化与农村现代化一体设计、一并推进"，可见，我国现代化策略从只提农业现代化到了开始将农业现代化与农村现代化并重的阶段，这一转变背后有着深远的含义，意味着中央对"三农"问题有了更加深入的理解和认识。农业现代化和农村现代化虽有共通性，但并不必然意味着农业现代化一定能够转化为农村现代化，在绝大多数情况下是无法转化的，甚至农业现代化还会带来农村人口老龄化、空心化等社会问题。同时，共同富裕在乡村并不仅仅意味着农业生产效率提高和农民收入水平提高，从社会学角度来看，共同富裕除了要在收入方面达到一定的平衡，还包含着基础设施、公共服务、民生事业以及发展机会、精神面貌等。因此，共同富裕是一个系统、全面的概念。相对而言，乡村振兴也具有系统性、全面性。乡村振兴战略提出了"产业兴旺、生态宜居、乡风文明、治理有效、生活富裕"二十字方针。习近平总书记指出，"乡村振兴是包含产业振兴、人才振兴、文化振兴、生态振兴、组织振兴在内的全面振兴"。所以，乡村振兴不仅要实现农民收入水平的提高，更要真正维护广大农民的根本利益，实现更为全面的乡村共同富裕和全面发展。

（二）乡村振兴是推进新型城乡关系的"助推剂"

党的十九届五中全会指出，要"走中国特色社会主义乡村振兴道路，加快农业农村现代化，加快形成工农互促、城乡互补、协调发展、共同繁荣的新型工农城乡关系"。这是对工农城乡关系的新表述，也是对工农城乡关系理想状态的期盼，但是这需要建立在农业农村现代化暨乡村振兴的基础上，而乡村振兴也能为构建新型工农城乡关系提供强大动力。因此，必须把乡村振兴放到新型工农城乡关系格局中去理解。当前，我国提出要构建以国内大循环为主体、国内国际双循环的新发展格局，新发展格局有两个要求：一要在国内建立完善的产业链生态；二要充分拉动内需、扩大消费。从乡村社会的特质来看，广大乡村地区在这两个方面能够发挥巨大作用，甚至可以说新发展格局的潜力后劲在农村：广大农村地区可以为完整的产业链建设提供战略空间，农村社会也蕴含着巨大的市场需求和消费潜能。通过乡村振兴，可以推动人、财、物等要素实现双向流动，一方面，能够继续推进城镇化，推进农村土地制度、产权制度改革；另一方面，也能够为费孝通先生讲的被"损蚀"的乡村补充养分。因此，全面推进乡村振兴对于畅通城乡经济循环、推进新型城乡关系、构建新发展格局具有十分重要的意义。

（三）乡村振兴是解决社会发展不平衡不充分问题的"金钥匙"

习近平总书记在对《中共中央关于制定国民经济和社会发展第十四个五年规划和二〇三五年远景目标的建议》的说明中指出："当前，我国发展不平衡不充分问题仍然突出，城乡区域发展和收入分配差距较大，促进全体人民共同富裕是一项长期任务。"2018年中央一号文件指出："当前，我国发展不平衡不充分问题在乡村最为突出，实施乡村振兴战略，是解决人民日益增长的美好生活需要和不平衡不充分的发展之间矛盾的必然要求。"如今，社会主要矛盾主要体现为城乡发展不平衡、农村发展不充分，城乡二元结构依然存在，城乡、工农发展差距依然较大，推进城乡融合发展依然存在困难，突出表现为城乡要素配置不平衡，资金和人才等要素由农村向城市单向流动的格局仍未得到改变；城乡基础设施建设不平衡，农村基础设施建设力度仍不及城市；城乡公共服务不平衡，农村基本公共服务水平与城市的差距仍较大。而要解决新的社会主要矛盾、实现共同富裕，"三农"问题是关键，毕竟没有农业农村现代化就没有整个国家现代化。全面推进乡村振兴，推进从城乡一体化发展转向坚持农业农村优先发展、从推进农业现代化转向推进农业农村现代化、从生产发展转向产业兴旺、从村容整洁转向生态宜居、从管理民主转向治理有效、从生活宽裕转向生活富裕，从而补齐农业农村短板弱项，最终实现整个社会均衡发展。

（四）乡村振兴是巩固脱贫攻坚成果的"定盘星"

当前，我国脱贫攻坚战取得了全面胜利，区域性整体贫困得到解决，完成了消除绝对贫困的艰巨任务，但是我们也要清醒地认识到，脱贫攻坚成果的巩固拓展仍任重道远，一些地区、人口还有返贫的风险。2020年12月16日，中共中央、国务院发布了《关于实现巩固拓展脱贫攻坚成果同乡村振兴有效衔接的意见》，提出设立五年过渡期，脱贫地区要"从解决建档立卡贫困人口'两不愁三保障'为重点转向实现乡村产业兴旺、生态宜居、乡风文明、治理有效、生活富裕，从集中资源支持脱贫攻坚转向巩固拓展脱贫攻坚成果和全面推进乡村振兴"，通过乡村振兴与巩固拓展脱贫攻坚成果的有效衔接，增强脱贫地区经济活力和发展后劲，提高乡村发展质量和发展水平，从而为全面实现农业农村现代化打下坚实的基础。

二、台州全面推进乡村振兴助力共同富裕的实践举措

台州作为民营经济先发地区，乡村发展及乡村振兴具有一定的特殊性。近年来，台州市以习近平新时代中国特色社会主义思想为指导，对标对表高水平全面建成小康社会目标，抓重点、补短板、扬优势，高质量推进乡村振兴战略，农业农村发展取得明显成效，在忠实践行"八八战略"、奋力打造"重要窗口"中，彰显了"三农"担当作为、增添了"三农"亮丽风景，为扎实推进共同富裕打下了坚实的基础。

（一）扎实开展"千万工程"，推进美丽乡村建设

2003年，浙江启动"千万工程"，拉开了农村人居环境建设的序幕。台州市在贯彻落实省委部署的基础上，结合实际，拉高标杆、争先进位，扎实推进美丽乡村建设，取得显著成效。总体来看，台州市以"千万工程"为主线，在不同发展时期开展了各具特色的建设实践，形成了鲜明的阶段性特征。第一个阶段是示范引领阶段（2003—2008年）。在"千万工程"指导下，以建设全面小康示范村为载体，加大农村基础设施建设投入，大力发挥城市对农村的扩展辐射功能。第二个阶段是全面普惠阶段（2008—2012年）。台州市结合党的十六届五中全会提出的新农村建设的重大历史任务，以建设"清洁家园，和谐乡村（社区）"为载体，全面展开农村基础设施建设，制订了以"二清二治一绿"为主要内容的农村实施方案、以"四整治一绿化"为主要内容的社区实施方案，解决了一批群众反映强烈的突出环境问题，促进了村容村貌的整体改善。第三个阶段是彰显特色阶段（2012—2014年）。城市化及新农村建设中的"大拆大建"，导致城乡"同质化"现象严重，城不像城、村不像村。针对这种现象，台州市

充分结合地方实际，充分发挥农村基础设施建设、产业引领和乡村治理优势，以"四美三宜两园"为载体，大力开展特色化的美丽乡村建设，呈现出百花齐放的态势。第四个阶段是突出重点阶段（2014—2018年）。随着"千万工程"的深入，美丽乡村建设也进入了攻坚克难阶段，台州市以"五水共治""四边三化"和垃圾分类等重点难点问题为突破口，突出重点，合力攻坚，极大地提升了美丽乡村建设品质。第五个阶段是全方位建设阶段（2018年至今）。结合乡村振兴的五个方面要求，台州市以"三产融合、三生融合、三美融合、城乡融合"为载体，全方位推进乡村建设，从产业、环境、文化、社会治理、民生等方面推动实现乡村振兴。

（二）深化农村体制机制改革，激发农村发展活力

农村体制机制改革是增强农村发展内生动力、释放农业农村发展新动能的重要举措。近年来，台州市不断深化农村体制机制改革，确保了农村改革各项举措落地见效，大大改变了农村发展面貌。一是深化农村集体产权制度改革。台州市以"三权分置"为抓手，全面推进农村土地承包经营权确权等级颁证和农村宅基地使用权确权等级颁证工作，大力推进农村集体资产的股份量化，完善村股份经济合作社运行机制。同时，建立农村产权交易体系，健全相关交易制度和细则，推进交易平台联网一体化建设，有效促进了各类农村产权有序流转和优化配置。截至2020年，全市建立1个市级农村产权交易所平台、9个县级平台和123个乡镇级产权服务中心，基本实现市县乡三级全覆盖；各类农村产权交易达1138宗，金额达4.12亿元，涉及土地流转、集体物业等九大类，累计交易3027笔、交易额14.01亿元。二是积极构建"三位一体"农民合作经济组织体系。台州市把构建以农民合作经济组织为主体的农合联作为促进农民共建共享的有效平台，深化仙居"三位一体"改革试点，加快临海、温岭、玉环改革步

伐。统筹推进供销合作社改革、农业生产经营体制和农村金融体制改革。如今，全市构建起了生产、供销、信用"三位一体"农民合作经济组织体系及有效运转的体制机制，市县乡三级100个农合联全面组建，共吸收会员7817个，天台、温岭、玉环、临海4个县（市、区）先后被列入全省"三位一体"首批试点县和首批改革推进县。三是深化农村金融体制创新。台州市深入推进小微企业金融服务改革创新，构建了多层次、广覆盖、可持续的农村金融服务体系。通过鼓励各类金融机构拓展"三农"业务，创新金融产品，并充分利用互联网技术，持续提升农村普惠金融发展水平，助推新型农业业态发展壮大。四是推进户籍制度改革。台州市建立了城乡统一的户口登记制度，以具有合法稳定住所和合法稳定就业为落户基本条件，进一步调整户口迁移政策。全面实行居住证制度，健全人口信息管理制度。依法保障进城落户农民的土地承包经营权、宅基地使用权、集体收益分配权，保障农业转移人口及其他常住人口随迁子女平等享有受教育权利，将农业转移人口及其他常住人口纳入社区医疗、卫生和计划生育服务体系，进城镇落户的农业转移人口享有与城镇居民同等住房救助和住房保障。

（三）推动城乡公共服务均等化，发展社会民生事业

基本公共服务均等化是城乡融合发展的重要保障，是惠民安民的重要基础，能使城乡居民共享经济社会发展成果，提高民众的获得感。近年来，台州市加大公共服务投入，积极推进公共服务供给侧改革，积极拓展多元化供给渠道，增加有效供给，弥补城乡差距。在社会保障方面，台州市稳步推进社会保障机制建设，将老农保并入城乡居民社会养老保险，将被征地农民纳入城镇职工基本养老保险制度，统筹解决被征地农民基本生活保障，将原新农合与城镇居民医保整合为城乡居民基本医疗保险制度，

并建立城乡居民大病保险制度，社保一体化有序推进。2019年末，全市有208.75万人参加城乡居民社会养老保险、465.53万人参加城乡居民医疗保险。在教育方面，台州市高度重视教育事业，教育基建和人均教育投入增速均居全省第一，基础教育质量全省排名向前移位，教育现代化发展指标显著提升。农村文化体育事业发展速度加快，开展实施了体育小康村升级工程，推进乡村数字影院建设。加快义务教育学校标准化建设，实施基础教育学校办学条件改善工程，提高农村学前教育水平，标准化学校覆盖率达到98%。在卫生医疗方面，台州市扎实推进"健康台州"建设，深化医药卫生体制改革，积极推进医疗资源"双下沉、两提升"和分级诊疗制度。基层医疗环境和条件不断改善，推动优质医疗资源向基层转移。如今台州市形成了比较完善的以市级医院为龙头、社会卫生服务中心（乡镇卫生院）和社区卫生服务站（村卫生室）为基础的医疗卫生服务体系，"20分钟医疗卫生服务圈"基本形成。同时台州市以县（市、区）为单位，以政府购买和补贴农村公共卫生服务的方式，重点加强直接面向农民的公共卫生服务，积极推进健康乡村建设，开展了驻村医生和农民免费健康体检等活动。社会福利与社会救助体系也日益完善。

（四）探索基层民主协商治理，促进社会稳定和谐

改革开放以来，台州经济社会迅猛发展，出现了很多新情况和新问题，对基层民主政治提出了新的要求和挑战。针对这一情况，台州市以善治的理念积极推进基层协商民主的发展，致力于寻找"社会利益的最大公约数"，实现"公共利益的最大化"，通过协商民主来化解矛盾冲突、协调各方利益、稳定社会秩序、维护社会和谐，并形成了兼顾民主与治理的基层民主治理制度与实践形态。台州市是民主恳谈的发源地，在"八八战略"指引下，台州不断探索与发展民主恳谈，其外延已经从最初的村级向

市级延伸，内涵也从初期的改进农村思想政治工作向基层民主政治建设的决策咨询方向深化，形成了集"民主决策、民主管理、民主监督"等多种形式于一体的新型民主制度。在此基础上，台州市不断开展基层民主治理创新，涌现出了一大批优秀的基层民主治理实践。如天台县"民主决策五步法"实现了农村"四个民主"的有效对接，初步构建起了以党内民主协商、政党协商、人大协商、政府协商、政协协商到基层组织协商、社会组织协商、人民团体协商为主的协商民主体系；临海市试点基层民主协商议事制度推动了基层民主协商的制度化，统战系统构建了"1＋X＋4"的统战性协商民主平台，积极探索以统战促进协商民主。其他基层民主治理创新实践还有，民主决策方面的村务大事民主决策制度、黄岩的"一事一议"；民主管理方面的工资集体协商制度、社情民意工作室、同心会客室、圆桌会商、网络e政厅；民主监督方面的村务监督委员会、参与式预算、民主评议、民主听证会、功过簿等。另外，台州还积极挖掘优秀传统文化，增加基层社会治理新要素，助推基层民主治理，如乡规民约、新乡贤、合作社和全科网格等。这些实践有力地推动了基层协商民主的发展，有效地维护了社会秩序，促进了社会的稳定和谐。

（五）推进农村精神文明建设，助力乡风文明重塑

台州市充分发挥精神文明建设的引领力、凝聚力和推动力，激发乡村文化活力，提振农民群众精气神，建设风清气正的文明乡村。一是加强农村文化阵地建设。台州市以农村文化礼堂为主阵地，以村落历史文化陈列馆、乡村非物质文化遗产文化传艺馆和思想道德教育馆及农村文化大舞台为重点，大力实施文化惠民工程，大力宣传社会主义核心价值观，不断丰富农民群众精神文化生活。大力弘扬大陈岛垦荒精神，实施农村文明素质提升工程，深化农村新风培育，积极开展移风易俗陋习集中整治行动，着

力培育绿色低碳、崇德向善、诚信有礼、和合和睦的文明乡风、良好家风、淳朴民风，县级以上文明村镇创建率达84.96%；开展农村文化礼堂建设，全市累计建成农村文化礼堂2323家，行政村覆盖率达到76.4%；完成小康体育村提升工程100个。二是深入挖掘优秀传统文化。台州作为中华和合文化的主要发祥地，近年来深入挖掘和合文化的历史底蕴，将和合文化全面融入乡村社会发展过程中，打造社会和睦、生态和美、身心和谐的社会主义新农村。充分利用乡贤、乡规民约、家风家训、慈孝文化等乡风教化资源，以乡贤为龙头、为抓手，以乡规民约、慈孝文化、家风家训等为载体，充分发挥乡贤的带动、引领作用，传承礼仪道德，化解矛盾，凝聚人心，整合优化乡村文化和价值体系，重塑"见贤思齐、崇德向善"的乡风。三是充分挖掘具有农耕特质、民族特色、区域特点的物质文化和非物质文化遗产。台州市加大古村落保护与利用力度，划定乡村建设历史文化保护线，切实保护文物古迹、传统村落、历史建筑、农业遗迹、灌溉工程遗产、渔业渔港文化、古树名木，打造了一批展现乡村地域特征、产业特色、人文特点的特色文化村。重视农耕文化保护传承，加强非物质文化遗产传承保护，复兴民俗活动、传统文化，提炼产业文化、民间技艺。深入挖掘推广农村传统特色，重拾乡愁记忆，让农村真正成为"看得见山，望得见水，记得住乡愁"的向往之地。

三、坚持以"八八战略"为指引，高水平推进台州乡村全面振兴

党的十九大报告提出要实施乡村振兴战略，提出"要坚持农业农村优先发展，按照产业兴旺、生态宜居、乡风文明、治理有效、生活富裕的总要求，建立健全城乡融合发展体制机制和政策体系，加快推进农业农村现

代化"。结合新发展阶段经济社会发展需要，台州要坚持以"八八战略"为指引，以高水平推进台州乡村全面振兴为抓手，进一步推动台州共同富裕进程。

（一）优化农村产业结构布局，推动农村经济发展

产业兴旺是乡村振兴的重点，也是推进乡村振兴的首要任务。一是进一步深化农村体制机制改革，为实现乡村产业兴旺创造良好环境。要深入开展农村土地制度改革，在巩固和完善农村基本经营制度，保持土地承包关系稳定并长久不变的基础上，完善承包地"三权分置"制度，并积极稳妥推进农村宅基地、集体建设用地、农民房屋的确权登记颁证工作。要深入开展农村产权交易改革，在坚持和完善最严格的耕地保护制度前提下，赋予农民对承包地占有、使用、收益、流转及承包经营权抵押、担保权能，进一步建成完善县、乡、村联通一体的三级农村产权交易平台，盘活农村资产。要持续加强农业经营体制改革，构建集约化、专业化、组织化、社会化相结合的新型农业经营体系，持续深化"三位一体"改革，提高适度规模经营比重。二是大力发展现代农业，推动农业供给侧结构性改革。要实施"一区一镇一体"工程，着力提升生产基地化、经营产业化、手段信息化、产品优质化水平，大力发展特色农业，延伸农业产业链，培育农村发展新动能，加快推进农业产业升级，提高农业的综合效益和竞争力。要实施新兴产业培育工程，充分利用农村自然生态优势，积极推动农家乐、农村电子商务等新兴业态发展，深度促进农村一二三产业融合，努力做强一产、做优二产、做活三产。要实施现代农业经营主体提升工程，稳妥、规范推进土地流转，加快发展多种形式的农业适度规模经营，支持专业大户、家庭农场、合作农场、农民专业合作社、农业龙头企业等新型经营主体加快成长。

（二）深入开展"千万工程"，打造美丽乡村升级版

生态宜居是乡村振兴的重要任务，也是美丽乡村建设的重要内容。台州市要坚持"绿水青山就是金山银山"理念，以强化城乡一体化和生态文明建设为导向，以"千万工程"为抓手，全面深化美丽乡村建设，建成更高水平的美丽乡村。台州市要推动美丽乡村建设从"一处美"向"一片美"转型，坚持"以点带面"，大力打造市级美丽乡村精品村、美丽乡村精品线，串点连线成片，推动美丽乡村建设从"盆景"向"风景"转变。要推动美丽乡村建设从"一时美"向"持久美"转型，坚持"以净为底"，深化农村生活垃圾分类处理和农村生活污水治理，从抓质量、抓扩面、抓长效三个方面入手，进一步加大财政投入，着眼长远推进，切实改变农村环境"脏乱差"现象。要推动美丽乡村建设从"外在美"向"内在美"转型。坚持"以文为魂"挖掘乡村的文化特质和体现民居的地域特色，推动美丽乡村建设从环境美向形制美、"外在美"向"内在美"不断递进，整体彰显江南水乡"诗画江南"的独特魅力。通过全面推进村庄规划、村庄设计和农房设计，实现村庄治理从地下、地面向地上空间转移，狠下决心治理乱搭建、乱堆放，拆除违章建筑，集中整治建房风格、色调不统一、不协调问题，着力打造一批具有乡土气息、江南味道、台州特色的美丽乡村精品。统筹推进小城镇环境综合整治、农村"三改一拆"、"无违建创建"、危旧房整治、田园环境综合整治，连线成片打造全域景观化，努力把台州的村庄建设成一道道美丽的风景线。

（三）深化乡风文明体制机制建设，提高乡村社会文明程度

乡风文明是乡村振兴的保障。习近平总书记指出，"实施乡村振兴战略，不能光看农民口袋里的票子有多少，更要看农民的精神风貌怎么样。

必须坚持物质文明和精神文明一起抓，提升农民精神风貌，不断提高乡村社会文明程度"。台州市也要不断深化乡风文明体制机制建设，走乡村文化兴盛之路。一是增强公共性。乡村自治的核心在于村民的自我管理、自我教育、自我监督，这需要乡村社会中建立完善的公共空间，加强乡村社会公共性、加强集体生活。台州市要积极建设乡村的公共活动空间，让村民有开展公共娱乐和讨论公共问题的场所，同时也要建立公共事务参与、讨论、决策机制，让村民充分参与到村庄治理过程中。二是增强农民主体性。在乡风文明建设中，农民是主体，虽然在一定程度上说，如今的乡风文明需要政府等外力推动，但是乡风文明成效如何，关键还在于农民本身是否认同、接受并实现行为转化。台州市在推进乡风文明过程中，要尊重农民的主体地位，从农村、农民的需求出发，充分调动农民积极性和主动性，让农民实现自治与自我管理，对实现文化复兴具有根本性意义。三是增强多样性。台州市要结合广大农民的多元化需求，开展形式多样的文化产品和服务的供给，同时坚持因地制宜的原则，要与当地经济社会发展水平和文化传统相适应，充分尊重当地习俗，充分考虑群众习惯和接受程度，不搞强迫命令，不搞"一刀切"。四是增强在地性。"一方水土养一方人"，不同的风土人情孕育不同的社会生态。台州市在乡风文明建设中，要注重本土文化的发掘，处理好"大文明"与"小文化"、"外来文化"与"在地文化"的关系，充分利用"在地文化"的优势，提高民众认同感和凝聚力，进而推进治理效能提升和政策落实水平。

（四）完善基层社会治理体系，提高基层治理能力

治理有效是乡村振兴的基础，也是民众安居乐业的重要前提。台州市要积极建立和完善以党的基层组织为核心、以村民自治为基础、以村务监督委员会和乡贤组织为两翼、以集体经济组织和农民合作组织为纽带、以

各种社会服务组织为补充的立体化农村治理体系。一是要加强农村基层组织建设。要以党建引领乡村社会治理和乡村振兴，强化党组织在农村工作中的领导核心地位，强化对乡村振兴的政治引领、组织引领、能力引领、机制引领，不断提升基层党组织的组织力、凝聚力和战斗力。要始终坚持以人民为中心的发展思想，把"人民群众对美好生活的向往"作为工作目标，建立全覆盖的联系服务群众体系，在推动乡村振兴中增强群众获得感。二是加快构建自治、法治、德治"三治融合"的乡村治理体系，实现农村善治。要尊重法律的权威性，深化农村村民自治制度，也要充分发挥乡贤在村级治理中的补位和辅助作用，推进"帮扶＋教化＋扶治"治理创新，让现代的法律和契约精神与传统的价值及伦理得以协调，从而实现"情、理、法"三位一体的村庄秩序。三是继续推进乡村治理资源集成化。全面构建权责清晰、功能集成、扁平一体、运行高效、执行有力的乡镇管理体制和机制。进一步加强县乡统筹，完善"综合指挥中心＋四大平台＋全科网格员"的运行机制，更好地实现统一指挥、及时响应、协调联动和有效处置。深化农村"最多跑一次"改革，优化服务资源配置，让村民办事少跑路、不跑路。

（五）注重全要素投入与创新，促进农民增收致富

生活富裕是乡村振兴的最终目标，是新时代美丽乡村建设的根本追求。台州市要通过全要素投入与创新，让农民平等参与现代化进程，共享经济社会发展成果。一是要拓宽农民增收渠道。积极推进农村产业融合，深度挖掘农业多种功能，培育壮大农村经济新业态和新型经营主体，充分激发农民群众的创业热情和农村要素的创富活力，促进民营经济在农业农村的创新发展，加快乡村休闲旅游、农村电子商务等美丽产业发展，促进农村劳动力转移就业，推动农村三次产业融合发展和农民持续稳定增收。

二是要提高农村社会保障水平。努力促进城乡公共服务均等化。推进城乡教育、医疗、卫生、养老等优质公共资源均衡配置，让广大农民享有更美的环境、更好的教育、更稳定的就业、更满意的收入、更可靠的社会保障、更高水平的医疗卫生服务和更浸润人心的文化生活。要健全覆盖城乡的公共就业服务体系，开展职业技能培训，提高就业质量。要贯彻落实精准扶贫政策，完善社会救助和社会救济，扩大覆盖面，充分发挥社会保障托底的作用，补齐社会发展短板。三是加大对人才尤其是返乡人才的支持力度，解决乡村振兴人才空心化难题。对于返乡创业的人才面临的资金、技术、人才和用地等难题给予及时解决。对农村现有的技术能手、致富明星给予适当奖励，充分激发他们的带动作用。四是积极发展壮大农村集体经济。要认真总结成功经验，进一步深化探索，运用产权改革、产业发展、资产盘活、参股分红、乡贤帮扶等多种途径，实现增收，确保两年内在全省率先完成消除薄弱村任务。坚持把消除薄弱村与实施"强基惠民村村帮""第一书记"等工作有机结合起来，实现经济薄弱村帮扶全覆盖。

共同富裕法治保障的浙江探索

梁 亮 应 雁 张佳宁

从理论上看，共同富裕至少包括三个层面的问题：第一个层面是实现共同富裕的理想目标，即一定时空范围内的生产力达到较高水平，全社会成员的物质文化需要都得到比较充分满足的状态；第二个层面是实现共同富裕的道路、方法，即国家为实现共同富裕目标而实施的发展战略和重大步骤；第三个层面是实现共同富裕的具体制度设计，即实现共同富裕目标所应当建立的制度体系，保证全社会成员能够得到公平发展机会，合理分享发展成果。[①]共同富裕的法治保障主要是为实现共同富裕所进行的具体制度安排以及对制度的贯彻执行。分析法治与共同富裕的良性互动关系，深入剖析法治建设对实现共同富裕的保障推动作用，归纳共同富裕法治保障的浙江实践，对推动浙江高质量发展建设共同富裕示范区，建设"重要窗口"具有重要意义。

---

① 郑志国：《共同富裕的制度设计与安排》，载《马克思主义研究》2015年第9期。

一、法治是实现共同富裕的必然要求

（一）法治为实现共同富裕提供制度前提

我国宪法从国家根本法的高度明确了我国的基本经济制度，规定"国家在社会主义初级阶段，坚持公有制为主体、多种所有制经济共同发展的基本经济制度，坚持按劳分配为主体、多种分配方式并存的分配制度"①。国家鼓励、支持、保护、引导、监督、管理私营经济等非公有制经济的发展。宪法关于基本经济制度的规定，为经济社会的高质量发展提供了可能。显然，在社会主义初级阶段，经济社会的高速发展离不开非公有制经济，非公有制经济是社会主义市场经济的不可或缺的组成部分。"有恒产者有恒心"，共同富裕的实现需要对财产的所有权进行明确的界定。《民法典》等法律制度对财产的归属、使用及其限制作出了明确规定，明晰了产权，对最大程度发挥物的效用起到了推动作用。法治为各种经济主体的合法权益提供保护，为纠纷解决提供基本规则。法律自古就有"定纷止争"的作用，我国宪法明确提出"公民的合法的私有财产不受侵犯"。法律制度为纠纷解决提供程序性指引，让百姓明确权益受到侵害时如何寻求有效救济。法律制度还为纠纷的实质性化解提供判断标准，明确各方权利义务和责任，有利于在全社会形成"各得其所"的良好法治氛围，从而有效预防纠纷的发生。法治为公民对其合法财产的占有、使用、收益、处分进行全方位的规范，为实现共同富裕提供了基本的制度前提。

---

① 《中华人民共和国宪法》第6条、第11条等相关规定。

（二）法治为实现共同富裕提供制度环境

"法治浙江建设既以全面推进社会主义民主政治制度化、规范化、程序化为己任，又以着力推进各项工作制度化，确保社会的政治、经济、文化诸系统都按照法律设定的目标模式和既定程序进行运行为要旨。"[1]法治建设的过程与共同富裕实现过程具有同步性，共同富裕为法治化的推进提供物质基础，法治化将实现共同富裕的各项要求制度化。共同富裕的实现需要经济社会的健康发展，从而为其提供基本的物质基础。社会主义的市场经济是充满竞争的经济。社会主义市场经济条件下，每个市场主体都有创造财富的需求和愿望，也应当具有公平参与竞争的权利。但是，如果放任市场经济自由发展，没有相应规则加以约束和指导，就会出现资源向少数群体集聚的现象，从而引发一些负的市场外部性，出现不正当竞争、垄断等问题。这些问题，仅仅依靠市场机制本身无法有效解决，需要公权力对市场进行适当干预，以维护正常的市场经济秩序。但是，享有权力的人可能有滥用权力的风险，如何让权力在调节市场经济中发挥积极作用，达到预期效果，最有效的手段就是通过规则对权力行使进行规范和监督。当然，"限制公权力并不是目的，只是手段，目的应是通过限制权力使之不侵犯公民的权利，并使公共权力的运行对社会经济的发展带来正面的效果，实现有形之手与无形之手的协同并用"[2]。社会主义市场经济是法治经济，法治为经济社会发展提供有序的公平竞争环境，推动市场经济良性健康发展。

---

① 陈柳裕：《加快建设法治浙江》，载《浙江日报》2012年6月15日。
② 王勇：《法治国家的内涵与社会治理创新》，载《中共浙江省委党校学报》2014年第3期。

（三）法治是实现共同富裕的重要手段

市场经济是竞争经济，有竞争就有优胜劣汰，就会有穷者越穷、富者越富的现象，如果贫富差距过大，超过了社会的警戒线和公众的承受能力就会引起社会的动荡。①因此，需要通过一定的机制将贫富差距控制在合理的范围之内，这也是实现共同富裕、构建和谐社会的必然要求。法治是缩小收入差距，实现共同富裕的重要手段。一方面，可以通过制定科学的收入分配制度，来调节收入分配不公问题，运用税收等手段将社会财富进行二次分配。"收入分配是保障和改善民生、实现发展成果由人民共享最重要最直接的方式。"②财富的首次分配按照相关法律规定，按照按劳分配为主体、多种分配方式并存的原则进行。财富的二次分配则更多的是要考虑公平问题。另一方面，针对一些低收入群体，可以通过社会保障制度、社会救助制度等机制对其进行基本的保障。社会保障、社会救助制度也是实现共同富裕的重要手段，它能有效缓解因市场分配机制造成的贫富差距所带来的一些社会问题。将低收入群体纳入基本的社会保障范围，提供医疗、教育、生活保障措施和公共服务，离不开法治提供基本规则和保障。

二、共同富裕法治保障的浙江实践

（一）构建科学的共同富裕法治保障制度体系

习近平总书记指出："不是什么法都能治国，不是什么法都能治好

---

① 张彦俊：《共同富裕与法治建设》，载《山西党校报》2012年3月15日。
② 陈振明、李德国：《夯实推动共同富裕的制度基础》，载《治理观察》2021年第2期。

国。"①这一论断通俗易懂，道理深刻。制度本身也要经历一个现代化过程，方能去其糟粕、取其精华，适时应务。浙江历来高度重视立法的科学性问题，省委多次强调要全面落实高质量立法，在惠民立法、环保立法、弘德立法等方面要有所作为。浙江坚持立法先行，以良法促进发展、保障善治。

在推进实现共同富裕的进程中，浙江立法主动瞄准焦点、回应热点、跟踪难点，一批又一批关乎改革、事关民生的地方性法规、政府规章领风气之先，逐渐出台。近些年，浙江省围绕惠民立法、环保立法、弘德立法等重点领域，科学编制立法计划，先后制定《浙江省城镇廉租住房保障办法》《浙江省社会养老服务促进条例》《浙江省公共文化服务保障条例》《浙江省社会救助条例》《浙江省生活垃圾管理条例》等一系列地方性法规、政府规章，为相关领域执法提供依据，为群众生活提供保障，为城市发展提供支撑。浙江不断创新立法体制机制。例如，宁波"探索建立立法起草'双组长'制，在全国大城市中率先出台法规草案重要条款单独表决办法，推动形成了市人代会审议通过法规的常态化机制"②。这些实践探索，都有效推动了制度建设的科学化。

第一，在推进浙江经济社会高质量发展，提供共同富裕基本物质保障方面，充分发挥好立法对经济社会发展的引领和推动作用。如表1所示，浙江制定出台《浙江省农村集体经济审计办法》《中国（浙江）自由贸易试验区条例》《浙江省地方金融条例》《浙江省数字经济促进条例》《浙江省可再生能源开发利用促进条例》等多项制度，为经济社会高质量发展保驾护航，提供遵循。

---

① 中共中央文献研究室编：《习近平关于全面依法治国论述摘编》，中央文献出版社2015年版，第43页。
② 黄合：《法治之光普照四明——"法治宁波"建设十周年综述》，载《宁波日报》2016年11月9日。

表1　浙江省部分促进区域经济发展制度

序号	法规、规章名称	发布/修正时间
1	《浙江省可再生能源开发利用促进条例》	2021.03.26
2	《浙江省数字经济促进条例》	2020.12.24
3	《浙江省农村集体资产管理条例》	2020.09.24
4	《浙江省村经济合作社组织条例》	2020.07.31
5	《浙江省地方金融条例》	2020.05.15
6	《中国（浙江）自由贸易试验区条例》	2017.12.27
7	《浙江省审计条例》	2017.11.30
8	《浙江省价格条例》	2013.11.22
9	《浙江省城乡规划条例》	2011.12.13
10	《浙江省口岸管理和服务办法》	2018.12.05
11	《浙江省农村集体经济审计办法》	2015.12.28
12	《浙江省地方标准管理办法》	2015.12.28

　　第二，在实现共同富裕进程中，浙江积极推行城乡一体化建设，努力缩小城乡差距。浙江制定出台《关于失业保险政策城乡一体化有关问题的通知》《浙江省统筹城乡发展、推进城乡一体化纲要》《浙江省人民政府关于全面推进城乡统筹就业的指导意见》等一系列政策，促进城乡融合发展，建设美丽乡村。浙江还制定《关于推进山海协作产业园建设的意见》等政策文件，推动科技人才"上山下乡"，不断优化升级"千村示范、万村整治"工程，推进农业供给侧结构性改革，培育现代农业，发展新型乡村经济，缩小城乡收入差距。如图1所示，浙江省城镇化率逐年增长，浙江省已经进入较为领先的城乡一体化阶段，以城带乡，城乡同步特色明显。"浙江传统农业的改造基本完成，形成了有地方特色的现代化农业的模式，打破城乡二元结构已经取得阶段性的胜利"。①

---

① 应雁：《法治保障视角下全面小康社会的公平问题研究——以浙江实践为样本》，载《中共成都市委党校学报》2020年第4期。

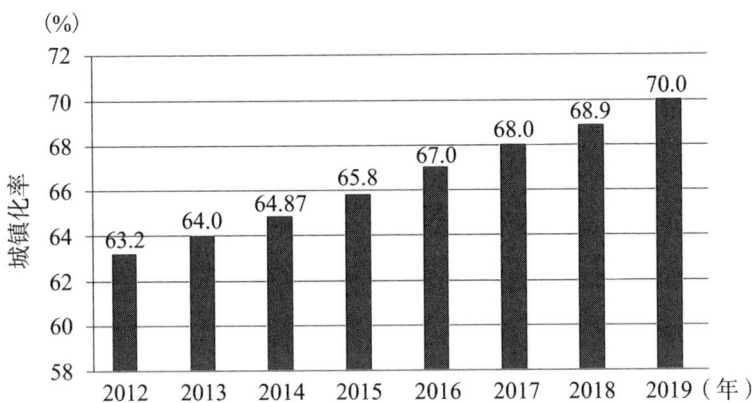

图1 2012—2019年浙江省城镇化率增长图

第三，在缩小城乡收入差距和协调区域经济发展的同时，浙江致力于缩小城乡公共服务差距，提供均等化的公共服务保障。公共服务的有效供给，关键在于体制机制的创新。如表2所示，近些年，浙江在公共服务供给和保障方面，制定出台《浙江省医疗保障条例》《浙江省社会养老服务促进条例》《浙江省公共文化服务保障条例》等一系列地方性法规、政府规章，从医疗、环境卫生、养老、文化服务等各方面为公民提供全方位公共服务保障。

表2 浙江省部分公共服务供给、保障制度

序号	法规、规章名称	发布/修正时间
1	《浙江省医疗保障条例》	2021.03.26
2	《浙江省生活垃圾管理条例》	2020.12.24
3	《浙江省水污染防治条例》	2020.11.27
4	《浙江省燃气管理条例》	2020.09.24
5	《浙江省城市景观风貌条例》	2020.09.24
6	《浙江省社会救助条例》	2020.09.24
7	《浙江省劳动保障监察条例》	2020.09.24

序号	法规、规章名称	发布/修正时间
8	《浙江省工伤保险条例》	2020.09.24
9	《浙江省公路条例》	2020.05.15
10	《浙江省宗教事务条例》	2019.08.01
11	《浙江省公共文化服务保障条例》	2017.11.30
12	《浙江省流动人口居住登记条例》	2016.03.31
13	《浙江省社会养老服务促进条例》	2015.01.25
14	《浙江省残疾人就业办法》	2021.02.10
15	《浙江省公共体育设施管理办法》	2020.10.29
16	《浙江省城镇廉租住房保障办法》	2018.12.29

第四，共同富裕催生了对弱势群体保护、扶持的现实课题，对弱势群体的特殊保障是实现共同富裕的重要内容。习近平总书记指出"全面小康，一个都不能少"。妇女、儿童、老年人、残障人士等因为各种原因成为弱势群体，他们是实现共同富裕不可忽视的群体。共同富裕建设进程中需要对这些弱势群体，包括一些失独低收入人员、失地低收入农民，在法律制度上要予以特殊保护和关照。这些年，浙江省和部分设区的市先后制定出台《浙江省残疾人保障条例》《浙江省未成年人保护条例》《杭州市精神卫生条例》《杭州市法律援助条例》《浙江省女职工劳动保护办法》等地方法规、规章，对弱势群体生活给予特殊制度保障。

（二）不断提升共同富裕法治保障制度效能

盖天下之事，不难于立法，而难于法之必行。制度的生命力在于执行。浙江在推进共同富裕过程中，要加强对法律制度的有效执行，坚持用法治思维和法治方式，深化改革、推动发展、化解矛盾、维护稳定、应对风险，最大程度将制度优势转化为治理效能，不断释放法治红利。

第一，坚持依法行政，为共同富裕提供行政力量。近几年，浙江秉持"法无授权不可为""法定职责必须为"的基本理念，坚持运用合法性思维，运用法治方式，不断深化各领域改革。严格实施权力清单、责任清单、负面清单制度，明确权力事项范围和自身责任，规范权力运行。2020年，"浙江清理妨碍统一市场和公平竞争政策25903件、修订废止349件，深入实施优化营商环境'10＋N'行动，推动市场主体法律顾问服务网格化全覆盖"①。浙江不断推进简政放权，在行政审批领域，开展行政审批标准化和公共服务事项标准化改革，推进行政、行政审批权力下放，初步实现了"市县同权"。浙江深入推进综合行政执法改革，通过设立综合行政执法局，大力推进执法重心下移，最大限度下沉执法力量，面向乡镇、街道建立健全基层行政执法体系。浙江探索并严格执行行政执法公示制度、行政执法全过程记录制度和重大执法决定法制审核制度，确保执法严格规范公正文明。浙江健全完善重大行政决策机制，制定出台《浙江省重大行政决策程序规定》《浙江省行政程序办法》。"全面开展省级单位和市县乡三级政府重大行政决策目录化管理，实现重大行政决策合法性审查和集体讨论决定全覆盖。"②

第二，坚持公正司法，为共同富裕提供司法保障。法治浙江建设，离不开公正司法。几十年来，浙江深入推进司法体制改革，着力解决影响司法公正和制约司法能力的深层次问题，强化对司法活动的监督，努力让人民群众在每一个案件中感受到公平正义。审判流程公开、裁判文书公开和执行信息公开，全省法院系统坚持以公开促公正、以透明保廉洁，实行"阳光司法"。法院系统完善案件流程查询服务，开展基层检察院公信力测评，在全国率先开展司法网络拍卖，制定的网拍标准成为全国法院网拍工

①② 《浙江省2020年法治政府建设情况》，载浙江省人民政府网。

作的标准。更值得一提的是，浙江的互联网、大数据行业发展走在中国的前列。随着各类交易平台的繁荣发展，涉及网络、电商以及数字化新型消费的权利需求显现，对这一部分权利的处理缺位或处理不当将带来与日俱增的公平问题。杭州互联网法院于2017年挂牌成立，为全国首家，主要针对数量和数额逐年增加的涉互联网交易纠纷、部分知识产权案件，以及最高人民法院指定由杭州互联网法院审理的重大、疑难、复杂涉网案件。"互联网＋司法"的浙江探索，为共同富裕进程中群众的权利保护提供便捷高效的路径。

第三，创新社会治理，为共同富裕提供法治氛围。习近平总书记强调："全面推进依法治国，推进国家治理体系和治理能力现代化，工作的基础在基层。"法治浙江建设，自然也少不了基层一线的践行；共同富裕的推进，离不开良好的法治氛围。浙江诸暨干部群众创造了有效化解社会矛盾的"枫桥经验"。2016年，浙江启动乡镇（街道）行政管理体制改革，做实乡镇（街道）社会服务管理中心，创新设立综合指挥室，推动事件处置高效化，让扎根基层的"枫桥经验"焕发出新的时代魅力。"人在网上走，事在网格办"，网格化管理，打破了过去"条线各自为政、网格分门别类"的状况，构建起了全市统一的基层社会治理网格体系，实现了基层社会管理服务事项"一网打尽"。浙江还积极推进社会信用体系建设。2017年，浙江省出台《浙江省公共信用信息管理条例》，规定了一系列措施，构建科学的社会信用体系，引导公民守法履约，推动形成讲诚信、守规矩的良好社会氛围。

（三）加强党对共同富裕法治建设的领导

共同富裕离不开法治的保障，而法治建设之所以能顺利推进，离不开党对法治建设的重视和科学领导。党政军民学，东西南北中，党是领导一切的。当然，法治建设也不例外。习近平总书记指出，"党和法治的关系，是法治建设的核心问题"，"党的领导是社会主义法治最根本的保证。全面依法治国决不是要削弱党的领导，而是要加强和改善党的领导"。

这些年，中共浙江省委不断加强对法治建设的领导，科学谋划、指导法治浙江建设。1996年，浙江省委提出依法治省的目标要求。11月，省八届人大常委会第三十二次会议审议通过了《浙江省人民代表大会常委会关于实行依法治省的决议》。2000年，浙江省委作出《关于进一步推进依法治省工作的决定》。2006年，浙江省委作出《中共浙江省委关于建设"法治浙江"的决定》，对法治浙江进行系统谋划，作出战略部署。2014年12月，中共浙江省委十三届六次全会审议通过了《中共浙江省委关于全面深化法治浙江建设的决定》。2021年，浙江省委印发《法治浙江建设规划（2021—2025年）》，明确了"十四五"时期法治浙江建设的目标、思路、举措、抓手、载体，擘画了到2035年的远景目标和宏伟蓝图。

三、夯实高质量发展建设共同富裕示范区的法治基础

（一）共同富裕法治保障的浙江经验

第一，提供精准务实的制度保障。发挥好法律制度对共同富裕的保障作用，高度重视提高立法质量。不断完善与共同富裕息息相关的制度体系，加强重点领域立法，科学立法、民主立法扎实推进。在全面深化改革过程中，坚持在法治下推进改革、在改革中完善法治。要完善重大行政决策机制。行政决策，特别是重大行政决策，对地方经济社会发展会产生重大影响。重大行政决策不科学对社会发展带来的破坏比一个具体的行政决定更为严重，影响也更为深远。

第二，提供高效便民的行政服务。简政放权，提速减负，不断优化政务服务。浙江不断深化行政审批制度改革，革除与审批发证相关联的寻租权力和不当利益。全面推行"四张清单"，打造权力瘦身的"紧身衣"。建立健全收费管理制度，清理和规范各类收费。大力推行"电子政务"，打造政务服务平台，"动手指"代替"跑断腿"。依托实体服务中心，整合政务服务资源，提高办事效率，同时简化证明、优化手续，不给群众办事添堵。稳步推进综合执法改革，提高执法规范化水平。理顺城市管理体制，加强城管执法机构和队伍管理。推行行政执法公示、执法全过程记录、重大执法决定法制审核制度；加强行政执法信息化建设，规范行政执法辅助人员管理。有效化解社会矛盾，夯实基层法治基础。"坚持和发展新时代'枫桥经验'，通过推广'县乡一体、条抓块统'基层治理模式，探索自治、法治、德治、智治有机融合，不断夯实法治建设基层基础。"①浙江持续推进行政复议体制改革，充分发挥行政复议化解行政争议的功能。加强对依法行政的监督，规范行政应诉工作，督促行政机关负责人出庭应诉。

第三，提供公正透明的司法保障。发挥好司法在企业经营中的服务保障功能。主动对标世界银行营商环境评价指标，联合省有关部门制定提升执行合同质效、办理破产便利化两个行动方案，着力营造法治化营商环境。加强对各类市场主体合法权益的保护，坚决打击各类经济犯罪。制定并不断完善"促进民营经济健康发展意见21条"，出台"服务保障数字浙江建设意见12条"，助力浙江打造全球数字变革高地。注重发挥破产审判市场拯救和净化功能，促进市场主体新陈代谢、经济发展迭代升级。聚焦防范化解风险，依法规范金融秩序和民间借贷活动。发挥好司法在推进供

---

① 万笑影、钱祎等：《浙江发布法治浙江建设15年成绩单》，载《浙江日报》2021年4月13日。

给侧结构性改革中的作用。出台保障企业兼并重组、非公有制经济健康发展等指导意见，服务经济转型升级。"加大对实体经济的司法支持力度，运用集中管辖、活查封、债转股等法治手段，帮扶有市场前景的困难企业渡过难关。"①针对一些"僵尸企业"，在案件处理中，尽可能少破产清算，多兼并重组，最大限度地盘活企业的存量资产。同时，妥善处置金融连环债务和银行不良资产，防止发生系统性金融风险。司法助力浙江绿色发展，为经济发展和共同富裕提供持续动能。浙江司法机关始终践行"绿水青山就是金山银山"重要思想，出台保障"三改一拆""五水共治"和全面剿灭劣Ⅴ类水等指导意见。湖州、衢州等法院发出"补植令""放养令"，依法严惩破坏生态环境的违法犯罪行为，在司法裁判中引入修复性司法理念，保护绿水青山。司法机关依法支持环保行政执法，在全国率先全面推开"裁执分离"机制，为环境执法提供坚强后盾。司法机关发挥自身优势，通过检察、诉讼和司法建议，为环境保护和生态文明建设保驾护航，绿色发展理念得到有效贯彻。生态环境对经济社会的可持续发展的支持力不断增强，人民对幸福美好生活的向往和共同富裕的追求不断得到满足。

（二）浙江在共同富裕法治保障方面还存在的主要问题

第一，法治服务经济社会发展大局的能力有待进一步提升。部分司法人员服务党委、政府中心工作的意识不足，做群众工作和化解复杂矛盾的能力不足，存在就案办案、机械办案的现象。司法体制改革有待进一步深化，司法综合配套改革举措有待进一步推进。

第二，城乡统筹发展制度有待进一步完善。现有研究成果表明，城乡

① 《浙江省高级人民法院工作报告——2018年1月27日在浙江省第十三届人民代表大会第一次会议上》，载《浙江日报》2018年2月7日。

在房产价值、基础设施、公共服务供给等与公民生活保障休戚相关的指标都存在一定程度差距，这些差距将可能导致农民市民化的成本将越来越高，隐性的城乡收入差距将越拉越大，不仅将影响到共同富裕的实现，甚至有可能形成新的城乡二元结构。[①]2020年，浙江省城镇人均年可支配收入为62699元，农村人均年可支配收入为31930元，城乡差距在全国处于较好的状况。但从最近几年的数据看，城乡收入差距有拉大的趋势，需要进一步加强对城乡统筹发展和收入分配的政策调节，缩小城乡收入差距，促进城乡公共服务享有的均等化和有效供给。

第三，惠及全民的社会保障制度有待进一步完善。尽管我们以宪法、法律、法规、规章等形式确保了公民享有公平的社会福利和保障的权利，不均衡现象依然存在。从浙江省各地级市公布的民生保障设施享有量可以发现，经济与民生的发展"不平衡"呈现一定程度的相关性。[②]例如，在教育领域，存在着优质教育资源向较发达城市集聚的现象。民生领域是普惠、共享理念实践结果的集中体现，是看得见、摸得着的实实在在能享受到的成果，但是因经济发展的不平衡导致社会保障水平的不平衡，制约着共同富裕的实现，需要从制度建设入手，统筹全省的社会保障水平。

（三）助力共同富裕的法治浙江建设展望

第一，健全保障共同富裕的法律制度体系。虽然浙江在推动区域经济高质量发展、社会保障、公共服务供给等方面已经出台了法规、规章和政策，但是整体而言，地方立法与经济社会发展相比还有一定的滞后性。在

---

① 谭智心：《城镇化进程中城乡居民财产性收入比较研究——一个被忽略的差距》，载《学习与探索》2020年第1期。
② 应雁：《法治保障视角下全面小康社会的公平问题研究——以浙江实践为样本》，载《中共成都市委党校学报》2020年第4期。

共同富裕法治保障建设方面，要避免出现"形象立法""拼盘立法"等现象，改变立法中的"碎片化"倾向，围绕共同富裕的重要问题、重要方面，科学编制立法计划，做到立法先行，体现浙江特色，解决浙江问题。

第二，营造法治化的营商环境。继续深化"最多跑一次"改革，完善"最多跑一次"相关制度，进一步精简行政审批事项，推进"无证明城市"建设，简化审批流程，为市场主体提供高效规范的行政服务。完善反不正当竞争审查机制，加强反不正当竞争执法，维护公平的市场经济秩序。进一步规范政府采购活动，加强对行政合同的监管，建设诚信政府。推进"大综合、一体化"行政执法改革，科学设定综合执法划转事项，逐步扩大综合执法事项范围，全面落实权力清单、责任清单、负面清单制度，明确执法权限和责任。构建科学的营商环境评价体系和评价机制，不断补足短板。

第三，提高司法服务保障实现共同富裕的能力。司法工作要坚持打击与防范并举、惩治与保护并重、办案与服务并行，让司法在"稳企业、增动能、补短板、保平安"中发挥更大作用。[1]通过对市场主体合法权益的保护，尤其是加强对民营企业和民营企业家产权的司法保护，持续营造更加公平、更加透明、更加稳定的营商环境。加强对知识产权的保护，营造较好的创新环境，服务创新发展战略。严厉打击、惩治各种犯罪行为，健全金融类、破产类案件查处、审判机制，预防金融风险，建设平安浙江，为经济社会发展提供安全的社会环境。有效处理涉外经济纠纷，服务保障"一带一路"和中国（浙江）自由贸易试验区建设，推动浙江海洋经济健康快速发展。

---

[1] 《浙江省高级人民法院工作报告——2019年1月29日在浙江省第十三届人民代表大会第二次会议上》，载《浙江日报》2019年2月3日。

第四，利用数字化推动法治现代化。"从服务性政府建设到'放管服'改革，从'互联网＋政务服务'到'最多跑一次'和'一网通办'，数字政府逐渐融入法治政府建设的理念和举措中。"①数字化、智能化已经成为法治现代化的重要助推力量。要探索推进地方立法工作数字化转型，发挥好大数据、互联网、人工智能在立法中的作用，实现更高水平、更高质量的制度建设。要加快推进数字化政府建设，加快集成式的行政执法数字化平台建设，完善"信用＋执法监管"机制。推进智能化在司法领域的运用，高水平推进智慧法院、智慧检察、智慧公安、智慧司法、智慧执行机制建设。积极推进社会治理的智能化转型，利用现代信息化手段和新媒体平台拓展普法渠道，提升普法效果。建设统一、高效便民的公共法律服务平台，将实体机构、热线、网络有机融合，发挥好信息化、数字化在网格化管理中的技术支撑作用。

---

① 罗利丹：《新时代法治政府建设的转型升级——以浙江为例》，载《观察与思考》2020年第12期。

完善促进共同富裕的财税金融政策体系

顾锋娟

实现共同富裕是社会主义本质要求，体现了以人民为中心的根本立场。党的十九届五中全会在 2035 年远景目标建议中明确提到在全面建成小康社会之后要进一步扎实推动共同富裕。一方面，共同富裕有全面建成小康社会的物质基础、经验总结和制度积累；另一方面，共同富裕相比全面建成小康社会目标更高、任务更重、困难更大，需要调动一切力量和激发一切要素加以实现。财税金融体系作为经济发展和调节最重要的工具包，更需要围绕着这一中心任务协调推进。

一、共同富裕的思想内涵与目标

（一）共同富裕是社会主义本质要求

共同富裕，是社会主义的本质要求，是中国共产党人始终如一的根本价值取向。新中国成立以来，我们党几代领导人对共同富裕有着不懈的探索和追求。"共同富裕"这一概念是毛泽东于 1953 年在《关于发展农业生产合作社的决议》中首次明确提出的。邓小平进一步指出，"社会主义的目的就是要全国人民共同富裕，不是两极分化，如果我们的政策导致两极分化，我们就失败了"。在此基础上，邓小平提出鼓励一部分地区一部分人先富起来，先富带动、帮助后富，最终达到共同富裕。江泽民强调兼顾效率与公平，在社会主义现代化建设的每一个阶段都必须让广大人民群众共享改革发展的成果。胡锦涛突出以人为本，科学发展，更加注重社会公平。进入新时代，习近平总书记多次强调共同富裕是社会主义的本质要求和中国共产党人的根本价值取向。2021年2月25日，习近平总书记在全国脱贫攻坚总结表彰大会上的讲话上强调："共同富裕是社会主义的本质要求，是人民群众的共同期盼。我们推动经济社会发展，归根结底是要实现全体人民共同富裕。"

（二）共同富裕是社会主义现代化强国建设的基本目标

在全面建成小康社会后，中国正式进入了社会主义现代化强国建设的新发展阶段。在新发展阶段我们需要回答的问题是我们要建设什么样的现代化、怎样全面建设社会主义现代化。习近平总书记在十九届五中全会中指出，我国社会主义现代化是人口规模巨大的现代化和全体人民共同富裕的现代化。到现在为止，全球已经实现现代化的国家和地区，人口大约是十亿。我国有十四亿人口，如果整体迈入现代化社会，规模将会超过现有发达国家的总和，将彻底改变现代化的世界版图。这在人类历史上是一件具有深远影响的大事。同时，我国现代化是全体人民共同富裕的现代化，我国现代化坚持以人民为中心的发展思想，自觉主动地解决地区差距、城乡差距、收入分配差距，促进社会公平正义，逐步实现全体人民共同富裕，坚决防止两极分化。

（三）共同富裕需持续处理好效率和公平两大问题

效率和公平是实现共同富裕需要解决的两大问题。没有效率就没法做大"蛋糕",没有公平就没法共享"蛋糕"。解放生产力,发展生产力是解决效率的问题;消灭剥削,消除两极分化,是解决公平的问题。效率促进经济的增长,公平保障成果的共享。为了效率忽视公平,会导致两极分化;为了公平损害效率,会导致共同贫困。两个问题都解决好了,才能最终实到共同富裕。当前中国已经是世界第二大经济体,2020年中国国内生产总值超过100万亿元人民币,占全球国内生产总值总量的17%,占美国国内生产总值的70%。但是,中国人均国内生产总值刚过1万美元,与发达国家相比还有较大差距。党的十九届五中全会指出,我国已转向高质量发展阶段,经济长期向好,物质基础雄厚,人力资源丰富,市场空间广阔,发展韧性强劲,社会大局稳定,继续发展具有多方面优势和条件。但是,我国发展不平衡不充分问题仍然突出,重点领域关键环节改革任务仍然艰巨,创新能力不适应高质量发展要求,农业基础还不稳固,城乡区域发展和收入分配差距较大,生态环保任重道远,民生保障存在短板,社会治理还有弱项。解决这些问题,需要持续处理好效率和公平两大问题。到2035年,我们要基本实现社会主义现代化的目标,人均国内生产总值需要再翻一倍,这需要经济总量实现更有效率地增长。与此同时,我们还要解决发展中的不平衡不充分问题,这需要经济更加公平地增长,保障经济的增长成果为全体人民共享。

二、财税金融政策体系促进共同富裕的理论机理

实现共同富裕,本质上是要更好实现效率和公平两大目标。效率和公平两大目标,既有相对立的一面,也有相统一的一面。财税金融政策体系要促进共同富裕,就需要统筹好这两大目标。促进效率,意味着财税金融政策体系能更好地推进经济增长;促进公平,则要求财税金融政策体系能

更好地推进经济增长成果为全民共享。从实现工具来看，财税金融政策体系包括金融政策工具、财政政策工具、税收政策工具，每种政策工具对于效率和公平的调控侧重点、作用机制和约束条件不一，因此各个政策工具在促进共同富裕的理论机理不尽相同。

（一）金融政策促进共同富裕的理论机理

金融政策对经济效率具有正向影响效应。金融政策对效率的改进，体现在其对宏观经济增长和居民收入增长具有正向效应。根据经济增长理论，资本、技术和劳动力一起构成了经济增长的三大要素。金融政策对经济增长的作用，一是通过资本要素的积累和有效配置对经济增长产生直接影响；二是通过资本影响技术创新和劳动力供给来实现对经济增长的间接影响。如金融政策通过对经济产出、投资、居民就业、平滑生命周期投资和消费预算、推动小微企业及个人创业、丰富金融产品等影响居民的工资收入、财产性收入、永久性收入等，进而促进社会财富增长。

金融政策对公平具有正负影响效应。金融政策对公平的影响是多维度的，既有正向效应，也有负向效应。从正向效应来看，金融政策通过向过去传统金融没有覆盖的群体提供金融服务，来改善其生活、提升技能、增加投资创业机会、增加子女教育开支等实现这部分群体财富增长。从负向效应来看，金融政策会扩大社会财富分配的不公现象。如高收入者相对于低收入者具有更多的资产，且具有更多获取金融资源的机会和途径。金融政策导致的金融资产价值上升，往往会造成富人的财富增长更多，加剧社会的不公平性。因此，发挥金融政策对财富分配的正向作用，需要强调金融政策的精准性，并加强对金融资源流向的监督。

（二）财政政策促进共同富裕的理论机理

财政政策对公平的调节机理及约束条件。财政政策对公平的调节机制是通过制定和实施职工最低工资标准和城乡居民最低生活标准，提高职工工资，改善社会保障制度和实施转移支付等来缓解和改善低收入者的困境来发挥作用。例如，改善社会保障制度，本质上是通过向社会低收入群体提供社会保障服务，来弥补其中的弱势群体在市场竞争中的弱势地位，促进社会的公平公正。可以看到，财政政策在调节公平方面，主要针对低收入人群，依赖财政资金，由政府直接调节。这样的政策工具好处是目标精准、可量化考核成效。又如，精准扶贫本质上是通过精准识别、精准帮扶、精准考核，来保障财政政策的精准性与有效性。但是，财政政策对公平调节的缺陷也非常明显。由于调控资金高度依赖财政资金，受益面受制于政府的财政能力，过多的财政资金投入势必对其他项财政预算造成挤压效应。此外，财政政策的制定、执行、监督和考核成本也较高。

财政政策对效率的影响机理及约束条件。财政政策对效率的影响，体现在财政政策如何对经济增长起到促进作用。这一问题本质上是回答如何充分发挥市场在资源配置中的决定性作用的同时，更好地发挥政府作用，推动有效市场和有为政府更好结合。例如，财政资金可用于支持企业科技创新、加大基础设施投入、设立产业基金、支持小微企业融资等来实现经济的增长。财政政策促进经济增长，主要定位在基础性的、补充性的，或市场不愿及不能发挥作用的领域。当然，财政政策促进经济增长会受到财政能力的约束。因而财政政策对效率的作用发挥，需要撬动社会资金，并按照市场规律来运作。

（三）税收政策促进共同富裕的理论机理

一方面，税收政策可以调节社会各个群体的收入和财富的不平衡；另一方面，又作为宏观经济调控手段对社会财富的增长有影响。税收政策不仅仅通过提高税收来平衡社会不同群体的财富，还可以通过减税增加经济增长实现就业增加来促进共同富裕。因此可以通过组合方向相反的两种税收政策，来助力实现共同富裕。

税收对公平的作用机理及约束条件。税收本质上是通过向富人增税，来调节社会各个群体的收入和财富的不平衡。税收是政府财政政策的资金来源，也影响着财政政策的可持续性。在不同税收政策中，税种、税源、税基、税率的制定不同，对社会财富的调节机制和效果也不同。例如，累进税率相比于固定税率对收入的调节作用更大。但税收政策是把双刃剑，过高的税率会增加企业和家庭的负担，对经济活力产生负向影响。因此，通过税收来调节收入分配，需要考虑国情、省情和市情。要注重税制的优化改革，同时完善税收征管体制，运用科技手段提升税收征管效率和力度，保证税收收入的稳定性。

税收政策对效率的影响机制及约束条件。国家这可以通过全面减税来刺激经济增长，也可以通过局部结构性地调整税率对产业结构进行优化调整，进而促进经济更有效率地增长。税收政策权限主要在中央政府，地方政府在税收政策制定方面权限较小，其主要靠减税来刺激地方经济增长。通过减税政策实现效率的提升也同样受到财政预算平衡的影响，如果减税幅度过大，可能影响税源稳定和财政的可持续性。

三、浙江省财税金融政策体系促进共同富裕的现状和对策建议

财税金融政策体系中的三种政策促进共同富裕的理论机理和作用机制不同，且各有优势和缺陷。完善促进共同富裕的财税金融政策体系，需要依据共同富裕在当前所碰到的具体问题选择和搭配。

（一）浙江省共同富裕的现状

第一，浙江省人均地区生产总值明显高于全国平均水平。浙江省2020年人均地区生产总值约为11.04万元，比全国同期人均地区生产总值7.24万元高出52.49%。浙江省11个城市中除丽水市略低于全国平均水平，其他10个城市均高于全国同期水平，其中有5个城市超过全国同期水平的50%。

表1 2020年度浙江省各地市人均地区生产总值排名

人均地区生产总值全省位次	地区	2020年地区生产总值（亿元）	2019年末常住人口（万人）	2020年人均地区生产总值（万元）	人均地区生产总值与全国同期比较（%）
1	杭州市	16106	1036	15.55	＋114.78
2	宁波市	12409	854	14.53	＋100.69
3	舟山市	1512	118	12.81	＋76.93
4	绍兴市	6001	506	11.86	＋63.81
5	嘉兴市	5510	480	11.48	＋58.56
6	湖州市	3201	306	10.46	＋44.48
7	台州市	5263	615	8.56	＋18.23
8	金华市	4704	562	8.37	＋15.61
9	温州市	6871	930	7.39	＋2.07
10	衢州市	1639	222	7.38	＋1.93

人均地区生产总值全省位次	地区	2020年地区生产总值（亿元）	2019年末常住人口（万人）	2020年人均地区生产总值（万元）	人均地区生产总值与全国同期比较（%）
11	丽水市	1540	221	6.97	−6.62
	浙江省	64613	5850	11.04	＋52.49

说明：1. 数据均来源各级统计部门；2. 地区生产总值数据、常住人口数据均按四舍五入取整数；3. 人均地区生产总值数据均保留小数点后两位；4. 全国2020年人均国内生产总值约7.24万元。

第二，浙江省城乡收入居民收入差距持续缩小。2020年，浙江居民人均可支配收入超过5万元，城镇居民、农村居民收入水平连续第20年和第36年居各省区首位，城乡居民收入比为1.96：1，自1993年以来首次降至2以内。数据显示，2020年，浙江居民人均可支配收入52397元，比上年增加2498元，扣除价格上涨因素实际增长2.6%。从收入来源看，人均工资性收入、经营净收入、财产净收入和转移净收入分别为30059元、8313元、6136元和7888元。分城乡看，城乡居民收入比连续八年呈缩小态势，城镇居民人均可支配收入为62699元，比上年增加2517元，扣除价格上涨因素后实际增长2.1%；农村居民人均可支配收入31930元，增加2054元，实际增长4.0%。

第三，浙江省公共预算支出注重城市间的统筹。财政预算支出主要是用于教育医疗、环境卫生、城乡建设、社会保障、机关事业单位的工资福利和退休金等。长期有较大的财政预算支持，一个城市就能有可持续的经济发展和民生建设。浙江省各市的公共预算支出，除了按照各市财政收入基数外，还参考了各市的民生、财政状况进行分配。所以浙江省内人均财政支出较高的城市不是省会杭州，而是舟山、丽水和衢州。舟山是海岛，因此需要不少补贴；丽水和衢州的高支出，主要是为了扶持其民生和社会各项设施完善、城乡建设等。可见，浙江省的公共预算支出注重相对落后地位的民生以及社会保障的提高，注重城市间的统筹和均衡发展，这与其他省份的预算支出有明显的不同。

表2　2020年浙江各市人均一般公共预算支出

排名	地区	人均一般公共预算支出（元）	2020年一般预算支出（亿元）	2020年一般预算收入（亿元）	2019年常住人口（万人）
全国地方（不含中央）		15034	210492.0	100124.0	14000
浙江省（不含宁波）		16694	8339.8	7248.0	4996
1	舟山市	26590	312.7	159.2	118
2	丽水市	23818	527.1	143.9	221
3	衢州市	20726	459.7	140.9	222
4	宁波市	20395	1742.1	1510.8	854
5	杭州市	19978	2069.7	2093.4	1036
6	湖州市	15830	484.4	336.6	306
7	嘉兴市	14838	712.2	598.8	480
8	绍兴市	13194	667.2	543.5	506
9	金华市	12507	703.4	423.3	562
10	台州市	11384	700.1	401.2	615
11	温州市	11045	1027.2	602.0	930

说明：1. 数据均来源各级统计部门；2. 常住人口数据按四舍五入取整数。

（二）浙江省促进共同富裕的财税金融政策体系经验

第一，财税金融政策体系提升民营经济增长效率。浙江省财税金融政策体系提升经济增长效率的成功经验源自为民营经济提供良好的发展环境和政策支持。在政府财税金融政策体系的支持和培育下，浙江省各地深度挖掘当地产业基础或资源优势，实现了专业市场与特色制造业联动发展。这对发展初期以中低端产品竞争为主的中小企业来说，增加了利润空间，刺激了浙江中小企业的蓬勃发展。浙江众多的中小企业虽然多数没有进入大工业生产体系，但形成了针对中低收入群体为主要市场的地方生产体系。其中不少中小企业做深专业化，显示出"小资本大集聚、小企业大协作、小产品大市场、小产业大规模"的特征，带来了"块状经济"，反过来进一步推动了分工发展。浙江"块状经济"特色和优势造就了浙江发达的县域经济，在实现浙江经济增长的同时，促进了城乡之间的平衡发展。

第二，财税金融政策体系统筹城乡一体化发展。早在2003年，浙江就以"八八战略"为引领，先行一步作出统筹城乡发展、推进城乡一体化的改革探索。2004年，浙江制定实施了全国第一个城乡一体化纲要，率先建立城乡融合发展体制机制和政策体系，缩小城乡区域发展差别。经过多年的探索，浙江已经构建了以工促农、以城带乡和城乡共同繁荣、互促共进的新型工农城乡关系。浙江始终将农民增收放在重中之重位置，坚持政策、资金、要素优先，落实农业农村优先发展方针。浙江活跃的市场经济环境，拓宽了农民的增收空间。"千万工程"造就万千美丽乡村，浙江农民依托美丽家园发展美丽经济，"绿水青山"转化为"金山银山"的通道越来越多，休闲农业、电子商务、美丽乡村夜经济等逐渐兴起。宅基地制度改革试点、农业标准地、闲置农房盘活利用等"三权分置"新模式不断涌现。在一系列乡村集成改革助力下，资源变资产，进而变为财产，农民不仅可以收租，还可以经营或打工。城乡要素双向流动不断加快，农民增收路子越来越宽。持续走高的农民收入和不断加速的城乡融合，让农村这个内需大市场成为新的经济增长点。2020年，浙江农民人均消费支出

21555元，继续稳居全国各省区第一。

第三，财税金融政策体系统筹省内区域一体化发展。为实现全省区域协调均衡发展，2002年，浙江启动山海协作工程。"山"，是指浙西南山区和舟山海岛为主的欠发达地区；"海"，主要指沿海发达地区和经济发达的县（市、区）。发挥浙江的山海资源优势，大力推动海洋经济和欠发达地区发展，是习近平同志在浙江工作期间作出的重大决策部署。目前山海协作的平台正在成为项目孵化的摇篮、人才集聚的高地和成果转化的桥梁。在杭州城西的"海创园"，超百家来自衢州的企业借助这块"飞地"，享受着杭州的"同城待遇"。为进一步推广山海协作的"飞地"模式，浙江省政府出台了规划意见。到2025年，将实现山区26个县"产业飞地"建设全覆盖，建成10个以上达到省级科技企业孵化器认定标准的"科创飞地"，平均项目产业化率达到30%以上。

（三）浙江省财税金融政策体系促进共同富裕的改进空间

第一，促进经济增长效率领域的改进空间。改革开放40多年来，浙江省财税金融政策体系为浙江民营经济提供良好的发展环境和政策支持，为浙江实现共同富裕奠定了物质基础。当前无论是浙江还是全国，都面临要素成本上升带来民营企业以中低端制造业参与国际分工的竞争优势下滑问题。未来，浙江民营经济提升产业国际竞争力，需要通过完善财税金融政策体系，实现要素效率的进一步提升和制度性成本的进一步降低。具体包括：激励企业增加研发投入，提升技术要素效率；发展直接融资和普惠金融，提升资本利用效率；加强人才培养和引进，提升劳动力素质；增加信息基础设施投入和推进政府政务改革，进一步降低企业交易费用和成本。为此，浙江省财税金融政策体系需要围绕上述四个方面提升在共同富裕建设阶段经济增长的效率，为共同富裕夯实经济基础。

第二，推动经济成果共享领域的改进空间。浙江省财税金融政策体系需要进一步围绕改善民生、社会和谐，持续推进经济成果共享工作。一是继续实施积极的就业优先政策。就业是最大的民生保障，通过实施就业优先政策，可以增加居民收入，为提高居民生活品质奠定基础。尤其是要加强对社会就业的宏观调整和跟踪管理，在经济增长趋缓和就业环境不容乐观背景下，应及时提高就业准备金、失业补贴的应急款项，积极完善就业保障政策。二是加快推进教育现代化。推进职业教育发展，大力开展各种职业技能培训。推进高等教育内涵发展，完善与区域特色产业群相适应的学科专业布局结构，稳定高等教育规模，提升办学水平和质量。三是加强城乡医疗卫生服务体系建设。积极构筑以省级、市级医院为龙头，以县级医院为骨干，以社区卫生服务中心（乡镇卫生院）和社区卫生服务站（村卫生室）为基础的城乡医疗卫生服务网络。四是提升社会保障水平。按照广覆盖、保基本、多层次、可持续方针，加大社会保障网络建设力度，推动社会保障由制度全覆盖向人群全覆盖转变，推动社会福利向适度普惠转变，形成积极、可持续的社会保障福利制度，促进社会保障水平的整体协调提升。

第三，政策协同方面需要改进的空间。浙江省财税金融政策协同，既包括不同类型政策间的协同，也包括不同层级政府和部门之间的协同。金融政策、财政政策和税收政策在促进共同富裕的理论机理和作用机制不同，且各有优势和缺陷，在针对不同效率问题和公平问题时，往往需要提升不同政策间的协同性。例如，在促进经济增长方面，未来还是以进一步减税降费来刺激经济增长为主。但是要保证财政政策的可持续性，需要在不增加税率的条件下，加大税收的征管效率和水平。在支持乡村振兴方面，除需要加大财政政策支持外，还需要引导和撬动更多社会资金流入，共同支持乡村发展。在金融资源的使用方面，除积极引导金融资源流向能推动长期经济增长的战略性支柱产业，还需要加大普惠金融的支持力度，满足中小微企业及低收入群体的金融服务需求。此外，还需要从政策精准性、政策执行成本、政策可持续性等方面评估浙江省财税金融政策绩效存在的问题及改进空间。

四、完善促进共同富裕的浙江省财税金融政策体系的优化路径

（一）推动持续减税降费提升经济增长效率，为共同富裕奠定物质基础

第一，关注企业综合成本，设置一般企业综合税费降幅标准。设置一般企业综合税费降幅比例标准，一则给予企业确切可量化的预期，增强政策获得感；二则减少因单一税费调整带来的不同类型企业获利不平衡问题；三则加大清理行政收费性项目，切实降低企业非税收入负担。

第二，提高减税降费政策精准性，助力企业转型升级和优胜劣汰。一是设置减税降费门槛，扶优扶强优质企业。根据企业开工率、缴纳社保情况、银行信用记录、违法违规情况设置减税降费门槛。一方面，推动未达标企业的市场出清，释放社会资源；另一方面，对优质企业进行精准支持，鼓励其转型升级。二是采用部分隐性降费代替显性减税，减少企业间的恶性竞争。特别是对于竞争过度激烈的下游企业，名义显性税率降低易被对手作为压价的凭据，影响相关企业的政策获利程度。相反，降低土地费、电费、通信费等生产性费用，可以将政策红利尽可能转化成企业直接利益。

第三，立足长远利益，促进减税降费政策协调性和可持续性。一是认

真分析评估减税降费政策对各地财政的影响程度，对受影响较大的地区给予相应支持措施。二是更加注重公共服务效率，压缩无效或低效支出，优化支出结构，为减税降费提供政策空间。三是完善税收征管体制，运用科技手段提升税收征管效率和力度，保证税收收入的稳定性，为减税降费奠定基础。四是平衡政府、企业、员工三方利益，促进减税降费政策持续优化。在减税降费的同时，可考虑由政府补贴企业少缴纳的社保费，既增加了企业和员工的利益，从长期角度，也降低了社会的抚养负担。

（二）提升财政支持的力度和精准性，完善共同富裕的社会共享机制

第一，设置支持城乡统筹和社会发展的财政支持目标体系。围绕着城乡顶层规划统筹化、城乡基础设施一体化、城乡公共服务均等化、城乡经济发展融合化、城乡功能建设有序化5个维度，设置符合浙江实际情况的城乡统筹财政支持的具体15项基础指标。围绕着社会事业、社会保障、社会管理、社会结构、人口质量5个维度，设置符合浙江发展实际的社会发展财政支持的16项基础指标。

表3 城乡统筹财政支持目标体系

维　度	基础指标
城乡顶层规划统筹化	城乡规划一体化
	城镇化率
	市域城镇建设密度（个/百平方千米）
城乡基础设施一体化	城乡道路客运一体化率
	农村生活垃圾综合处理率
	城乡人均文体设施面积比
城乡公共服务均等化	城乡师生比差异度
	城乡人均执业（助理）医生数比
	城乡居民领取养老金增速差异

续表

维 度	基础指标
城乡经济发展融合化	财政"三农"支出占比
	农产品加工值占总产值比重
	城乡人均可支配收入比
城乡功能建设有序化	城市交通拥堵治理率
	城市人均公园绿地面积
	城市管理智慧化率

表4　社会发展财政支持目标体系

维 度	基础指标
社会事业	新增财力用于民生支出比重
	千人医疗卫生资源拥有量
	新增劳动力平均受教育年限
社会保障	居民社会保险综合参保率
	百名老人养老机构床位数
	最低生活保障线以下人口占比
社会管理	每万人拥有社会组织数
	每亿元国内生产总值生产安全事故死亡数
	每万人刑事案件立案数
	产品抽检综合合格率
社会结构	大专学历以上人口占比
	外来移民人口占比
	城镇登记失业率
生活质量	居民慢性病发病率
	人均可支配收入增长率
	居民生活幸福感

第二，统筹政府层级和部门的财政资金协同，通过优势互补实现支持效率提升。一是充分认识财政协同的必要性。由于不同层级政府和不同部门的财政资源不同、职能划分不同，对于资助对象的信息掌握程度是不一样的。因此通过不同层级政府和不同部门的资源优势互补及信息互换，进

而避免单一主体政策短板，提高政策协同的精准性和有效性。二是以"高位推动＋层级性治理＋资源、信息交换"为模式推动财政政策的层级协同和部门协同。例如，可以建立不同层级政府协同的精准财政支持信息平台，确定精准识别、精准支持、精准管理和精准考核的流程规范。精准识别主要由具有信息优势的低层级政府负责，精准支持由财力相对雄厚的省级和市级政府负责，精准管理和精准考核则专门设立部门或第三方进行评估和考核。这样既避免传统不同层级政府支持政策的碎片化和各自为政的问题，提升整体性治理效应；也有利于防范政策执行过程中的道德风险，进而降低政策执行和监督成本。

第三，注重财政资金对社会资金的撬动作用，促进资金来源的多元化和支持方式的多样化。一是充分认识引入和撬动社会资本对于降低共同富裕建设方面的重要性。社会资本可以通过联合、联营、集资、入股等方式进入，或者政府通过盘活存量资产吸引民间资本，或者政府通过引导、补贴等方式撬动社会资本。这种"政府资金搭台，民间资本唱戏"的方式，可以实现财政促进共同富裕的放大效应和可持续性。二是利用社会资本的市场性特点，可以实现支持方式的多样化。积极谋划在城乡功能区块、社会民生事业、基础设施和城市功能设施、战略性新兴产业和生态文明等领域生成一批重大项目。制定鼓励社会投资的项目目录，力求在基础设施、医疗卫生、教育培训、养老服务等领域取得社会投资新突破。引导社会投资进一步向民生保障、社会服务等共同富裕建设领域的倾斜。

（三）持续推进普惠金融发展，提升金融支持共同富裕建设的能力与水平

第一，以区域金融改革为主抓手，探索契合浙江共同富裕建设的普惠金融实践路径。一是总结温州金融综合改革试验区、台州小微企业金融服

务改革创新试验区、宁波国家保险创新综合试验区、湖州和衢州绿色金融改革创新试验区、义乌国际贸易金融专项改革试点以及中国人民银行和浙江省政府共建的丽水农村金融改革试点等普惠金融的改革经验，在全省范围进行复制和推广。二是进一步完善基层全面覆盖的普惠金融服务网络。推动地方法人金融机构、大中型银行、地方金融组织建设基层网点或者设置普惠金融专营机构。三是持续推进多样化的普惠金融产品创新，向小微企业、"三农"、低收入人群、特殊群体等重点对象，提供成本可负担、适当有效的金融服务。

第二，以金融科技创新为驱动力，打造浙江共同富裕建设的普惠金融的新高地。一是充分认识金融科技对金融发展的革命性的影响。普惠金融有助于破解信息不对称提供更可靠的信用基础，促进金融体系正常运转，降低金融服务成本，推动金融服务有效接入普通大众和小微企业。二是在浙江数字经济、电子商务、移动支付、云计算、网络基础设施的已有基础上，推动金融科技产业的发展，提升金融服务实体经济的能力与水平。三是深入推进普惠金融长效机制建设，不断完善促进共同富裕的普惠金融发展环境。通过深化普惠金融信用体系建设，加强普惠金融政策支持和激励，推进普惠金融的风险防范，打造安全优质的共同富裕建设的普惠金融发展环境。

积极培育共同富裕路上的中等收入群体

王祖强　潘家栋

培育和扩大中等收入群体是新发展阶段"扎实推动共同富裕"的关键领域和主要抓手。浙江省委"十四五"规划和2035年远景目标建议明确提出，要显著扩大"中等收入群体"，基本形成"中等收入群体为主的橄榄型社会结构"。近年来，浙江中等收入群体不断壮大，社会结构正在从"金字塔型"向"橄榄型"转变，民生发展的公平性和普惠性日益凸显。国家"十四五"规划纲要提出，支持浙江高质量发展建设共同富裕示范区，意味着浙江培育和扩大中等收入群体迎来前所未有的机遇。

一、浙江具有扩大中等收入群体的良好基础

浙江已经进入"高收入经济体"序列，这为扩大中等收入群体推进共同富裕奠定了雄厚的物质基础。根据2019年世界银行统计标准，中等收入为成年人年均收入3650—36500美元，折合人民币2.44万—24.45万元。按照国家统计局内部测算标准——中等收入群体为典型的三口之家年收入在10万—50万元之间，2019年我国达到中等收入的家庭数量为1.4亿万户，中等收入群体超过4亿人，占总人口的30%。近年来，浙江中等收入群体占比持续扩大，2020年已经在50%以上。2020年，浙江人均地区生产

总值达到11.04万元，超过全国平均水平52.49%，按年平均汇率折算约为1.6万美元。按照世界银行标准，人均国内生产总值在1.3万美元之上属于高收入国家，由此判断，浙江已经进入"高收入经济体"序列。

（一）中等收入群体持续壮大，"橄榄型"社会结构正在形成

浙江城乡居民收入水平分别连续第20年和第36年位列全国各省区首位。2020年，浙江居民人均可支配收入5.24万元，其中城镇居民为6.23万元、农村居民为3.19万元。按照世界银行标准，浙江居民可支配收入已经高于中等收入的最低临界值；按照国家统计局标准，浙江家庭户均人口为2.9人，户均可支配收入约15万元，也超过了家庭收入10万元中等收入的最低临界值。

（二）居民消费水平持续优化，消费结构不断高级化、多元化、数字化

2020年，浙江居民人均消费支出3.13万元，高于全国平均水平2.12万元；城镇居民人均消费支出3.62万元、农村居民人均消费支出3.19万元，分别高于全国平均水平2.70万元和1.37万元。浙江居民恩格尔系数为27%，按照联合国粮农组织标准处于富裕水平。升级类商品消费需求持续释放，消费结构呈现高级化和数字化发展趋势。可穿戴智能设备、新能源汽车、计算机及其配套产品分别增长40.8%、23.9%和16.3%，批发零售企业通过公共网络实现的商品零售额增长19.2%。

（三）社会保障事业快速发展，城乡发展趋势从二元结构转向一元融合

2020年，浙江城乡居民收入比为1.96：1，优于江苏（2.19：1）和广

东（2.5∶1）等其他发达省份，城乡收入差距进一步缩小。这得益于社会保障事业持续推进，城乡融合发展提速增效。2001年，浙江率先建立城乡一体化的最低生活保障制度；2009年，浙江率先建立城乡一体化居民社会养老保险制度，率先实现基本养老金制度全覆盖和人员全覆盖；2018年，浙江又在全国率先实现低保标准城乡一体化。

二、浙江培育和扩大中等收入群体的主要难点

扩大中等收入群体的关键在于加快产业结构升级、培育现代化企业、调整收入分配结构和分配方式等。浙江高质量就业岗位不足、收入渠道来源单一、城乡居民收入差距较大等问题仍旧突出，社会分层加剧、收入差距拉大等风险挑战依然存在。

（一）传统产业和中小企业占比偏高，就业集中在传统劳动密集型产业，工资水平不高限制浙江中等收入群体扩大

2019年，浙江就业人口主要集中在制造业、批发和零售业、建筑业三大产业，分别占就业总人口的35%、15%和11%。这三大产业创造了大量就业机会，但都属于传统的劳动力密集型产业，劳动报酬相对较低。2019年，制造业、批发和零售业、建筑业的平均收入水平仅为61990元、59803元、58135元，低于全省所有行业的平均水平（71523元），远低于金融行业（147964元），公共管理、社会保障和社会组织行业（148439元），卫生和社会工作行业（139630元）的平均水平，而这三类高收入行业的就业人数不足总人口的5%。

（二）收入来源以工资性收入为主，收入分配中个人所占比重偏低

2014—2019年，浙江工资性收入在居民收入中的占比都在57%以上，财产性收入占比处于较低位置，仅为10%左右。近年来，工资性收入占比有下降趋势，而财产性收入占比上升了将近1个百分点，间接说明了浙江居民收入结构呈现优化态势，收入来源渠道有所增加。与此同时，按照2020年数据测算，浙江个人收入占地区生产总值的比重为47.5%，虽然高于全国的平均水平（44.5%），但显著低于美国等发达国家的水平（65%），收入分配格局需要继续优化。

（三）农村居民收入来源单一，尤其是财产性收入远远低于城镇居民

浙江中等收入群体中城市户籍人口约占3/4，农村居民和农业转移人口约占1/4，城市居民中的中等收入群体占比明显高于农村居民和农业转移人口。从收入结构来看，农村居民在工资性收入和财产性收入方面远远低于城镇居民。2019年，农村居民工资性收入为18480元，仅为城镇居民的54.9%；财产性收入为852元，仅为城镇居民的10%左右，其中差距最大的为出租房屋净收入，城镇居民为2487元，而农村居民仅为472元。浙江要扩大中等收入群体，需要充分关注农村居民这个群体，推动城乡要素平等交换、双向流动，拓宽收入来源，提高农村居民财产性收入占比。

三、培育和扩大浙江中等收入群体

浙江高质量建设共同富裕示范区的关键目标之一，是要培育一个庞大

且稳定的中等收入群体,力争将中等收入群体比例提高至60%—80%,基本形成"橄榄型"社会结构。部分发达国家通过培育现代产业体系、促进企业成长、优化收入分配格局等举措扩大中等收入群体。例如,新加坡大力发展生物医药、高端制造业、现代服务业等技术密集型和知识密集型产业;挪威将家庭收入分为14个等级,对税收和转移支付进行精准设计等。借鉴发达国家经验,浙江需要着力做好以下几方面。

(一)推进数字化改革,加速构建现代产业体系,提供高质量就业岗位

深入实施数字经济"一号工程"2.0版,强化数字产业化发展引领、产业数字化转型示范,推进数字经济和实体经济深度融合。围绕"互联网+"、生命健康、新材料等产业领域,大力培育和超前布局新一代信息技术、生物医药、前沿新材料、人工智能、量子信息等未来产业,加速建设未来产业先导区。推进制造业产业基础再造,提升产业链龙头企业核心环节能级,建设全球先进制造业基地。大力发展现代服务业,尤其是高端化、专业化的生产性服务业,提升软件与信息服务、科技服务、现代物流、金融服务等服务业竞争力。

(二)形成合理有序收入格局,建立相对公平分配制度

以科创板、创业板为契机,培育上市企业,为居民提供更加丰富的投资空间与渠道。健全现代产权制度,加强对非公有制经济产权保护,增强人民群众财产安全感与获得感。进一步破除市场中的壁垒,构建公平有序的竞争环境,激活各类市场主体,推动民营经济实现新飞跃。鼓励居民自主创业并予以相应政策优惠。适当调整财政支出结构,增加公益就业岗位、社区就业岗位。探索加快税收结构变革,深化分项和综合相结合的征收办法，探索建立根据家庭负担情况相应豁免费用的制度形成有利于扩大中等收入群体的新税制。

（三）深化农村土地制度改革，有效拓宽农村居民收入渠道

提高中等收入群体的最大潜力在农民和农业转移人口，努力增加财产性收入是提升农民和农业转移人口在中等收入群体中比重的重要手段。深化农村土地制度改革，加快落实集体经营性建设用地入市改革，建设城乡统一的建设用地市场。推广绍兴农村宅基地数字化管理（交易）系统、宁波象山乡村产业信息对接平台等改革经验，进一步厘清宅基地所有权、资格权、使用权之间的关系，探索完善宅基地分配、流转、抵押、退出、使用、收益、审批、监管等制度的方法路径，重点结合发展乡村旅游、返乡下乡人员创新创业等，盘活利用农村闲置农房和宅基地，促进城乡要素双向流动。

（四）完善社会服务保障体系，促进城乡融合一体发展

进一步健全浙江居民社会保障体系，提高各项社会保障项目的保障标准，加快推进各类社会保障项目在城乡间和地区间的统筹，适当增加公共支出规模，缓解教育、医疗、养老、住房等对中低收入人群的负担，重视商业保险在社会保障体系内的积极作用。深化户籍制度改革，推进基本公共服务均等化，促进农业转移人口在城市稳定就业和享有均等化基本公共服务体系。完善职业教育、技工教育体系，深化职普融通、产教融合、育训兼容，优化教育资源布局配置和教育结构、学科专业结构。完善终身学习体系，建立终身职业技能培训体系。

大力扶持共同富裕道路上的弱势群体

徐声响　谢中榜　杨美凤

"慈善事业是惠及社会大众的事业,是社会文明的重要标志。"作为调动社会资源解决困难群众生产生活问题的一条重要途径,慈善事业是多层次社会保障体系的重要组成部分,是社会救助制度和兜底保障制度的重要补充,在国民经济第三次分配中发挥着重要的作用,对于改善收入和财富分配格局有着特殊的意义。温州是有着深厚慈善传统的地方,地域慈善、宗族慈善等一直在温州社会发挥着特有的作用。改革开放以来,温州传统慈善随着经济社会发展在复兴的同时不断变革,现代公益慈善亦得到了诸多探索性的发展,形成了颇具温州特色的慈善公益事业发展之路。温州是研究公益慈善事业助力共同富裕这一课题的可贵样本。

一、共同富裕:新时代慈善公益事业的价值指向

共同富裕是社会主义的本质规定和奋斗目标。允许一部分人一部分地区先富起来,先富的帮助后富的,逐步实现共同富裕,是对传统平均主义思想的突破,是中国特色社会主义的策略性安排。在一部分人一部分地区先富起来的过程中,出现发展的不平衡问题是不可避免的客观事实。

对于温州而言,作为先富的地区,首先遭遇了"成长的烦恼",在收

入和财富分配格局上长期存在三个不平衡：一是内外温州人之间的不平衡。由于温州本地资源的匮乏，改革开放以来许多温州人选择外出经商办企业，200多万名的在外温州人大多是温州最先富起来的群体，他们拥有的财富远远多于本地温州人。二是本地温州人之间的不平衡。主要包括不同群体间的贫富差距、城乡差距、地域差距等。尤其是城乡差距和地域差距，与浙江省其他地市相比，温州表现得特别突出。在城乡差距上，虽然温州的城乡收入比领先全国，但是在浙江省却长期处于后三位。在地域差距上，温州曾经既拥有全国百强县位居前茅的乐清市、瑞安市，也拥有国家级欠发达县文成县、泰顺县。时至今日，泰顺县仍是全省最不发达的县域之一。2020年，经济总量最高的乐清市是末位的洞头区的11倍。三是温州和全国其他经济落后区域的不平衡。虽然这种不平衡并不反映温州经济社会发展的状态，但是由于先富起来的温州人的资本在全国范围内流动，温州人的财富被聚焦于镁光灯下，他们因财富收获掌声，也因财富而时常被污名化，"炒X团"的称谓屡屡如影随形，给温州的形象带来不利影响，给温州经济发展的外部环境带来不利影响。

这些不平衡严重制约了温州经济社会持续健康有序地发展。在这当中，温州慈善公益事业作为社会再分配的实现形式，开始发挥其利益调节器的作用。一方面，民间自发推动慈善公益事业的发展。传统的慈善事业得到全面复兴，以温州慈善地标"红日亭"为代表的地域慈善、宗族慈善等在经济社会发展中，发挥其扶困济贫的慈善价值。许多先富的群体也自发地加入传统慈善事业当中来，成为传统慈善事业的主力，并不断推动传统慈善转型发展。另一方面，在政府的引导下，现代的公益型慈善在温州亦获得迅猛的发展。温州涌现出一大批现代慈善组织和慈善家，其数量一直名列全国前茅，尤其是温州慈善组织和社会组织的数量一直位居全国前三。慈善事业开始从"小慈善"（慈善救助）向"大慈善"（慈善公益）转型。并形成了人人心怀慈善、人人参与慈善的"全民慈善"局面，产生了"兰小草"等拥有全国影响力的民间慈善品牌。在城市慈善发展指数上，温州一直稳居浙江省前三位，名列全国前茅。

通过慈善公益事业，在外温州人助力家乡发展，帮扶困难群体，实现共同发展。在本地，呈现出借助慈善公益事业，先富带后富、城市反哺农村、发达地区带动欠发达地区的良好局面。尤其是在乡村振兴中，公益慈善与政府推动的"乡贤回归"相结合，成为乡村发展十分重要甚至关键的力量。同时，温州慈善走出了熟人社区、地域慈善的范围，走向了全国，诸如"微笑工程""肤生计划"等项目在全国都具有较大影响力，也带动了其他欠发达地区共同致富，并改变了外界对温州的刻板印象。温州慈善公益事业的创新发展，在先富群体和后富群体之间建立了可靠的联系，有力扶持了共同富裕道路上的弱势群体。

二、创新探索：温州慈善公益事业发展的主要特质

温州慈善公益事业发展之所以受到关注，并不在于其数量。从数量上看，温州接收的慈善款物、惠及的困难群众等均位列全省第三，并不是最突出的。但在质量上，因为温州慈善公益事业发展方面的创新实践，得到了较高的评价。以"中华慈善奖"为例，从该奖项设立以来，温州入围和获奖数量均为全省第一，占全省总数的1/3。温州慈善事业发展的主要新意有以下几个方面。

（一）在理念上实现传统与现代有机结合

温州经济社会发展从"商行天下"向"善行天下"演进，将慈善作为城市发展的引领性力量。在动机上，结合传统的道德慈善观和现代公益慈

善观，既继承了传统的"达则兼济天下"的慈善情怀，又凸显作为社会责任的现代慈善理念，这种社会责任感在政府的引导下注入实现共同富裕的责任担当。因此，在温州既有大量的成功企业诸如青山集团、森马集团等在社会上影响重大的慈善项目，也有每个个体都可参与的草根慈善、"微慈善"。让慈善公益事业既成为扶持弱势群体的具体手段，又成为实现全社会共同富裕的全民行动。在行为上，传统的消极慈善观与现代的积极慈善观相结合，既有传统"输血式"的慈善，又有现代"造血式"的慈善。尤其是注重慈善公益事业的可持续性，注重保护被救助弱势群体的人格尊严，倡导现代慈善救助的平等性。比如，2007年经国务院和民政部批准成立的中国第一个以民营企业家名字命名的个人非公募慈善基金"王振滔基金会"，在国内首创"种子基金"模式，要求受资助大学生承诺在工作后有足够经济能力时，回馈母校，资助一名贫困学生，让基金变成"种子基金"，使慈善成为"爱心接力计划"，让受资助的大学生数量呈几何级的增长。既倡导了公益慈善人格平等、责任担当的理念，同时也让慈善公益事业成为可持续的事业。

（二）在内容上实现从"小慈善"向"大慈善"转变

公益化转向是温州慈善公益事业发展的一个鲜明特点。很早开始，温州的慈善公益事业就从单纯的慈善救助走向公益化的发展，慈善活动走向更广阔的领域。《中华人民共和国慈善法》（以下简称《慈善法》）规定，"本法所称慈善活动，是指自然人、法人和其他组织以捐赠财产或者提供服务等方式，自愿开展的下列公益活动：扶贫、济困；扶老、救孤、恤病、助残、优抚；救助自然灾害、事故灾难和公共卫生事件等突发事件造成的损害；促进教育、科学、文化、卫生、体育等事业的发展；防治污染和其他公害，保护和改善生态环境；符合本法规定的其他公益活动"。其体现的就是现代公益慈善的内涵，温州的慈善公益活动几乎囊括了以上所有内容，而且传统的慈善救助的比例逐年下降。与之相关联的温州慈善捐赠中赈灾救济的比例逐年下降，已经不再居于主体地位。以获得过"中华慈善奖"的温州著名慈善公益组织"壹加壹民防救援中心"（以下简称为"壹加壹"）为例，其发展的历程就是从"小慈善"（慈善救助）走向"大慈善"（慈善公益）的过程。作为全国首家正式登记的民间应急救援组织，"壹加壹"的慈善服务最早定位为自然灾害救援，共有6名专职工作人员、20多名兼职工作人员、23支专业应急队伍、23支义工服务队伍、2000多名志愿者，曾参与80多次各类灾害救援活动，救援被困人员2000多人，安全转移群众8万多人，曾参与汶川地震、温州7·23动车事故等救援。在此基础上，"壹加壹"不断向公益慈善拓展，发展成为枢纽型的慈善公益组织"壹加壹公益联合会"，拥有"壹次心""壹支笔""壹起来""壹加益"等46个分支机构，慈善服务领域几乎覆盖了《慈善法》规定的所有公益慈善活动领域。

（三）在主体上以"民间慈善"为主

草根性是温州慈善公益事业发展最突出的标签，"民间慈善"覆盖了全社会的每一个领域，发挥了主体性的作用，展现出极大的活力。温州的"民间慈善"主要由四个部分构成：一是传统慈善。包含两类，一类是以温州慈善地标"红日亭"为代表的开放性传统慈善组织，这类慈善组织由传统的施粥施茶点发展而来，有"红日亭""状元亭""三乐亭"等，吸引了最多的普通群众参与慈善，遍布温州城乡各个角落，成为温州慈善最具草根特色的部分，是温州慈善精神和温州慈善公益事业最具体的支撑；另一类是宗族慈善等内向型慈善，其慈善服务对象主要在宗族内部，覆盖了温州数量庞大的宗族组织成员，其慈善服务针对性强、服务力度较大。二是企业慈善。企业慈善构成温州"民间慈善"实力最雄厚的部分，大企业如青山集团、康耐集团、正泰集团、报喜鸟集团等成立慈善基金会，承担企业社会责任，小企业往往通过项目注资与项目冠名的形式参与慈善活动。三是在外温州人慈善。最典型的是温州的"华侨慈善"，无论是赈灾救济，还是其他慈善公益，华侨是温州慈善最为稳定、最为积极的群体之一，构成温州慈善非常有个性的部分。四是社会组织。无论社会组织，还是公益慈善组织，温州的数量一直位居全国前列。这一部分是温州"民间慈善"中最为专业、最有活力的部分，也是核心与中坚力量。社会组织同时也将前边三种慈善的力量有效地联结起来，共同发挥"民间慈善"主体作用，形成温州"全民慈善"的现象。

（四）在载体上建成有效联结的慈善体系

在"慈善超市"建设的基础上，温州积极开展"爱心驿站"建设，将其打造成独具温州特色的慈善救助载体。爱心驿站是以社区或村为单位建设的集物资交流、政企互助、困难帮扶、志愿服务为一体的慈善救助综合平台。"爱心驿站"作为慈善服务工作站，将企业、慈善公益组织、社区、困难群众有效联结起来，开展具体有效的物资帮扶、助医、助学等慈善公益活动。"爱心驿站"里设有"慈善超市"，在这里参加志愿服务可以获得积分，凭积分可以兑换生活物资、公益课堂、公益夏令营等。这样可以有效地将志愿服务与困难群众结合起来，既帮扶了困难群众，又培养和发展了公益慈善志愿服务队伍，同时还可以让困难群众在这里通过志愿服务获得相应的慈善公益服务，抹去其"受助者"的标签，保护其尊严。温州自2013年以来，建成"爱心驿站"141家，实现每个乡镇（街道）至少一家，通过这个载体有近2万多名社工和志愿者参与了慈善公益活动。在此基础上，温州继续打造"爱心驿站"、慈善社区、慈善广场等相互联结的慈善载体体系，将各种慈善资源通过载体合理分布，形成"慈善一条街"的效应，将慈善供给与慈善需求有效联结起来，实现精准帮扶。

（五）在组织上实行"自下而上"建构

截至2020年底，温州共有社会组织34652个，总数列全国地级市首位，平均每万人拥有37个，远高于全国、全省平均水平；注册志愿者278万人，亦为全国地级市首位。据调查，温州的社会组织几乎都参与了慈善公益活动。专门的市级认定、登记的慈善组织有123家，总数亦为全省最多。此外，温州还拥有数量众多的在外商会慈善组织。最重要的是温州慈善公益组织呈现出自己强烈的个性，在组织建构上有着自己独特的路径和鲜明的特点。温州的慈善公益组织具有较强的民间性。与大多数地方社会组织建设依赖于国家"自上而下"建构不同，有着抱团取暖结社传统的温州，社会组织往往在解决自身或公共需求问题时，"自下而上"生长，从而呈现出鲜明的民间性。温州慈善公益组织具有较强的生长性。这种生长性既表现在温州慈善公益组织发展之快，更体现为温州慈善公益组织建构性之强。在很短的时间内，温州涌现出一批在全国具有很高知名度的慈善公益组织。在"互联网＋慈善"领域，温州成立了全国第一个由网络媒体发起成立的慈善机构"乐善365"，较早探索互联网慈善的发展。在组织运作上，温州慈善公益组织极具灵活性和创新性。比如，有些温州慈善基金会通过"留本取息"来确保原始基金稳定性的基础上，创造性盘活基金，增加善款来源，将只可存入四大国有银行的慈善基金改存股份制商业银行，在获得正常利息的同时同意银行将本金借贷给企业，但每100万元借款需捐赠3万元给慈善总会，带动全社会参与慈善，从而推进慈善事业的可持续发展。这种模式受到学界的持续关注。

三、慈善转型：温州公益慈善事业创新发展的内在逻辑及启示

温州公益慈善事业的创新发展，站在现代慈善的视角去考察，实际上就是传统慈善向公益慈善转型的探索。在这一过程中，政府扮演的角色十分关键。如何在政府引导与顺势而为中找到平衡点，既有利于公益慈善事业转型发展，又能让公益慈善事业发展在实现共同富裕中发挥积极作用。

（一）现代公益慈善是慈善事业发展的主要方向

温州慈善公益事业的创新性探索十分清晰地展现传统慈善向现代慈善转型的过程。从其慈善理念、慈善内容、慈善主体、慈善载体及慈善组织特点观之，均符合向现代公益慈善事业变迁的特点。而这种转型实际上是整个经济社会转型的体现和要求，传统的慈善事业已然无法满足一个现代性社会的需求，必然要求社会慈善事业向公益化、全民化、法治化转向。比如，温州"状元亭"就是回应社会新的需求，从"红日亭"升级而来的，它从一个免费的茯茶点和施粥点转型成为一个在民政部门登记的现代社会组织，成为全国拥有首张营业执照的施粥点。该组织有企业家的资助、有专门负责的团队、有86名持有健康证的义工，可领取税务发票，社会人士捐资捐物可开具发票抵税。我国2016年出台的《慈善法》以法律形式确认了现代公益慈善的合理性，是国家对于公益慈善事业的强有力的引导。有研究发现，在《慈善法》出台后，温州的许多慈善公益组织发展明显做了回应性的调整，加快了向公益慈善方向的转型。当然，这种转型还有许多的空间值得我们去探索，如如何在传统与现代之间找

到最适合中国社会的公益慈善事业、如何在共同富裕这一目标下进行扬弃式的演进等。

（二）政府行为是公益慈善事业转型的关键变量

在当前我国公益慈善事业发展过程中，政府实际上还是居于主导的地位，每一个地方公益慈善事业的发展状态往往取决于当地政府的行为。温州慈善公益事业的创新性发展与温州市政府的"推位让治"不可分割。这种"推位让治"的逻辑在于"政府不断向社会释放空间，开放部分公共领域让社会平等地参与进来，实现社会共治"。温州慈善公益事业的发展，得益于温州在民政工作方面的三个改革：一是率先于全国启动了社会组织直接登记工作。2012年10月，温州市出台《关于加快推进社会组织培育发展的意见》"1+7"综合文件，年末社会组织总数达到4700个，新增社会组织数量大于前五年登记总和，每万人拥有5.15个。2013年改革全面推开后，年末全市社会组织总数为6731家，每万人拥有7.4个；全市新成立登记社会组织2090家，全市登记的社会组织总数较2012年底净增2031家，是2012年同期净增数的3.4倍。社会组织数量的增长，大大推动了温州慈善公益事业的发展。二是承接非公募基金会登记管理工作。2014年，温州市授权开展公募基金会的登记，开全国地级市登记管理基金会的先河。一方面，为举办者提供方便；另一方面，大力激活民间慈善力量。温州市之前近十年时间非公募基金会只有30余家，而试点之后的两年多时间里，有33家基金会登记成立，政策推进效果立竿见影。三是开展公益创投实践。2013年以来，温州市依托服务平台共资助公益项目达到580多个，资助金额累计1500余万元，为社会组织发展和公益事业的推进提供了有力的支持。有4个公益项目入围第三、第四届中国公益慈善项目大赛"双百强项目"，其中1个项目获实施类项目银奖。

（三）将公益慈善事业纳入国家治理体系是实现共同富裕的现实选择

实现共同富裕是党的奋斗目标和政治承诺，也是推进国家治理体系和治理能力现代化的价值指向。将中国特色社会主义的制度优势转化为国家治理的效能，让全体人民在共建共享发展中走向共同富裕，是国家治理体系和治理能力现代化的基本逻辑之一。公益慈善事业作为扶持弱势群体，实现共同富裕的十分有益的途径，政府应该发挥引导作用，将公益慈善事业纳入国家治理体系。"治理吸纳慈善"，一方面，充分发挥了公益慈善事业的价值，大大提高了公益慈善事业的效能；但另一方面，客观上也可能削弱了公益慈善事业的民间性及其主体地位。这需要政府在主动引导与顺势而为中找到平衡点，既要善于推动公益慈善事业创新发展，发挥其对于实现共同富裕的治理效能，又要尊重公共慈善事业发展的自主性与相对独立性。

普惠金融服务创新促进共同富裕

邢　震　夏梁省　崔圣为

根据"十四五"规划和2035年远景目标纲要提出的目标要求，即支持浙江高质量发展建设共同富裕示范区，为扎实推进这一发展目标，浙江省委和省政府明确提出，要坚定不移地推进各领域的高质量发展，提高全社会劳动生产率，持续扩大全社会财富总量，做大"蛋糕"，从而为进一步实现共同富裕奠定坚实物质基础。为此，浙江不仅从地方政策法规方面出台《浙江省民营企业发展促进条例》，并创新实施融资通畅工程、小微企业三年成长计划、打造隐形冠军单打冠军"雏鹰行动"等一系列惠企帮扶政策，而且从金融服务实体经济的角度出发，扎实探索推进普惠金融创新服务。对于民营经济大省浙江来说，金融服务实体经济的任务更加沉重，尤其当前浙江处于转型升级的关键爬坡期，加大金融保障、深化金融改革、强化资本对接、打造战略平台、推动普惠金融创新是浙江促进共同富裕的关键。

一、浙江共同富裕示范区建设对金融普惠性发展的现实要求

浙江共同富裕示范省建设在金融层面的体现就是为社会所有阶层与群体提供全方位的普惠金融服务，提升中小微企业的融资能力与融资便利

性，满足其不断增长的融资需求。普惠金融是今后浙江国民经济发展的重点领域，尤其面对后疫情时期的小微企业群体现金流紧张、生产经营恢复进度缓慢、外贸订单锐减等突出问题，国家多次下发政策文件，鼓励金融机构加大对于小微企业的信贷投放力度。从央行推出两大创新型货币政策工具，到重点发展首贷户、供应链金融与纯线上信用贷，均显示出监管层引导小微企业融资的决心。因此，在浙江建设共同富裕示范区的大背景下，既要金融服务实体经济做大"蛋糕"，也要通过普惠金融服务创新实现更加均衡的分"蛋糕"，立足浙江产业企业的个体特征、分布特征、融资约束等内在因素，为其提供平等性、可获得性、便利性以及成本优化的普惠金融服务。

（一）浙江产业企业呈现"低小散"布局，对金融普惠性发展提出更高要求

自改革开放以来，浙江民营经济蓬勃发展，民营经济占全省地区生产总值的65%以上，贡献了全省54%的税收与80%的就业岗位，尤其2020年浙江省新设私营企业、个体工商户与农民专业合作社占全部新设市场主体的98.7%，这些都反映出浙江实体经济的企业主体数量非常庞大，私营企业在数量上占据绝对主体，浙江推动共同富裕示范区建设要实现中小微企业的高质量发展，在很大程度上依赖金融资源的支持。尤其，在当前供给侧结构性改革背景下，通过金融服务实体经济的各项举措帮助符合条件的企业加快转型升级是重中之重。而浙江目前产业企业的"低小散"布局，不利于有限优质金融资源作用的集聚发挥。因此，浙江迫切需要立足产业企业的"低小散"分布局面，扭转金融服务实体经济过程中出现的受众范围"广而杂"的不利格局。①通过普惠金融手段支持企业进行技术装备升

---

① 数据来源：浙江省统计局《2020年浙江经济运行情况》。

级与加快产品的升级换代，在金融服务实体经济的过程中培育企业以更高的产品供给水平来适应需求侧结构变化。

（二）浙江中小微企业面临融资难与融资贵，需要普惠金融助力破解金融资源分配不平衡

由于以国有商业银行为主体的传统金融体系在企业融资时普遍存在"嫌贫爱富"的现象[①]，不愿意给中小企业贷款，导致浙江众多中小微企业的银行融资通道受阻。于是，当经营环境恶化急需外部融资时，小微企业可供选择的融资通道就过于单一，而且只能通过民间借贷、供应商赊账、小额贷款公司等非正规途径获取资金（如图1、图2所示），这些渠道的资金成本往往高于市场利率，蕴藏着较高的金融风险，不利于中小微企业的可持续健康发展。而这些问题的原因，一方面在于有限的金融资源难以做到全面覆盖导致金融资源供求失衡，另一方面在于服务于不同企业类型的

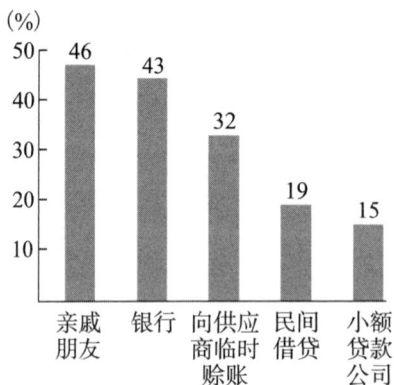

图1　小微企业融资来源构成　　图2　小微企业担保渠道构成

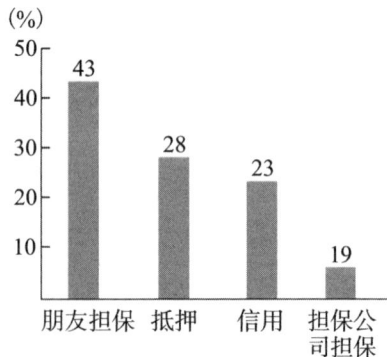

数据来源：根据浙江省工商联小微企业服务中心的调研报告整理。

[①]　商业银行往往根据业务大小提供融资服务档次，倾向于对资质好的大中型企业提供融资便利，而对部分中小微企业提供较高的融资门槛，甚至惜贷。

金融制度不完备使得中小微企业难以通过体制内融资通道获取到合理资金成本的金融资源。

在降低小微企业融资成本与提升小微企业融资能力方面，浙江迫切需要通过深化普惠金融来破解金融资源分配不平衡的深层次问题。一方面要通过传统银行普惠金融业务创新，允许小微企业客户借款人在该行贷款到期前实施不还本续贷；允许小微企业客户在首次贷款合同到期前提出连续使用资金申请，通过续签合同延长贷款期限，有效减轻小微企业融资成本。另一方面，可以通过发展数字普惠金融，综合运用大数据和互联网技术，积极与政府部门、大型企业、电商平台、数据公司等对接，通过整合工商、税务、征信、交易等内外部信息，构建有利于小微企业增信和获取融资的各类场景。如创新推出"电子供应链融资""税易通"等产品，为广大小微企业客户带来更好的自助申请、自动审批、自动放款、一键即贷、随借随还的便捷体验。

（三）浙江实体经济的提质增效发展，需要普惠金融破除民营企业"小而不强"困局

浙江拥有数量众多的中小微企业群体，虽然存在产业层次不高、转型升级不快、粗放经营等问题，但是如果能够通过"产业政策＋金融扶持"的双轮驱动，许多发展基础较好的企业也能实现从"麻雀"到"凤凰"的华丽转身，例如从鲁冠球、李书福、徐冠巨到南存辉，浙江的许多知名大型企业集团都是从小微企业发展壮大起来的，这是浙江实体经济发展的巨大潜力所在。浙江实体经济的提质增效发展，关键在于通过金融手段破除"小而不强"困局。因此，浙江以上市公司为平台、以并购重组为手段，推进企业上市和并购重组"凤凰计划"，借助资本市场来增强金融对中小企业做大做强的扶持力度。浙江省在明确"个转企、小升规、规改股、股

上市"①的中小微企业发展思路的基础上，不断通过金融手段推动扶持一些具备条件的民营企业上市融资。2017年以来浙江省新增上市公司数量创历史新高，上市公司增发和并购重组次数居全国前列（如图3所示）。通过上市公司数量倍增、实力倍增，浙江培育形成数以百计的行业龙头企业和数以千计的骨干企业，逐渐打破"小而不强"的困局，带动做强产业链，做深价值链，提高产业集中度和核心竞争力，从而不断做强实体经济，提高金融服务实体经济的效能。

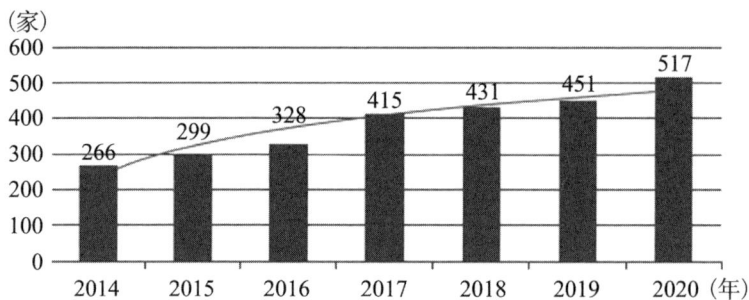

图3　2014—2020年浙江省上市公司数量

二、浙江普惠金融服务促进共同富裕的现实路径与实践探索

浙江省是全国金融改革创新最活跃的省区之一，省域范围内各地区都立足自身经济发展需要积极进行普惠金融改革创新，诞生了一大批诸如民营银行、网络支付机构、信托财务公司、信保基金、网络征信公司、科技保险公司、联合征信担保、融资信用平台等新型金融机构，这些金融机构为更好地服务实体经济发展，以普惠金融发展推动浙江走上共同富裕的道

---

① "个转企、小升规、规改股、股上市"是指个体户转为私营企业，私营企业发展壮大为年营收2000万元以上的规模以上企业，符合条件的规模以上企业进行股份制改造，改造后经过发展壮大如果达到上市条件，经过扶持培育推动其进入主板资本市场上市融资。

路过程中，不断地开发出科技信贷、"双创"债、小微信用贷、科技保险以及天使投资、创业投资、风险投资等创新的业务内容。同时，在科技金融的推动下，浙江省互联网金融、大数据金融、金融云、供应链金融等新业态不断涌现。这些改革创新举措的大量出现，一方面提升了金融服务实体经济的精准性、有效性、普惠性，另一方面大大地增强了金融业自身的发展活力和动力。

（一）全面推动区域性金融改革创新，建立普惠金融发展的立体服务体系

浙江的普惠金融改革创新工作在全国省区处于领先地位，初步探索形成了多层次、网格化、广覆盖的全面金融改革格局，为全国金融改革积累了"浙江经验"。截至2021年，浙江已获国务院和"一行三会"批准的金融改革试点项目包括宁波保险综合创新试验区、温州金融综合改革实验区、丽水农村金融改革试点、台州国家级小微企业金融服务改革创新试验区、义乌国际贸易金融改革试点等，同时，为了加快培育绿色金融产业，湖州、衢州的绿色金融改革也在稳步推进。浙江省各地区立足自身经济发展特征所推动的这些金融改革创新举措，在改革的层级、数量、广度和深度上都具有全国的典型性，积累了不少金融改革的"浙江经验"，为全国金融深化改革提供了参考性案例。比如宁波保险业在金融改革创新过程中探索出了以小额贷款保证保险、险资直融产品为特征的风险减量管理模式；台州创设小微企业信用担保基金的金融服务模式；温州探索开展中小企业私募债转让试点以及支持民间资金参与地方金融机构改革；义乌启动"国际贸易综合改革＋金融专项改革"；丽水开创"林权抵押贷款""农村信用体系建设""银行卡助农取款服务"三大农村金融样板；衢州积极破解金融机构发展绿色金融的难题，着力建设区域绿色金融中心，截至2020

年末，衢州绿色信贷金额达到313亿元，同比2019年增长多达39.2%，同时发行绿色金融债券43亿元，设立首期绿色产业引导基金10亿元，投入绿色PPP项目37亿元等。

（二）全面布局"三、四、五"金融产业发展，提升普惠金融发展的深度与广度

浙江省金融产业发展的基础较为完善，在实施金融服务实体经济的过程中金融产业规模也日趋扩大，"中小企业金融服务中心""普惠金融服务中心"与"民间财富管理中心"的金融主体作用不断得以凸显。为了围绕忠实践行"八八战略"、奋力打造"重要窗口"，力争把金融产业建设成为战略性支柱产业与竞争力强的主导产业。浙江省推动实施金融产业创新发展布局，重点发展主力金融、浙商总部金融、私募金融、互联网金融与草根金融，着力打造金融改革示范省、金融创新集聚地与金融生态安全区，为建设"两富"现代化浙江提供有力的金融支持。

浙江省"三、四、五"金融产业发展布局表

战略规划	内容构成	具体实施
三大区域金融布局	①打造金融核心区域 ②打造区域金融特色城市 ③打造金融特色小镇	建设杭州、宁波金融核心区，推动温州、台州、丽水等金融特色改革，引导金融小镇建设
四大金融产业平台	①打造直接融资平台 ②打造产业基金平台 ③打造地方交易市场平台 ④打造金融控股平台	扶持企业上市，设立政府产业基金，统筹优化省内各类交易场所的区域与行业布局，做大做强省金融控股公司
五大金融产业	①强化主力金融 ②发展浙商总部金融 ③大力发展私募金融 ④创新互联网金融 ⑤规范发展草根金融	发挥大型金融机构的支撑作用，做大做强专注服务浙商经济的总部金融，引进培育私募金融机构，引导互联网金融企业集聚发展，规范草根金融

资料来源：根据浙江省人民政府文件整理。

浙江围绕"三、四、五"金融产业发展布局，在高起点建设三大区域金融布局、四大金融产业平台、五大金融产业的"大金融"产业格局基础上，发挥政府推动与引导作用，完善融资增信体系，鼓励金融机构与金融市场进行业务创新，以"金融服务实体经济"契机加快推进金融产业实力强与金融服务实体经济能力强的"金融强省"建设。

（三）全面落实"大众创业、万众创新"，创新普惠金融服务模式

自2014年李克强在夏季达沃斯论坛发出"大众创业、万众创新"的号召以来，浙江省大力加快"双创"的推进，各类特色创业园区、创业集聚地逐渐增多，初步形成抱团式、集聚式的创业发展模式。为了进一步提升"双创"成效，浙江各地借助园区合作、政银合作，通过双向互联、互推互荐的集约式金融服务，提高金融对"双创"基地的综合服务能力，例如嘉兴银行与当地科技城管委会合作，帮助科技城内32家企业融资2.43亿元；温州银行与瓯海区政府达成合作协议，独家入驻温州市大学科技园孵化器，为首批33家初创型科技企业提供一揽子金融服务。按照机会平等要求和商业可持续原则，浙江持续推进多样化的普惠金融产品创新，为小微企业、"三农"、低收入人群、特殊群体等重点对象，提供成本可负担、适当有效的金融服务。

浙江发展普惠金融，一直以来把金融帮扶重点放在低收入人群和特殊群体，积极增强金融服务的普惠性。比如，浙江地方财政部门和金融机构合作，在适合的区域实行"创业担保＋财政贴息"与"扶贫再贷款＋财政贴息"等机制。同时，浙江农信系统在全省范围内推广小额信用贷款，比如宁波农信系统首先推出服务产业工人的"匠人贷""人才积分贷"等普惠金融产品，其普惠性主要体现为门槛较低、手续简便、费用优惠、随借

随还等。

三、国家级小微企业金融服务改革创新试验区建设推动普惠金融发展的实践经验

2015年12月2日，根据国务院常务会议决定，台州正式成为国家级小微企业金融服务改革创新试验区，台州开始积极探索具有地方特色的金融实践，为全国提供可复制、可推广的法人小微企业金融服务经验。2018年11月1日，习近平总书记在民营企业座谈会上的讲话进一步指出："要优先解决民营企业特别是中小企业融资难甚至融不到资问题，同时逐步降低融资成本。要改革和完善金融机构监管考核和内部激励机制，把银行业绩考核同支持民营经济发展挂钩，解决不敢贷、不愿贷的问题。要扩大金融市场准入，拓宽民营企业融资途径，发挥民营银行、小额贷款公司、风险投资、股权和债券等融资渠道作用。"2019年2月22日，习近平总书记在主持中共中央政治局就完善金融服务、防范金融风险举行第十三次集体学习时强调指出："深化金融供给侧结构性改革必须贯彻落实新发展理念，强化金融服务功能，找准金融服务重点，以服务实体经济、服务人民生活为本。"从这一系列的重要论述能够看出，解决中小微企业的融资需求问题成为发展普惠金融的核心要义之一。

但是，对于小微企业贷款而言，面临成本高、利润低、道德风险大的"世界性融资难题"，要解决一难题，必须持续加大对小微企业的普惠金融支持力度。为此，台州不断深化"国家级小微企业金融服务改革创新试验区"建设，创造了以"专注实体、深耕小微、精准供给、稳健运行"为主要特色，以"多、快、好、省、稳"为典型特征的一系列"台州经验"，通过探索实践为一大批小微企业创业创新排忧解难。截至2020年11月

末，台州自获批国家级小微金融服务创新试验区五年以来，台州净增市场主体23.62万户，台州小微企业贷款余额4241.2亿元，同比增长21%，小微企业贷款占比远高于全国和浙江平均水平，而区域银行的不良率却仅有0.73%。[①]

（一）城市商业银行引领小微金融服务业务模式创新，形成普惠金融的台州模式

围绕着"金融普惠小微发展"的主线，台州普惠金融体系逐步构建起国有股份制商业银行、城市商业银行、农村中小合作金融机构、新型农村金融组织等多层次小微企业金融服务发展格局。其中，立足本土业务的台州银行、浙江泰隆商业银行、浙江民泰商业银行，三家城商行500多家辖外分支机构，借助现代金融科技，创新推出智慧小微金融服务新模式，开发基于互联网技术的移动工作站，实现客户一次也不用跑，有效破解台州小微企业转贷难题。

第一，台州银行：精耕小微企业，推进普惠金融创新。在普惠金融的特征方面，台州银行尤为明显。台州银行近80%的网点分布在城郊接合部、乡镇、村居。为了进一步针对小微企业精耕细作，台州银行最近三年开设的网点绝大多数是小微支行和社区支行，并朝着"社区化、微型化、近身化"不断下沉机构重心。在"深扎村居、深耕行业"业务发展引领下，台州银行通过"村居化、行业化"，让金融服务并不充分的广大乡镇村居，得到更好的金融服务，同时通过细分小微企业群体，配置专业化的金融服务团队，不断做深、做透小微金融服务。

在普惠金融产品创新上，台州银行创新推出"银税易贷"产品，该产

---

① 数据来源：根据台州市金融办网站整理。

品对优质纳税记录的小微企业客户，发放的信用贷款最高到500万元，让小微企业贷款多了条"绿色通道"。台州银行积极探索永续债产品业务，拓宽中小银行一级资本的补充渠道。2019年11月，台州银行获准在全国银行间债券市场公开发行不超过50亿元人民币无固定期限资本债券，这是央行正式批复的首批城市商业银行无固定期限资本债券之一。首单发行无固定期限资本债16亿元。

同时，台州银行积极利用科技金融手段，推进普惠金融创新，从传统"下户调查、眼见为实、自编报表、交叉检验"的十六字技术，朝着"数据驱动、线上流程、行业专家、现场交叉"的新十六字模式迈进。通过一系列的科技创新应用，逐步实现小微客户办贷可以"一次都不用跑"。

第二，泰隆银行：做小微企业的"成长伙伴"，持续提供普惠金融服务。一直以来，泰隆银行不断创新准入模式、作业模式、办贷方式和风控措施等，有效扩大普惠金融覆盖面、降低小微企业融资成本、提高综合服务效率，助力台州小微金改试验区创新。实施低门槛的准入模式，扩大普惠覆盖面。针对小微企业"财务报表等基础材料不完整，资本和资产等基础实力相对弱"等现状，泰隆银行创新"两有一无"（有劳动意愿、有劳动能力且无不良嗜好）模式，放低对客户准入要求，用"信用＋道义担保"的方式，把个人信用转化为信贷价值，突破了高度依赖抵质押的传统信贷模式，有效扩大普惠金融的覆盖面。

推行精细化的作业模式，降低融资成本。小微企业贷款"短、小、频、急"的特点，会导致金融机构"人均产效低、成本高"，而这些成本往往会通过收取各项手续费来转嫁给客户。泰隆银行通过"社区化经营""裸费裸率"等精细化管理措施，切实降低企业融资成本。

创新数字化的办贷方式，提高服务效率。泰隆银行制定"三三制"（新客户三天，老客户三小时）贷款服务承诺，更好地适应小微客户

"频、急"的融资需求特点。近年来，该行还充分运用台州市信用信息共享平台等外部综合信息，运用移动互联网、大数据模型、PAD金融移动服务平台等金融科技，让客户不出家门就可办理金融业务，提高了金融服务效率。

第三，浙江民泰商业银行：坚守小微金融"根据地"，潜心服务小微企业。浙江民泰商业银行始终坚持以建立小微金融"根据地"为服务策略，总结出"五个一"工作目标方法，即"一个村居、一个园区、一个行业、一个商会（协会）"，并确立了客户服务的"三大目标"：让合适的客户都能借到钱、让客户能更方便地借到钱、让客户能更便宜地借到钱。以村居开发为例，将营业网点附近村居进行网格化划分后，再按客户容量配备客户经理；对区域内村居初步分类，确定准入等级；根据客户需求有针对性地设计产品和服务；积极推进营销活动，实现进村入居常态化；完成后续跟进与维护，实现从"找客户"向"造客户"转变。

同时，民泰商业银行在普惠金融服务实践过程中，形成了成熟的"九字诀"特色做法，指的是"看品行、算实账、同商量"。"看品行"即通过借款人的生意伙伴、亲属朋友和工作同事等渠道了解信息。"算实账"就是做到"一查三看"，包括查征信、看水电税"三费"、看台账、看资金流量和结算情况，来判断借款人的借款背景、偿债能力。"同商量"即银行不仅仅关注贷款本身的风险，而是更多参与到企业发展的关键环节。

截至2021年4月，台州形成了小微金融组织机构特色品牌，拥有3家民营性质的城商行、9家农信系统分支机构、5家村镇银行、2家资金互助社等小法人金融机构。同时，台州银行业已设有271家小微金融专营机构。台州以城市商业银行业务模式创新为引领，引导地方法人金融机构进一步加快贷款审批速度，构建转贷续贷事前沟通机制，积极创新"零周期、零费用、零门槛"的无还本续贷。截至2021年4月，市农商系统"小微续贷通"产品，已累计办理1.9万笔，贷款金额248.35亿元，为企业节省转贷成本约6209万元，全市银行业办理无还本续贷余额539亿元，惠及7.2万户民营和小微企业。

（二）政府主导搭建"两平台一基金"的普惠金融架构，有效提升小微企业融资获得率

由于小微企业贷款普遍存在"短、频、急"的痛点与难点，针对这一问题，台州市金融办引导全市银行业机构加大普惠小微金融产品创新的力度与广度，由政府主导搭建"两平台一基金"的普惠金融架构，有效提升小微企业融资获得率。

第一，创设小微企业信用担保基金平台。针对小微企业融资担保难、互保联保风险大等问题，台州创新设立地级市小微企业信用保证基金，持续增强信保基金政策性担保功能与普惠功能，先后推出"台州500精英计划"与"创业担保贷款"等16个专项普惠金融产品，其中7种政策性专项产品免收保费，充分实现其普惠性。另外，在大疫情期间，适时推出了"防疫保"专项产品。截至2020年末，基金累计服务企业23265家，承保43593笔、414.15亿元，平均担保费率仅0.68%，在保余额101.2亿元，规模居全省首位，累计为企业节约保费8.9亿元。①

第二，建立金融服务信用信息共享平台。针对银企信息不对称问题，台州建立区域性的金融服务信用信息共享平台，在台州范围内消除信息孤岛，让信息为企业信用"发声"。截至2021年初，该平台汇集金融、市场监管、法院、公安、税务、国土等30多个部门118大类4000多细项约4亿余条信用信息，对全市68万多家市场主体进行了信用建档。截至2020年

---

① 数据来源：根据台州市金融办网站整理。

末台州已开设查询用户2488个，累计查询量达1054万次。①

第三，组建具有纾困功能的产业发展基金。台州市财政出资组建服务地方企业的产业发展基金，为上市公司"雪中送炭"，解决企业资金燃眉之急。台州产业发展基金以纾困基金方式为水晶光电、利欧股份、中捷资源大股东纾解流动性资金困难。水晶光电项目作为全省首单落地纾困项目，获得时任省长袁家军肯定。另外，产业基金通过定增、融租、转贷、银行委贷资管业务等方式，为万盛科技、华海药业、联化科技、中新科技、永太科技、星星科技及其关联公司等上市公司提供帮扶，合计出资21.3亿元②。

另外，针对民营企业普遍存在的抵押物不足问题，台州金融部门勇于金融创新，进行了商标专用权质押融资改革试点，率先开通了国家商标局与台州受理点的数据专线，截至2020年末，全市累计办理商标权质押登记2185件，融资金额150.66亿元，居全国第一。③另外还编制了全国首个"小微金融指数（台州样本）"。该指数的编制基于大数据理念，采用全样本分析，按月采集，按季发布，为精准服务小微企业，监测与防范小微企业运行风险提供参考。

（三）台州金融系统广泛运用金融科技，重构普惠金融的业务介质和业务模式

台州市立足普惠金融发展需要，充分利用与嫁接科技金融手段，不断探索完善科技金融发展的新思路、新方法，持续加大对科技型中小微企业的信用贷款力度，并引导各类资本进入相关领域，加快形成政府投入为引

---

①③　数据来源：根据台州市金融办网站整理。
②　数据来源：台州金融投资集团公司提供。

导、企业投入为主体、各类资本积极参与为补充的多元化科技创新投融资体系，帮助企业降低企业融资成本。截至2020年末，台州市已建有科技支行23家，去年累计贷款超56.9亿元，为台州市科技企业提供了优质的科技信贷服务。科技金融平台的上线，可弥补传统线下服务的局限，为台州企业提供高效、智能、精准的投融资线上对接。

另外，台州农信体系的信用社借助数字化技术，深耕服务"三农"主体，创新设计出纯线上贷款"浙里贷"，从而通过互联网将金融普惠受众面进一步向下延伸。同时，专注于服务小微企业的泰隆银行开发了"PAD金融移动服务平台"，推行"移动办贷＋信贷工厂"等业务新模式，办理新增贷款只需要30分钟，续贷仅3分钟，替代率已达73%。

随着国家级小微金改的不断深入，台州市经国务院批准，率先成为取消企业银行账户许可的试点城市，2019年、2020年连续两年获批国家级财政支持深化民营和小微企业金融服务综合改革试点。为深化"最多跑一次改革"，台州市还创新推出"政银联通"工程，将政府办事窗口延伸至合作银行基层网点，实现"部门减压力，财政零投入，银行增客户，群众得便利"的多方共赢，被授予"浙江省民生获得感示范工程"称号。

实践篇

发挥"跳出浙江发展浙江"
战略优势推动共同富裕

朱呈访　朱康对　陈忠谊　陈　琪

"跳出浙江发展浙江"是 21 世纪初浙江为了寻求更广阔发展空间的战略选择，是经济发展的新机制，是富民强省的新模式。为了破除浙江经济发展的要素限制与环境制约，以"跳出浙江"的方式获取更多的发展资源与发展机会，从而在区域合作与国际合作中实现信息、人才与资本等要素的整合，为浙江经济结构转移、调整与升级打造新优势，为浙江人民致富获取新动力。"跳出浙江发展浙江"是富民强省的创新模式，是推动共同富裕的必然选择，具有全国性启示意义。2005 年，习近平同志的重要文章《跳出浙江发展浙江》为浙江经济发展与人民致富提供了新路径。"跳出浙江"是"发展浙江"的方法与途径，而"发展浙江"是"跳出浙江"的出发点与目的。"跳出浙江发展浙江"形成浙商与浙江之间、浙江与流入地之间、浙商与浙商之间、商会与浙商之间等复杂的资源网络与互动格局，具有较强的经济、社会效益，是推动共同富裕的必由之路。

一、"跳出浙江发展浙江"的提出背景

21 世纪初，浙江大量的资本向外输出，大量的浙商在外投资办厂，浙

江省内经济一度陷入发展困境。客观发展因素的制约与主观转型升级的意愿促使着浙江人走出浙江去寻求新的发展。2003年，全省有超过400万人在外经商，在省外创造了巨大的社会财富。此前的2001年，民营经济发达的温州在外投资办厂的就有160万人，创造的年销售额高达1600亿元。①

在浙江经济面临资本外流困境的情况下，习近平同志对浙江经济发展作出重要指示。2004年3月，在浙江省统筹城乡发展座谈会上，习近平同志提出"立足全局发展浙江，跳出浙江发展浙江"的战略。此后，浙江省制定了要向"开放大省"转型的策略。一年之后，即2005年3月，习近平同志发表重要文章《跳出浙江发展浙江》，指明了浙江内外联动开放发展的必然性与重要意义。6月，在浙商论坛2005年峰会上，习近平同志又再一次强调了"跳出浙江发展浙江"的重要性。2006年11月，习近平同志发表重要文章《"浙江人经济"拓展浙江经济》，指明"浙江人经济"对于浙江经济发展具有重要促进作用。12月，在浙江省经济工作会议上，习近平同志再次强调"跳出浙江发展浙江"与"浙江人经济"的战略地位。

习近平同志多次在不同场合强调"跳出浙江发展浙江"，这为破除浙江经济困境实现高质量发展提供了新理念与新路径。在"跳出浙江发展浙江"理念的指引下，浙江不断提高开放程度，不断提升开放质量，在区域合作与国际合作中实现要素整合，为浙江经济获取更多发展机遇，为浙江人民共同富裕获取更多发展资源。

---

① 袁涌波：《从跳出浙江到"一带一路"》，载《浙江日报》2017年8月7日。

二、"跳出浙江发展浙江"的发展历程

"跳出浙江发展浙江"的核心是以浙江内外资源整合与内外市场融合来实现浙江产业结构调整与人民增收致富，主要经历了三个阶段。

（一）"跳出浙江发展浙江"的积累期（1978—2001 年）

在"跳出浙江发展浙江"理念提出来之前，浙江的开放发展已经为今后的"跳出浙江发展浙江"实践奠定了坚实的基础，并积累了丰富的经验。从国内开放来看，浙商是最早以外出经商的方式到省外开发市场的群体之一，从开拓北方市场到逐渐占领全国市场，浙江商品销往全国各地。与此同时，浙商也从省外带回省内发展所需的稀缺资源，以满足省内经济发展的需要。国内市场的开放与融合带动了浙江民营经济的发展，极大地促进了浙江家庭工场与乡镇企业的发展，极大地提升了浙江人民创业致富的热情。从国际开放来看，浙江以体制机制的创新加快了国际开放的速度，提升了国际开放的效益。浙江利用境外经贸窗口，以外贸公司为纽带，带动省内产业发展，并积极推进试点与改革，率先推动"四个多元化"①，逐渐形成了以贸易发展促进省内产业发展的新模式。如图1、图2所示，1994—2001 年，浙江国内开放度与国际开放度远高于同时期的江苏、福建与广东，走在全国的前列。

---

① "四个多元化"：出口经营主体多元化、出口市场多元化、出口商品多元化和贸易方式多元化。

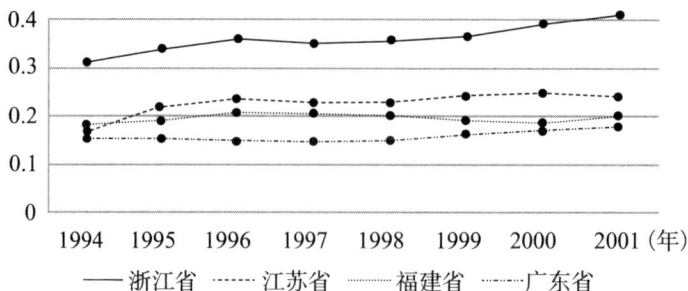

图1 1994—2001年国内开放度对比情况

资料来源：根据顾国达等《开放发展：浙江的探索与实践》数据整理。

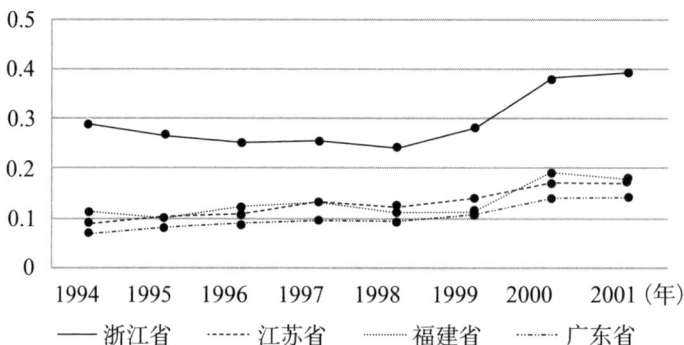

图2 1994—2001年国际开放度对比情况

资料来源：根据顾国达等《开放发展：浙江的探索与实践》数据整理。

（二）"跳出浙江发展浙江"的推进期（2002—2007年）

2002年之后，浙江的开放发展进入重要时期。特别是2003年，"八八战略"对浙江的开放发展具有重大指导意义，它从浙江的优势出发指明了浙江开放发展的方向。2004年，习近平同志"跳出浙江发展浙江"战略深刻地影响着浙江开放与经济发展，促进了区域合作、国际合作，由此实现了要素整合与市场融合，实现了内外的良性互动。2002—2007年，浙江国内开放度与国际开放度仍然远高于同时期的江苏、福建与广东。可见，浙江外向发展仍然在全国保持较好的优势。同时，浙江内向发展也呈现较好态势，在外浙商反哺家乡意识增强。此外，外商直接投资额持续增长，2002—2007年，浙江合同利用外资金额与实际利用外资金额均呈上升趋势（如图3所示）。

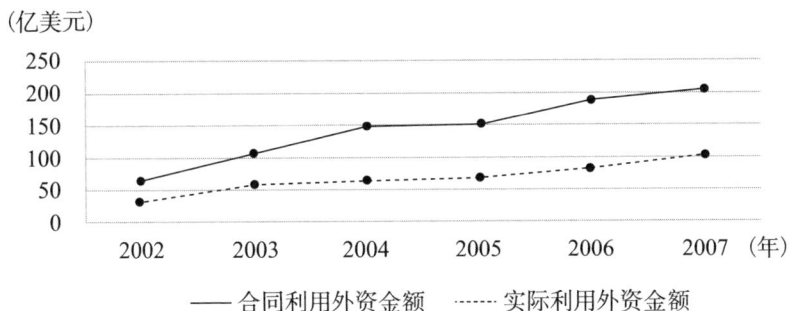

图3　2002—2007年浙江利用外资情况

资料来源：根据《浙江统计年鉴》整理而得。

（三）"跳出浙江发展浙江"的深化期（2008年至今）

2008年的全球金融危机对浙江开放发展产生了深远影响，提高开放质量与提升开放效益成为浙江新时期的战略选择。2013年"一带一路"倡议的实施与2020年新发展格局的构建，给予浙江走高质量开放道路强大的支撑。从国内市场的角度来看，浙江以质量提升、品牌创建、技术创新等途径增加产品附加值，并以电子商务创新营销方式实现国内市场深度与广度的拓展。同时，浙江积极引进产业、资金与人才，提升省内产业发展格局。从国际市场的角度来看，浙江对外贸易从量的增长向结构升级转变，以此促进贸易模式转变与产业转型升级。同时，浙江从"引资"向"选资"转变，不断优化外资利用方式与效率。如图4所示，2008—2020年，浙江实际利用外资金额稳定上升（除个别年份外），没有受合同外资项目数量波动影响，这意味着外资实到率比较高。浙江通过高质量平台建设与投资贸易模式创新，深化境外合作与交流，打造浙江开放发展新优势。

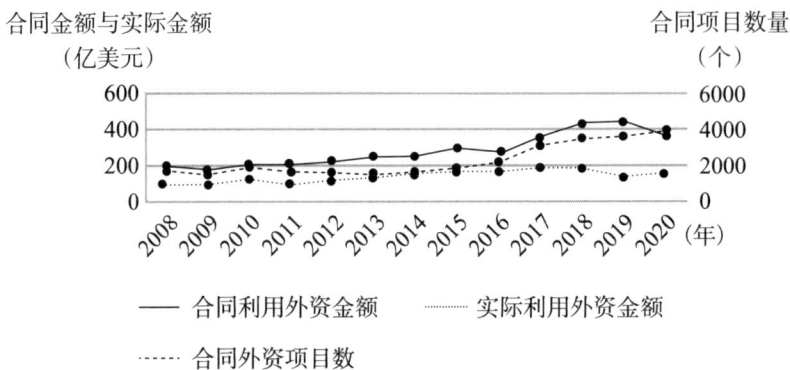

图4　2008—2020年浙江利用外资情况

资料来源：根据《浙江统计年鉴》整理。

随着"跳出浙江发展浙江"实践的推进，浙江全球市场拓展能力得到增强，全球资源联动能力得到提升，全球要素整合能力得到强化，不断推动浙江经济的高质量发展与浙江人民增收致富。

三、"跳出浙江发展浙江"推动共同富裕面临的机遇与挑战

（一）现状与特征

第一，"跳出浙江发展浙江"意识不断增强。一是从政府角度来看，浙江省政府始终把"跳出浙江发展浙江"作为一项重要战略推进，陆续出台众多鼓励与支持政策，不断完善政策体系。一方面，大力支持"跳出浙江"，帮助浙商在对外投资中保障自身合法权益；另一方面，积极优化省

内发展环境，构建高水平发展平台，增强"发展浙江"的能力。二是从企业角度来看，一方面，浙江企业对外投资意识增强，其中，浙江境外投资企业数量不断增加，2013—2019年增长幅度高达34.3%；另一方面，在外浙商反哺家乡意识也不断增强，2014—2019年浙商回归投资额不断上升，年投资额平均增长率高达25.6%。

第二，"跳出浙江发展浙江"方式不断创新。浙江企业在开放发展过程中，不断创新发展方式，创新性形成了"抱团模式""集群模式""产业配套模式"等模式，极大地优化了浙江开放发展路径。其中，"抱团模式"是多家企业联盟以合作的方式向外发展，以此增强对外合作中的谈判能力与抗风险能力；"集群模式"是"抱团模式"的升级版，是以在外建立产业集群的方式吸引省内企业子公司入驻，实现两地资源整合的"块状式"发展；"产业配套模式"是以产业配套的方式组团"跳出浙江"，从而共享两地市场信息，畅通两地要素流动。

第三，"跳出浙江发展浙江"效益不断提升。一是内外市场联动性增强。在开放发展中，浙江与目的地紧密相连，两地资源市场、商品市场与劳动力市场有机衔接，从而形成省内市场与国内市场、国内市场与国际市场优势互补的发展格局。二是浙商反哺效应加强。如总部经济的进一步发展促使大量资本回流，也促使人才、技术与管理等稀缺生产要素向省内反向溢出，从而提升省内产业发展格局，为省内经济发展与人民致富注入强大动力。

（二）优势与机遇

经过多年的探索与发展，"跳出浙江发展浙江"实践具备较好的竞争优势，并有着新的发展机遇，是实现共同富裕的有效途径。

第一，"跳出浙江发展浙江"的优势。一是浙江高质量经济发展是强大的物质基础。一方面，浙江产业体系的升级特别是产业链的延伸、产业结构的高端化以及产业附加值的提升，为实现浙江产业发展的广度与深度增添活力；另一方面，浙江开放经济新体系的成熟特别是"互联网＋"商业模式体系、"一带一路"开放新格局以及价值链整合升级体系的逐步完善，为提升浙江开放发展要素整合力与竞争力增添优势。二是浙商是强大的主体力量。2019年，有800多万名浙商在外投资创业，其中在国内的占75%、在国外的占25%。①截至2020年，浙商在省外所实现的经济总量位列全国各省（市、区）第一。浙商已经成为"跳出浙江发展浙江"的重要主体，并在积极参与外部市场竞争的同时努力反哺家乡，推动省内经济发展。

第二，"跳出浙江发展浙江"的机遇。在浙江开放发展过程中，虽然面临着不少外部冲击，但是仍然有着较好的发展机遇。一是全球新技术为浙江开放经济提供了新动能。在全球新技术的引领下，浙江数字经济发展迅速，创造性地形成了新型制造模式与商业模式，在开放发展中发挥着巨大优势。二是新发展格局构建为浙江开放经济赢得了新空间。首先，国内外的巨大市场潜力为浙江开放发展提供了广阔天地；其次，国内外的激烈市场竞争为浙江开放发展提供了倒逼机制；最后，国内外的稀缺生产要素为浙江开放发展提供了强大增长动能。

（三）问题与挑战

第一，浙江中小企业竞争能力与抗风险能力不强。浙江企业以中小企业为主体，然而中小企业在资本规模、技术水平、人才层次、品牌效应与创新能力等方面不具有竞争优势。此外，不完善的经营体系与管理制度，

---

① 数据来源：根据2019年第五届世界浙商大会的报道整理。

大大降低了企业的风险识别、处理与防范能力。

第二，浙江省内发展与投资环境不佳。浙江的发展与投资环境仍然存在不足，一方面是产业配套的不足，主要表现在产业基础薄弱、配套设施不完善、发展平台缺乏等方面；另一方面是政策与制度的不足，主要表现在金融财税制度不完善、土地管理使用制度不规范、知识产权保护制度不健全等方面。

第三，浙江对外经济合作层次与水平不高。一是对外合作领域以商品交易、投资办厂为主，在技术合作、品牌开发与营销体系共建等深入合作领域仍然不足。二是合作层次不高，大部分对外合作只处在产业链的中低端环节，专业化水平与规模化水平不高，低附加值与低效益问题仍然较为突出。

第四，向外拓展与向内发展联动性不强。浙江是对外投资的大省，但是在内向发展方面仍然不足。一方面，"跳出浙江"发展的企业中，虽然一部分企业也回乡投资，反哺浙江发展，但是还未形成浙商回归热潮。此外，浙商反哺浙江发展的效果不明显，一部分企业回归只是简单的合作，并没有在技术、管理、经验等方面形成强大的溢出效应。另一方面，对于外资的引进与利用仍然存在数量不足、质量不优、层次不高、契合度不够等问题，对浙江本土产业转型升级促进作用不明显。

四、"跳出浙江发展浙江"推动共同富裕的机理与动力

"跳出浙江发展浙江"虽不是推动共同富裕的唯一方式，却是推动共同富裕的必然选择。"跳出浙江发展浙江"形成浙商与浙江之间、浙江与流入地之间、浙商与浙商之间、商会与浙商之间、商会与浙江之间等复杂的资源网络与互动格局，是实现共同富裕的强大推动力。

（一）浙商与浙江之间

第一，"候鸟经济"效应。浙江企业外迁与资本外流并不意味着它们脱离浙江发展，而是为浙江发展寻求国内外市场、经营资源与发展机会等。浙江企业的归宿与依托仍在浙江，很多在外浙商回归浙江，反哺浙江发展，以外部信息、资金、技术与经验的输入为省内发展塑造新优势。

第二，溢出效应。在外浙商带回的稀缺资源为浙江发展提供强大动能，对浙江发展产生强大的溢出效应。一是促进发展理念与发展方式转变。如高效率经营制度与管理体制的带入促进浙江企业逐步转变发展理念与发展方式，使其更加注重发展的现代化、数字化与品牌化。二是促进技术水平提升。先进技术的输入不仅会形成技术扩散效应，还会刺激浙江企业进行自主创新，以增强技术研发能力。

第三，增收效应。在外浙商的成长在促进浙江发展的同时，浙江的发展亦会促进浙商与浙江其他居民的发展与致富。浙江经济的繁荣为浙江人民的创新创业提供了良好的发展环境，为浙江人民的增收致富奠定了强大的基础。

（二）浙江与流入地之间

第一，飞地效应。浙江与企业迁入地、资本流入地存在较多的经济联系，二者往往采用"飞地"合作模式。如不少温州企业本部设在温州，研发与销售中心设在外地，企业原材料、资金与关键技术很大程度上都依赖温州，而信息、人才与营销渠道往往依赖迁入地。

第二，腾出效应。随着产业转型升级的推进，浙江迫切需要破除要素承载力的制约。而高耗能、高污染、低效率产业的梯度转移，不仅可以缓解浙江土地资源紧缺的压力，而且可以破除浙江资源的制约，一定程度上为浙江产业高度化腾出发展空间。

（三）浙商与浙商、其他群体之间

第一，抱团效应。在外浙商有着特殊的地域与情感认同，已然形成强大的人脉网络。在外浙商之间往往会加强合作，抱团求发展，以降低成本与风险，提升市场占有率与竞争力。在外浙商的合作发展会形成抱团效应，出现群体盈利与致富的现象。

第二，带动效应。先"跳出浙江"发展的浙商，对亲戚、朋友、本地其他浙商等群体具有较大的带动作用，会刺激更多人走出浙江发展，也会吸引更多人创新创业。由此，形成了先富带动后富的共同富裕发展局面。

（四）商会与浙商、浙江、流入地之间

第一，联结效应。商会是一种具有强大凝聚力的组织，在"跳出浙江发展浙江"中起着重要的作用。商会是联结在外浙商与在外浙商、在外浙商与在内浙商、在外浙商与浙江、在外浙商与流入地的重要桥梁，是实现内外联动发展的重要纽带。

第二，支撑效应。反过来，浙商群体的成长、浙江与流入地的发展为商会的兴起和壮大提供了强大支撑。

（五）浙江与国内外其他地区之间

第一，吸引效应。在开放发展过程中，浙江不仅吸引着浙商的回归投资，更重要的是吸引着巨大的其他外部投资。浙江在对外合作中实现了要素的整合与提升，为浙江经济发展与人民致富获取更多资源。

第二，示范效应。反过来，浙江的经验对其他投资地区起着示范作

用，会带动当地经济的模仿发展，从而带动当地居民增收致富，这赋予"跳出浙江发展浙江"共同富裕基本路径更宽广的意义。

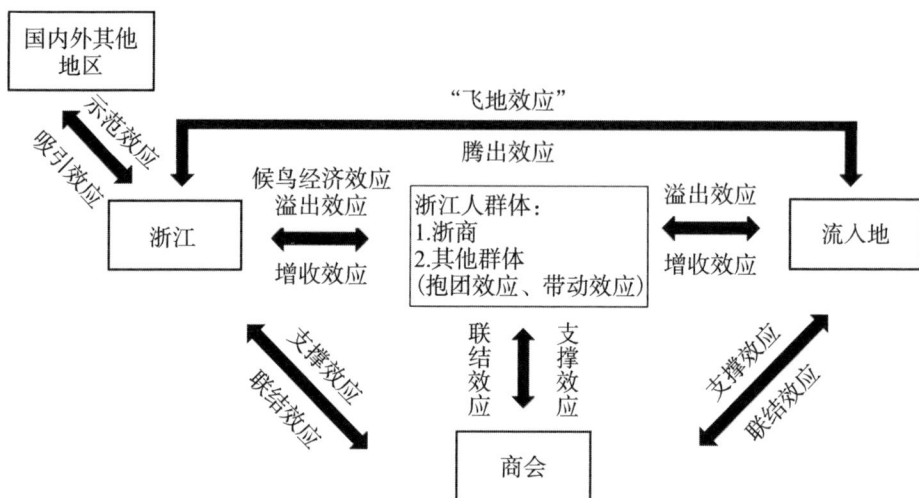

图5 "跳出浙江发展浙江"推动共同富裕的机理与动力

五、"跳出浙江发展浙江"推动共同富裕的温州实践

温州是中国先富起来的地区之一，是一个藏富于民的地方，形成了特有的富民强市发展模式。温州经济具有明显的外向型特征，温州人足迹遍布全球，截至2020年，超过250万名温州人在外投资经商，创造了巨大的经济总量与社会财富。然而，温州经济的"跳出浙江"发展并没有脱离温州，内外经济关联非常紧密，特别是温商与温州之间、温商与温商之间、温商与流入地之间、外地商会与温州之间等都存在密切联系。

温州内外联动开放发展推动共同富裕的实践具有现实基础与优势。一是在外温商是实现内外联动的重要主体。在外温商具有数量庞大、家乡情结浓厚、地域分布广泛、资本实力强大等特点，是实现温州内外有机联动的宝贵资源与主体力量。二是遍布全球的温商网络是实现内外联动的重要纽带。温商网络可以形成强大的信息获取、传导、反馈与互动机制，是两地互通政策、技术、人脉网络等重要信息的有效渠道。三是外地商会是实现内外联动的重要组织。外地商会不仅能够提升在外温商的凝聚力，而且能够提升温商对温州的认同度，是温商与温商之间合作致富的重要力量，也是温商与温州之间联系的重要节点，更是整合内外优质资源的重要桥梁。

温州内外联动开放发展推动共同富裕的实践分为三个阶段。第一阶段："家庭工业＋专业市场、供销员"时期。这一阶段，温州家庭工业生产的商品主要是通过专业市场与供销员销售到全国各地，而家庭工业生产所需要的外部原材料也是通过专业市场与供销员获得的。在这个阶段，专业市场与供销员在联结温州内外发展上发挥了重要的作用：以专业市场为依托，供销员将温州的商品带到全国各地，也将所需的原材料带回温州本地。如苍南宜山腈纶纺织品市场有效连接了温州与外部纺织品产业，并为当地农民创业与致富提供了良好的平台。第二阶段："产业集群＋产业转移"时期。产业集群的规模集聚效应使得温州产业进入了快速发展阶段，然而要素的制约与同质化的竞争使部分行业不得不寻求新的出路——产业转移。温州灯具集群企业就选择了转移，大批企业由温州迁往中山古镇。灯具制造业企业集群虽然实现了转移，但是灯具的主要销售市场仍然在温州。不仅如此，外迁的灯具企业为温州新发展腾出了空间，竞争较小的灯具配套产品行业在温州得到快速发展。第三阶段："产业集群升级＋产品内分工"时期。随着经济进入高质量发展阶段，内外联动必须以温州本土为中心。温州服装集群企业在受到发展限制时，并没有大规模迁出温州，而是立足温州对外部资源进行优化配置，从而实现合理分工与优势互补。一方面，通过收购国内外知名品牌、引进国内外专业人才、引入国内外先进技术等策略推动温州服装产业转型升级；另一方面，创造性地推出虚拟经营模式实现产品内分工，把研发设计与销售环节留在温州，把制造加工环节外包给外部企业，有效实现温州服装产业附加值的提升。

温州开放经济发展实现了内外有机联动，促使更大空间与更多方式要素配置的实现，使得温州经济转型升级与人民增收致富有了更有效的途径。

六、"跳出浙江发展浙江"推动共同富裕的经验启示

（一）探索开放发展新形式与新空间，催生推动共同富裕的新活力

积极探索"跳出浙江发展浙江"的新形式与新空间，不断实现方式创新与空间拓展，为推动共同富裕催生新活力。一是积极探索贸易新业态新模式。发展以在线教育、游戏、音乐等为核心的数字贸易，打造以品牌、技术、质量等为核心的贸易竞争力，培育以跨境电商为核心的贸易新平台，不断探索对外开放新形式。二是积极开拓国内外新市场。主动融入国内外市场，努力适应国内外竞争环境，积极寻找对外合作机会，从而实现对外合作空间的新布局。

（二）强化浙江企业综合能力，增强推动共同富裕的主体力量

一是激发企业创新活力，强化企业竞争力。大力支持企业进行自主创新，特别是在核心技术与关键环节的创新要给予奖励与补贴；努力营造创新氛围，积极提升创新意识，不断增强创新内生动力。二是完善投资风险防范机制，强化企业抗风险能力。做好企业投资规划，提升投资规划的合

理性与科学性，从源头上降低投资风险；强化企业内部风险防范制度建设，提升风险预警与处理的反应力与处置力；创新企业协作模式，以抱团、组团的方式联合力量抵御外部风险。

（三）优化浙江发展与投资环境，夯实推动共同富裕的现实基础

一是完善产业配套体系。不断推动基础设施的提升，积极实现完整产业链的构建，努力推动高层次发展平台的打造，持续增强人才、土地、技术等要素的保障。二是完善政策与制度体系。推进金融财税制度完善，加大金融支持力度，创新金融支持方式，推进减税减费，健全企业减负机制；推进土地管理使用制度完善，盘活土地资源，创新土地供应方式；推进知识产权保护制度完善，降低企业维权成本，保护企业创新成果。

（四）提升开放发展层次与水平，塑造推动共同富裕的新优势

从开放发展领域来看，要由以制造业为重点开放领域向以服务业为重点开放领域转变，形成服务业对外开放新优势。从开放发展模式来看，要由规模数量型模式向质量效益型模式转变。从开放发展主要优势来看，要由成本优势向技术优势转变、由要素投入驱动向科技创新驱动转变。从开放发展效益来看，要由低附加值向高附加值转变，由产业链低端环节向产业链高端环节转变。

（五）增强开放发展内外联动性，强化推动共同富裕的内生动力

一是增强浙商与浙江之间的联动性。鼓励浙商回归浙江发展，引导浙

商将企业总部、研发中心、结算中心等引回浙江，提升省内产业发展格局，带动省内产业转型升级。二是增强浙江与流入地之间的联动性。深化浙江与流入地的合作，创新两地合作模式，增强两地合作效益，实现两地资源的优化配置与整合提升。三是增强浙商与浙商之间的联动性。加强在内浙商与在外浙商、在外浙商与在外浙商之间的交流与合作，促进资本有效聚集，形成发展合力。四是增强浙江与国内外其他地区之间的联动性。努力推动浙江外来资本吸引力的提升，积极实现浙江外来资本利用效率的改善，形成高质量外来资本集聚地。

从沿海地区率先发展到全域共同发展

朱汉清　金晓伟　季婵燕

"一部分地区有条件先发展起来，一部分地区发展慢点，先发展起来的地区带动后发展的地区，最终达到共同富裕"[①]，这是改革开放之初中央对全国区域经济发展做出的重大战略安排。这一战略极大地激发了地方政府的积极性，推动我国经济长期高速增长。但与此同时，区域差距也不断拉大。浙江作为沿海省份，成为全国先富起来的地区之一，但省域内沿海地区和山区的发展差距同样也呈现不断拉大趋势。以人均地区生产总值为例，1978年，省内最高的杭州市为565元，最低的丽水市为226元，2000年，杭州市为22342元，丽水市为6304元，人均地区生产总值的差距从2.5倍扩大到3.544倍。如何通过先富带后富推动发达地区在更高层次上加快发展、欠发达地区实现跨越式发展，从而缩小地区发展差距、推进共同富裕，成为浙江发展过程中必须破解的难题。2002年4月，浙江省发布《关于实施山海协作工程帮助省内欠发达地区加快发展的意见》，决定组织省内沿海发达地区与浙西南欠发达地区、海岛等欠发达地区相互结对，共同实施社会经济协作活动，即山海协作工程。2003年7月，浙江省委书记习近平在省委十一届四次全会上提出"八八战略"，其中之一即"进一步

---

① 《邓小平文选》（第3卷），人民出版社1993年版，第374页。

发挥浙江的山海资源优势，大力发展海洋经济，推动欠发达地区跨越式发展，努力使海洋经济和欠发达地区的发展成为浙江经济新的增长点"，并多次强调山海协作工程是实施"八八战略"的重要内容，是统筹区域发展的一个重要抓手。2003年8月，浙江省发布《关于全面实施"山海协作工程"的若干意见》，确立了"政府推动、部门协调、企业为主、市场运作、突出重点、梯次推进、形式多样、注重实效"的原则，大力促进欠发达地区与发达地区的协调发展、共同繁荣。此后，浙江历届省委、省政府在"八八战略"引领下，不断深化山海协作，推动先富带后富，实现从沿海地区率先发展到全域共同发展。

一、山海协作的制度设计

山海协作是一个系统工程，涉及政府、市场和社会三大主体，涉及经济发展、社会进步、群众增收等众多领域，需要依托一系列制度设计，明确谁来协作、协作什么、如何协作。

（一）山海协作的实施主体

实施主体越明确，权责越清晰，执行越有力。山海协作首先要确定谁来统筹协作、谁和谁协作、各自的职能定位是什么。浙江在山海协作实践中，逐渐形成了三个层面的实施主体。一是宏观层面，成立省级统筹机构。省政府成立山海协作领导小组，下设山海协作办公室，负责日常工作，包括提出总体要求和发展目标、制定中期方案和年度工作计划、明确结对关系和重点任务、实施政策激励和考核督察等。二是中观层面，建立市县两级对口协作关系。2002年，实施山海协作工程之初，省政府就对发达地区与欠发达地区对口协作作出安排，2015年又按照互补性和关联性相结合的原则重新调整结对关系，不仅实现了26个加快发展县（即之前的欠发达县）和发达县一对一结对合作、衢州和丽水两个发展水平落后设区市与杭州、宁波等发达市一对多结对合作，而且确保结对合作地区之间更具市场化的基础。按照全省统一部署，结对双方均建立高层联席会议制度，党委或政府主要负责同志每年开展定期互访，共同确定协作重点，研究部署和协调推进协作工作。三是微观层面，发动企业和社会力量积极参与山海协作。浙江作为改革开放先行地，注重用市场化的方式推动山海协作，按照"政府主导、市场主体"的基本原则，定期组织发达地区企业到后富地区考察、投资，积极发动省内外浙商参与山海协作，鼓励医疗教育事业单位和社会组织与后富地区开展多种形式的合作。

（二）山海协作的激励机制

山海协作的实施效果取决于各实施主体的积极性。针对不同类型的主体，浙江省构建了三个层面的激励机制。一是针对结对合作双方政府的激励机制。政治上，制定目标责任制和分类分档考核制度，对市、县（市、区）山海协作工程情况进行考核，考核结果作为党政领导班子和领导干部实绩考核评价的重要内容。经济上，对山海协作产业平台给予税收、土地、金融等政策支持和专项资金补助，允许26个加快发展县将补充耕地指标优先调剂给结对县使用。二是针对参与山海协作的企业的激励机制。对省属国有企业，在企业登记考评考核中给予加分奖励；对投资26个加快发展县乡村振兴的企业，适当降低省级农业龙头企业评选标准；对开展制造业与互联网融合发展的企业，在认定试点示范企业时，同等条件下给予优先考虑；对综合评价较好的企业，优先扶持上市。三是针对参与山海协作的个人的激励机制。对下沉26个加快发展县服务满一定年限的城市医院医师和优秀教师，业绩突出的优先晋升专业技术职务或聘用到高一级专业技术岗位；对下派到医联体的管理人员，业绩突出的可优先提拔任用。

（三）山海协作的重点领域

善于抓重点领域、抓关键环节，工作才能事半功倍。随着山海协作内涵深化、外延拓展，山海协作的重点领域也从单纯的经济协作转为经济、社会和群众增收等多领域的协作。一是强化经济领域的协作。按照经济高质量发展的要求，重点推动特色生态工业、高效生态农业、农旅融合发展等协作，鼓励产学研合作，促进山区资源价值向产业价值转化，提升绿色发展水平。二是强化社会领域的协作。按照基本公共服务均等化要求，通过"双下沉、两提升"①政策，推动优质医疗资源共享；通过校际结对、优秀教师送教、联合办学、远程教育等形式，推动优质教育资源共享。三是强化群众增收。按照浙西南山区群众增收能力明显提高的要求，重点引导山区劳动力通过培训有序向沿海大中城市转移，加强大学生创业园、文化创意中心、农村电子商务孵化园等创业基地协作；实施百村结对计划，消除山区村集体经济薄弱村，促进低收入农户增收致富。

（四）山海协作的发展平台

发展平台是山海协作的空间载体，更有利于精准招商，推动山海协作产业集约、集聚、集群发展。浙江通过探索创新，构建结对合作双方政府共建机制，形成了三种不同类型的发展平台。一是山海协作产业园。对适合发展工业的山区县，以建设科技化、信息化、集约化、生态化产业园为

---

① "双下沉、两提升"：城市优质医疗资源下沉和医务人员下基层、提升县域医疗卫生机构服务能力和群众就医满意度。

目标，围绕主导产业，引进上下游关联产业，培育生态型现代产业集群。二是生态旅游文化产业园。对重点生态功能区、源头地区等不适合发展工业的山区县，按照"共抓大保护，不搞大开发"的要求，发挥生态人文优势，培育省级旅游风情小镇、休闲旅游示范区、最美生态旅游线路和生态旅游项目。三是"飞地园区"。为破解后富地区高端要素缺乏、创新能力不足、发展空间受限、市场渠道不畅等难题，在结对合作的发达地区建设"飞地园区"、特色街区，实现企业研发在都市、生产基地在山区，土地指标后富地区提供、产业空间在先富地区，特色农产品及民间手工艺品生产在山区、销售在沿海地区。

二、山海协作推进共同富裕的实现路径

从 2002 年实施山海协作工程以来，随着发展阶段的演进、宏观环境的变化、目标要求的升级，浙江不断探索创新山海协作模式，从补齐基础设施短板、创新合作平台、共享公共服务、加强援建帮扶等方面，深化山海协作工程，推动先富带后富，解决发展不平衡不充分问题，率先走向共同富裕。

（一）补齐基础设施短板构建协同发展新格局

基础设施是经济社会发展的基石，具有战略性、基础性和先导性作用。后富地区发展水平之所以落后，很大原因在于基础设施落后。要实现跨越式发展，必须补齐基础设施短板。2018 年，浙江发布《关于深入实施山海协作工程促进区域协调发展的若干意见》，全面部署基础设施补短板工程。一是综合交通运输补短板。按照优化山区空间开发和保护格局、推进四大都市区与生态功能区深度合作、大湾区与大花园互联互通要求，实施轨道交通、国省道、农村"四好公路"、美丽经济交通走廊等重大交通

项目建设，构建融入全省一体化的综合交通网。二是能源水利基础设施补短板。按照生态城市、生态经济、生态环境要求，实施抽水蓄能电站、光伏电站、油气输送通道和储备系统、江河水库综合整治、城市地下综合管廊等建设项目。三是生态保护和生态经济补短板。按照协同推进生态保护和建设、打造美丽经济产业带要求，实施跨市流域水资源保护和水污染防治、沿江美丽经济产业带、山区最美生态旅游线路等建设项目，推进流域生态环境治理和沿江产业带建设。

通过基础设施补短板，衢州、丽水两市建成了一批重大项目。2020年9月，衢宁铁路开通运行，结束了遂昌、松阳、龙泉、庆元四县市不通铁路的历史。2019年，衢州至杭州航道正式通航，实现了钱塘江上游航运复苏。衢州四省边际多式联运枢纽港、杭衢铁路、衢丽铁路、杭丽铁路、杭淳开高速、义乌至龙泉高速、衢州机场迁建、丽水机场新建、缙云抽水蓄能电站、磐安抽水蓄能电站、衢江抽水蓄能电站、开化水库、莲湖水库、钱塘江诗路、瓯江山水诗路等一大批项目列入省"十四五"重大项目投资规划，山海深度联动，山区生态优势加快转化为发展优势。

（二）创新合作平台提高后富地区内生发展能力

先富带后富，推动后富地区跨越式发展，关键是要帮助后富地区培育"造血"功能。山海协作工程实施之初，省里就提出"把省内沿海发达地区的产业转移辐射到浙西南山区、海岛等欠发达地区"。为实现产业合作由零散型向集群型转变，推动后富地区高质量发展，针对山区县具体情况，分类创建合作平台。2012年8月，浙江省委、省政府下发《关于推进山海协作产业园建设的意见》，在衢州、丽水启动首批9个省级山海协作产业园建设。发达地区的9个县（市、区）与衢州、丽水的9个县（市、区）结对，在欠发达地区的9个开发区（或工业园区）各划出5—7平方千米的土地作为山海协作产业园，由双方按一定比例出资，共同制定园区产业发展规划、开发建设和招商引资，园区新增税收的地方留成部分由结对双方共享，同时，欠发达地区为发达地区提供代保基本农田等土地指标，实现山海协作产业园的共建、共管、共招、共享。2015年，在总结首批9个省级山海协作产业园建设的基础上，按照绿色发展的理念，全省启动了山海协作生态旅游文化产业园建设，以欠发达地区为建设平台，依托自然生态资源和历史人文资源，以生态旅游文化产业为主攻方向实现合作建设。截至2020年，建成省级山海协作生态旅游文化产业园18个。同时，按照创新发展的理念，以发达地区为建设平台，全省启动了山海协作"飞地园区"建设，由后富地区提供土地指标、先富地区提供空间，建立"创新飞地""产业飞地""消薄飞地"，实现结对合作市、县"飞地经济"全覆盖，推动后富地区实现异地聚才、借力创新、开放发展。

共建山海协作产业园的模式，更好地实现了"山"和"海"的优势互补、合作共赢，更好地激发了合作双方的积极性，协作发展的力度进一步加强，产业集聚化、集群化、高端化发展更加明显，与主体功能区定位相统一的区域合作得到更好的体现。2013—2017年，首批9个省级山海协作产业园共投入开发资金147.6亿元，引进企业335家，企业投入到位资金411.2亿元。[①]2018—2020年，全省27个省级山海协作产业园（生态旅游文化产业园）实施产业合作项目885个。[②]衢州海创园成为"创新飞地"的样板，截至2020年，一期已入驻企业37家，其中数字经济类企业20家，浙江智网科技有限公司、浙江锐文科技有限公司等一批高质量项目已

---

① 根据浙江省发展和改革委员会《关于公开征求深入实施山海协作工程促进区域协调发展的若干意见（征求意见稿）》附件3整理。

② 王世琪、甘凌峰：《山海携手，闯出协调发展新空间》，载《浙江日报》2020年11月11日。

在衢州转化落地。金磐扶贫经济开发区成为"产业飞地"的样板,"十三五"以来累计上缴税收 30 亿元,占全县财政收入 1/3 以上。[1]

(三)共享优质资源推进基本公共服务均等化

基本公共服务既是推动共同富裕的重要基础,又是实现共同富裕的生活品质目标。引进资金、引进企业、引进项目固然重要,但从长远来看,提高社会发展水平、促进人的全面发展影响更加深远。在加强经济协作的同时,着力抓好新农村建设和教育、科技、文化、卫生、人才等社会领域的合作,积极推进欠发达地区的社会建设。浙江将社会事业建设作为山海协作的重要内容,重点推动优质医疗、教育资源共享。2009 年,省政府办公厅发布《关于实施新一轮山海协作工程的若干意见》,要求加强社会事业和公共服务领域合作,部署省级教育、科技、卫健等部门以及发达地区与后富地区建立社会事业合作结对关系。之后又进一步要求完善"双下沉、两提升"政策,创新推进医联体建设,共享优质医疗资源;鼓励结对市、县开展教育帮扶合作,共享优质教育资源。

共享优质资源,提高了后富地区基本公共服务均等化水平。2018 年,浙江大学工程师学院衢州分院、浙江大学衢州研究院正式招生。2020 年,温州医科大学与衢州市人民医院进行全方位深度合作。2021 年,浙江中医药大学与衢州市中医医院签约浙江中医药大学同质化管理直属附属医院、衢州研究院、衢州研究生院、杨继洲学院"四院一体"项目。据统计,2019 年,浙江 11 个设区市基本公共服务均等化实现度差距进一步缩小,实现度最高的绍兴为 99.2%,实现度最低的丽水也达到 95.8%,差距由

---

[1] 李中文、窦海洋:《浙江金磐扶贫经济开发区——山海协作　互利共赢》,载《人民日报》2021 年 1 月 8 日。

2018年的4.8个百分点缩小到2019年的3.4个百分点，趋于均衡发展。[①]

（四）援建帮扶促进山区低收入群众增收致富

山海协作的重要目标是促进群众增收致富。2002年，浙江省政府明确要求将山海协作工程与"百乡扶贫攻坚计划"相衔接。之后，将促进低收入群众增收作为山海协作的总体要求，相继实施了"山海协作工程百村经济发展促进计划""深化百村结对计划"等，每年的山海协作会议都提出援建资金、"消薄飞地"、乡村振兴示范点建设、消费帮扶年销售额等目标。先富地区为后富地区援建了众多村级集体经济增收的产业项目、改善生活生产条件的基础设施项目，帮助开展农家乐和民宿产业的规划建设、人才培训、客源引导、营销策划、品牌打造、宣传推介等，引导企业到浙西南山区发展生态循环农业、特色农产品生产加工基地。

截至2020年，浙西南山区市县通过山海协作累计获得援助资金近百亿元，乡村振兴示范点26县全覆盖，30个"消薄飞地"建设带动2500多个集体经济薄弱村"消薄"。[②]根据统计部门数据显示，2002—2020年，发展水平最低的丽水市人均地区生产总值（按常住人口计算）从8532元增加到69526元，农村居民人均可支配收入从2920元增加到23637元；发展水平最高的杭州市人均地区生产总值从28150元增加到155463元，农村居民人均可支配收入从5708元增加到38700元。杭州、丽水两市人均地区生产总值的差距从3.3倍缩小到2.2倍，农村居民人均可支配收入的差距从2.0倍降低到1.6倍。

[①] 浙江省发展改革委员会、浙江省统计局联合对2019年度全省及11个设区市基本公共服务均等化实现度开展综合评价报告。

[②] 王世琪、凌峰：《山海携手，闯出协调发展新空间》，载《浙江日报》2020年11月11日；《壮丽70年！念好"山海"经 唱好"协作"曲》，载浙江发改网。

三、山海协作推进共同富裕的基本经验

浙江通过山海协作推动先富带后富，实现了发达地区与欠发达地区的协调发展，地区差距呈现缩小趋势，被中央确定为"高质量发展建设共同富裕示范区"。浙江的成功实践，为如何推动先富带后富、促进省内区域协调发展乃至国内区域协调发展提供了有益的经验启示。

（一）区域协调发展既要有为政府推动，又要有效市场主导

区域协调发展必须注重发挥政府的推动作用。缪尔达尔认为，在市场机制作用下，发达地区在发展过程中不断积累对自己有利的因素，而落后地区则不断积累对自己不利的因素，因此，市场的力量通常趋向于增加而不是减少区际不平等。美国经济学家艾伯特·赫希曼指出，"如果没有周密的政府干预，区际差异会不断增长"[1]。可见，要实现区域协调发展，不能消极等待市场的"扩散效应"，必须注重发挥政府的推动作用。

同时，区域协调发展必须注重发挥市场的主导作用。迈克尔·波特在对多个国家的产业兴衰进行研究后得出结论，"环视各国，若是政府强力介入的产业，绝大多数无法在国际竞争上立足。在产业的国际竞争中，政府固然有它的影响力，但绝非主角"[2]。这一结论，放在区域协同发展上面同样正确。区域协调发展，归根结底需要不断提高欠发达地区的内生发展能力，而内生发展能力需要在激烈的市场竞争中形成。如果由政府大包

---

[1] 艾伯特·赫希曼：《经济发展战略》，曹征海、潘照东译，经济科学出版社1991年版，第176页。
[2] 迈克尔·波特：《国家竞争优势》，李明轩、邱如美译，华夏出版社2002年版，第4页。

大办，以行政手段投入大量资源在欠发达地区建设一两个产业，短期内也许能够见到明显成效，但这样的产业经不起市场的考验，一旦失去政府的"输血"，就会被市场淘汰。在区域协调发展中，必须注重发挥市场的主导作用，让市场在价格信号引导下配置资源，形成竞争优势。

在区域协调发展中注重发挥政府的推动作用和市场的主导作用，关键是要合理划分政府和市场的边界，政府的归政府，市场的归市场。政府的推动作用可以概括为"抓规划、抓政策、抓平台、抓协调"，市场的主导作用可以概括为"促进要素跨区域合理流动，实现资源优化配置"。政府应更加重视区域协调发展规划；综合运用财政政策、信贷政策、土地政策等降低企业交易成本和生产成本；加大基础设施投入，加快公共服务均等化步伐；构建激励机制，保障市场顺畅发挥资源配置的决定性作用。企业则按照市场规律进行产业转移尤其是关键性生产要素转移，促进产业高端化，提升产业竞争力，实现经济效益和社会效益双丰收。

（二）区域协调发展既要实现优势互补，又要实现互利共赢

区域协调发展即区域合作发展，合作的一头是先富地区，另一头是后富地区。从大局上讲，做好区域协调发展这篇文章，两头共同负有政治责任。然而，先富地区和后富地区毕竟分属不同的行政区域，各自有着不同的经济利益和政绩追求。"区域利益协同共享是一切区域经济行为产生与发展的基础。"[1]如果说政治责任是外在动力，经济利益和政绩追求则是内在动力。促进区域协调发展，外在动力不可或缺，但内在动力更具根本性、持久性和强力性。

---

[1] 北京国际城市发展研究院首都科学决策研究会课题组：《关于建立区域协同利益分享机制的10条政策建议》，载《领导决策信息》2019年第14期。

单方援助是区域协调发展的低级形式，靠的是政治责任这一外在动力，浙江山海协作最初也经历了这样一个过程。然而，这种扶贫式的协作，先富地区表现的是一种政治姿态，并无持续的内在动力；后富地区感觉扶贫资金是杯水车薪，无法满足"造血"的需要。要获得内在动力，将山海协作不断推向深入，就必须坚持习近平同志提出的"优势互补、互惠互利、合作双赢、共同发展"基本原则。

坚持优势互补和互利共赢，关键是要充分挖掘双方的比较优势，做好互利共赢的制度安排，实现产业链层面、产业平台层面乃至全方位的深度合作。第一，先富地区利用资金、技术、人才、市场渠道、信息等优势，与后富地区的资源、生态、人文以及生产能力的优势相结合，实现产业链层面的合作，其中，先富地区较多地承担研发、销售服务等环节，后富地区较多地承担生产制造环节；先富地区较多地承担资本运作和资源整合环节，后富地区较多地承担资源开发和利用环节。第二，先富地区利用政府和企业家良好人际关系网络的优势，通过激励性的制度安排，积极推动产业转移和要素转移，为后富地区经济增长注入动力。如在"山"区共建山海协作产业园或生态旅游文化产业园，在"海"区共建创新、开放发展为主导的"飞地园区"，实现先富地区和后富地区一体化融合发展。

（三）区域协调发展既要深化经济领域的合作，又要深化社会领域的合作

毋庸置疑，区域差距首先表现为经济发展的差距，区域协调发展第一位的是经济协调发展，要牢牢把握经济发展这个中心，不断深化地区间经济领域的合作。但是，实现共同富裕并不仅仅是缩小经济发展的差距，还要缩小教育、医疗、文化、科技、人才等社会领域的差距。唯有不断提高社会发展水平，才能不断提升后富地区内生发展能力，实现物质富裕、精

神富有。如果只盯着经济领域的合作，只关注缩小地区经济发展水平，往往是"既没有如愿地缩小区域之间的发展水平差距，也忽视了区域间福利的共同增进，结果使得不同地区不仅出现巨大的经济发展落差，而且也出现了国民基本福利水准上的巨大落差"[①]。

深化社会领域的合作，一要更好地发挥政府作用。一方面，教育、医疗、文化、科技等社会事业，如果主要依靠市场配置资源，除了少数优秀人才可能随着项目流向后富地区外，大部分优秀人才将会流向先富地区，地区之间的发展差距势必会进一步拉大。只有更好地发挥政府作用，才能促进后富地区更多地共享发达地区的优势资源。另一方面，教育、医疗、文化、科技等社会事业大多属于体制内单位，具有很强的组织性，政府能够以较低的成本促成地区间的合作和资源共享，这为更好地发挥政府作用提供了有利条件。同时，与经济领域比较，社会领域中优秀人才的共享不会冲击先富地区的利益，相反还能增加其政绩、扩大其影响，这为更好地发挥政府作用提供了激励。二要不断地创新社会领域的合作形式。行政管理人才的合作可以采用互派干部到对方挂职甚至直接任职的形式，教育、医疗的合作可以采用医联体、分校分院、附属学校附属医院等多种形式，建立起全面帮扶、深度合作、互利共享的合作模式。科技事业的合作可以采用请进来、走出去的形式，如"创新飞地"等。

（四）区域协调发展既要立足省内，又要用更开放的视野向跨区域拓展

省域范围内的区域协调发展，毫无疑问首先要立足省内。立足省内有很多优势：一是行政优势。按照现有的制度安排，省委对辖区内的重要领

---

① 徐康宁：《区域协调发展的新内涵与新思路》，载《江海学刊》2014年第2期。

导干部具有任命权，省政府对转移支付具有决定权，从而能确保对地方的控制力，减少工作阻力，使省委、省政府的决策部署落到实处。如此，省委、省政府只要制定科学的区域协调发展规划、健全合理的考核机制和激励机制、提供有效的合作平台和载体，就能很好地引导地方合作发展。二是地理相连、人文相亲的优势。省域范围内，先富地区和后富地区之间距离并不遥远，投资者往返于两地的交通成本和时间成本显著低于其他地区，这是吸引投资者在省内实现产业投资和合作的重要因素。省内不同地区之间，不仅领导干部交流频繁，今天一个地区的领导明天就可能调到另一个地区任职，这为先富地区与后富地区政府间的沟通和合作提供了良好的基础；千丝万缕的民间联系织就了一张庞大的人际关系网络，可以有效地减少投资者搜集信息、谈判、监督等交易成本，使投资者在同等条件下更倾向于到省内而不是省外投资，从而有利于促进区域协调发展。

区域协调发展要用更开放的视野向跨区域拓展。省外浙商是一支不小的力量，要积极吸引省外乃至国外浙江人参与山海协作，更要作为一个重点来抓。不仅要鼓励他们回乡投资，而且要鼓励他们为家乡的发展出谋划策；不仅要鼓励他们参与经济建设，而且要鼓励他们参与社会建设，充分发挥省外浙江人在推进山海协作中的重要作用。

加快发展县实现共同富裕的实践路径

高玉飞　　陈抒妤

　　加快发展县是省域发展的重要增长极。在实现共同富裕的道路上，加快发展县的任务更艰巨、责任更重大。近年来，加快发展县在习近平总书记"绿水青山就是金山银山"理念的指引下，从地区实际出发，在推进共同富裕上先行先试，积极探索实现共同富裕的体制机制和制度体系，推动形成更多可复制可推广的实践经验，真正实现了高颜值生态环境助推的高质量共同富裕。

一、产业助共富，用足用好高颜值的生态优势，助推加快发展县实现"产业体系"迭代升级

　　加快发展县"天赋异禀"，拥有最宝贵的生态资源，只要能够充分挖掘自身优势，就能在更广范围、更深层次推动生态优势向经济优势转变，带领人民逐步走上共同富裕的道路。随着人民对生态、健康、文化等的需求快速增长，加快发展县的生态价值、经济价值、社会价值日益凸显。相比发达地区，加快发展县仍然存在核心资源底数挖掘不够、产业潜能释放不足、生态体系不够完善、绿色发展不够充分、未来产业前瞻布局不够等问题。助推加快发展县实现共同富裕，首先要立足地区实际，认清区位优

势，对"家底"心中有数，找准地区发展的特色资源所在。近年来，云和县用好梯田这一特色资源，不仅实现了梯田的生态价值，还带动所在区域系列旅游项目以及民宿、农家乐等产业的发展，成为带动地区实现共同富裕的核心引擎。要推广云和梯田引领地区实现共同富裕的经验做法，鼓励加快发展县积极打造能够带动地区经济发展的核心引擎，以核心引擎为牵引，拉长产业链，为实现共同富裕打下坚实基础。对景宁等少数民族地区，要用好国家政策，加大支持力度，发挥少数民族独特的文化优势，推动特色产业大联合大发展，打造少数民族地区实现共同富裕的"重要窗口"。低碳经济与加快发展县的地域特色高度相关，发展低碳经济是助推加快发展县实现共同富裕的新兴产业。要把握节能环保产业新兴市场空间，推动加快发展县的生态功能区建设与碳经济产业紧密结合，积极融入碳排放交易体系，加快推进碳排放权交易，推行淳安"绿色银行"等做法，完善有利于绿色低碳发展的财税、价格、金融、土地、政府采购等政策。

二、要素助共富，持续优化地区创业环境，助推加快发展县实现"要素保障"迭代升级

随着区域发展竞争的加剧，加快发展县对要素保障的需求越来越强烈，这也是加快发展县优化创业环境的重要内容。但是，个别加快发展县乡村资源利用不充分，规模化经营不够，返乡创业者所用的林地、耕地多数只能审批为农业设施用地，用途范围较小；乡村产权融资机制缺少，土地（农房）产权、经营权、使用权价值无法有效评估；人才集聚效应不明显，人才储备不够。解决加快发展县众多"卡脖子"难题，出路在于持续优化创业环境，推进资源要素供给侧结构性改革。一要加大乡村资源整合

力度，科学推进行政村搬迁整合，建立化零为整的土地资源储备制度，由政府或村集体对抛荒耕地进行登记造册，收回或购买已搬迁农户闲置的民房，有序推动土地流转，适当拓宽农用地经营范围，将旅游产业纳入其中。近年来，一些加快发展县积极探索金融服务模式，如云和的民宿经营权抵押贷款"成长贷"有效解决了创业者的资金短缺问题。二要对农村的土地（农房）产权、经营权、使用权进行统一评估，以地理位置、耕地种类、发展前景等因素为主要依据，出具农村土地（农房）产权、经营权、使用权价值导则，鼓励加快发展县结合实际创新农村产权质押融资机制。此外，为了支持加快发展县集聚高端人才、吸引创业团队，要搭建一体化科技人才服务平台，以具体科技推广项目为支撑，创新科研平台建设、柔性合作服务、创业创新转化等政策。

三、创新助共富，全面激活地区经济社会发展活力，助推加快发展县实现"动力支撑"迭代升级

经过长期发展，加快发展县产业日益迈向中高端，拥有更多的新消费市场、新应用场景、新发展空间。要让新品种、新业态持续带来高价值、高效益，就要通过技术赋能、品牌赋能、数字赋能不断催生新的经济增长点。但是，有的加快发展县生态产品价值核算机制不够完善，价值存量底数摸得不够清，转化路径比较单一；产品附加值相对较低，影响力比较小，市场拓展程度不够，数字化改革融入经济社会发展的深度、广度不够。近年来，丽水成为全国首个生态产品价值实现机制试点，生态产品价值实现机制走在全国前列。让核算出来的生态系统生产总值及时转化为地区生产总值，有助于加快发展县更好实现共同富裕。要总结推广丽水的生态产品价值实现机制，鼓励加快发展县结合实际探索生态系统生产总值和

地区生产总值的转化路径，积极构建信用体系、金融体系，完善政府采购生态产品制度，努力实现生态系统生产总值和地区生产总值"双运行、双核算、双提升"，让生态系统生产总值在实现共同富裕中发挥更大作用。部署重大科技创新项目时要给予加快发展县更多支持，鼓励发达地区到加快发展县开展技术、项目合作。加大丽水山耕、景宁600、云和木玩具等区域生态品牌创建扶持力度，深挖品牌内涵，培育更多"立得住、叫得响、传得开"的区域品牌，让加快发展县的生态产品更有名气、卖价更高。推动数字化改革在加快发展县落地，大力发展数字农业、数字工业、数字旅游，加强资源信息共享，构建综合信息服务体系，拓展电商销售渠道，建立涉农信息普惠服务机制，让数字化改革给加快发展县带来更大的经济效益、更多的便民服务。

四、开放助共富，为大开山门发展开放型经济创造条件，助推加快发展县实现"发展格局"迭代升级

随着长三角一体化、衢丽花园城市群建设加速推进和"县县通高铁"计划逐步实施，加快发展县日益融入都市圈经济，更好实现借势借力发展。长期以来，"穷在山上、困在路上、弱在散上"是制约加快发展县实现共同富裕的主要因素。大部分加快发展县处于地区路网末端，"外不畅、内不联"的交通瓶颈制约了地区开放型经济发展。相比一些地区通高铁后的客流量井喷现象，个别加快发展县还没有高铁，物流体系不够健全，乡村配送成本也较高。此外，中央和省里的一些大型国有企业在加快发展县布局不够，加快发展县与外界专业化、集团化运营商的深度合作不够，对外影响力需要提升。要重点关注加快发展县的交通问题，落实"县县通高铁"计划，加大对加快发展县的交通投入，全面提升核心景区的公

路等级，加强重要景区互联互通，以串线成网的交通网格打开联动发展新局面。在布局长三角一体化、"四大建设"等国家战略和省级战略时，将加快发展县纳入其中，推动加快发展县更好地融入新发展格局，与中心城市和都市圈节点城市优势互补、协同发展。鼓励发达地区的专业化、集团化运营商与加快发展县重要景区开展深度合作，出台优惠政策，借助运营商的市场资源和专业优势，帮助加快发展县把生态资源更好地转化为经济效益。加大对加快发展县的宣传推介力度，总结宣传加快发展县实现共同富裕的好故事，宣传推广具有地方特色的网红打卡地、现象级新地标，借助各种文化节、博览会、线上平台等渠道，推动加快发展县更好走出浙江、走向全国、走向世界。

五、均衡助共富，既抓区域内均衡又抓区域间均衡，助推加快发展县实现"统筹协调"迭代升级

衡量加快发展县实现共同富裕的程度，不仅要看地区经济社会发展状况，更要看区域之间发展的均衡性。武义、云和实行异地搬迁安置，在推进共同富裕方面成效显著。实行异地搬迁安置对推进加快发展县实现共同富裕具有普遍意义。但异地搬迁安置后，还有部分群众因各种原因没有完全享受到现有的搬迁政策，仍留守在偏远地区。有的加快发展县教育设施条件还需改善；有的加快发展县山海协作效果不够明显，体制机制还没有完全理顺。要总结推广云和、武义等地实行异地搬迁安置的经验做法，鼓励加快发展县结合实际探索推进城乡融合、实现共同富裕的新路子。出台异地搬迁兜底政策，统一建设"低保户""五保户"等困难群体的公住房，确保整体搬迁。加强公共服务联合体建设，创新"飞校""飞教""飞医"模式，建立多层次立体化社会保障体系。支持异地办学办医、远程教

学医疗、教师医护人员交流，推进发达地区重点中学、重点医院在加快发展县布局分校、分院。深化山海协作工程，创新"飞地"模式，在"消薄飞地"基础上，适时推出"产业飞地""科创飞地""人才飞地"，鼓励"互飞"，推动发达地区技术、人才、信息等要素资源更好流向加快发展县。如三门县借力宁波制造业集群优势，与浙江创新中心合作建设在甬"人才飞地"，有效破解了引才引智困局，其经验值得借鉴。

海岛地区共同富裕特色道路

肖 威 陈 晟 吴似真

　　绿色发展理念是指通过绿色发展方式和生产方式，坚定走生产发展、生活富裕、生态良好的发展道路，实现人与自然和谐共生的思想。绿色发展理念具有丰富而深刻的思想内涵，其中包括树立"绿水青山就是金山银山"的意识、坚持人与自然和谐共生的思想、强调保护生态环境就是保护生产力的观念、倡导"生态兴则文明兴，生态衰则文明衰"的理念等内容。2005年8月，浙江省委书记习近平在湖州市安吉县考察时，首次提出了"绿水青山就是金山银山"的科学论断，成为新时代我国践行绿色发展理念的重要理论源泉。舟山是一个海岛城市，是我国第一个以群岛建制的地级市，素有"东海鱼仓""海鲜之都""海天佛国"之称。海岛众多、海洋资源丰富，是舟山最明显的区域特征。近年来，舟山全面践行绿色发展理念，着力解决海岛发展不平衡不充分、城乡区域发展差距扩大等问题，取得了较为显著的成效。首先，村级集体经济取得较大发展，通过实施"消薄"三年行动计划（2017—2019年），到2020年底，全市村级集体经济总收入达到6.55亿元，比2015年的3.879亿元增长68.86%；其次，居民收入显著增加，到2020年底，人均可支配收入达到39096元，在全省排名第三，是2015年25903元的1.51倍；再次，城乡居民收入差距进一步缩小，共同富裕趋势明显，城乡居民收入比从2015年的1.73∶1稳步缩小到

2020年的1.63：1，居全省前列。

一、舟山全面践行绿色发展理念走海岛地区共同富裕特色道路的实践

舟山在推动海岛地区发展的过程中，坚持以绿色发展理念为指引、以乡村振兴为抓手、以海洋风情为特色，不断加大生态环境保护力度、大力发展绿色产业、提升民生福祉水平，有效提升了海岛地区经济社会绿色永续发展的水平。总的来说，舟山初步探索出一条全面践行绿色发展理念，推进海岛地区共同富裕的特色之路。

（一）践行新发展理念，凝聚海岛绿色发展共识

2015年，党的十八届五中全会提出了创新、协调、绿色、开放、共享的新发展理念，其中，坚持以循环、低碳、可持续为主要践行路线的绿色发展理念将我国社会主义现代化建设的认识和思考上升到新高度，对破解我国经济、社会发展难题，增强发展动力，厚植发展优势具有重大指导意义。舟山积极贯彻落实中央决策部署，从深化绿色发展理念、统一绿色发展共识入手，立足海岛特色，结合海岛实际，总结经验教训，强化理论创新，逐渐形成了具有舟山特色的绿色发展共识。舟山市委在中共舟山第七次党代会上做出了"建成海上花园城市"的战略部署，将绿色发展理念贯穿于城市建设始终，要求坚定不移推进"五水共治"，加强环境保护和生态环境建设，努力将舟山建成美丽中国的海岛样板。中共舟山市委七届二次全体（扩大）会议提出了建设"品质舟山"的战略目标，要把舟山建设成为功能完善、环境宜人、宜居宜业宜游、最干净最美丽的品质之城。"建成海上花园城市"和"品质舟山"战略目标的提出，是对中央绿色发

展理念在认识上的深化和发展、在实践上的与时俱进和开拓创新，对舟山海岛绿色发展具有重要意义。从此，全市上下凝心聚力、务实笃行，将具有海岛特色的绿色发展理念融入全市发展规划、经济建设、环境治理、社会发展等各项中心工作之中，极大地推进了海岛地区共同富裕的进程。

（二）开展美丽乡村建设，夯实海岛绿色发展基础

保护生态环境是践行绿色发展理念的基础，要像保护眼睛一样保护自然和生态环境，像对待生命一样对待生态环境。舟山大力实施美丽乡村行动，让良好生态环境成为海岛经济社会持续健康发展的增长点和人民共同富裕的支撑点。

第一，实现规划全域化。以新区发展规划和新区（城市）总体规划为引领，高起点编制全省首个市级乡村振兴与美丽乡村建设升级版战略规划，精心描绘渔农村振兴和美丽乡村升级版建设的"海上花园模式"。出台《舟山市美丽乡村建设三年攻坚行动实施意见（2018—2020年）》《舟山市美丽乡村建设三年攻坚行动任务清单》等政策文件，系统谋划新时代美丽乡村建设的"四梁八柱"。实施"个十百千万"工程，实现全市美丽渔农村四级联创全覆盖。

第二，全力优化人居环境。一是全域实施整洁村庄专项行动。从村庄环境卫生整洁、乡容村貌梳理有序、卫生设施设备齐全、村庄庭院绿化美化、长效管理机制健全五方面入手，因地制宜，比学赶超，打响渔农村人居环境提升攻坚战。以全市渔农村"洁美杯"环境整治竞赛为载体，按季开展竞争评比。2018年以来，已先后授予16个乡镇（街道）和48个村"洁美杯"称号，并对排名靠后的4个乡镇（街道）和11个村予以通报批评。二是强力推进渔农村生活垃圾分类。制定实施《舟山市渔农村生活垃圾分类处理三年行动计划（2017—2019年）》，加快推进城乡环卫一体化

进程，建立简便易行的海岛垃圾分类处理模式，建立健全"积分兑换""以量换物、以物代币""绿色账户"等分类奖励机制。截至2019年底，全市所有渔农村均已开展生活垃圾分类处理，覆盖率（除拆迁村、城中村）达到100%。三是巩固提升渔农村水环境治理成果。把修复、治理生态环境摆在压倒性位置，持续推进渔农村生活污水治理工程，全市累计开展渔农村生活污水治理村296个，在全省率先实现渔农村污水治理三年任务两年完成。

第三，打造美丽乡村样板。坚持一县一定位、一岛一品牌、一村一特色，深挖海洋海岛元素，打造高颜值的美丽乡村。根据"休闲定海""全景普陀""仙岛岱山""曼妙嵊泗"等区域定位，形成"各美其美、美美与共"的发展体系，嵊泗、普陀、岱山成功创建省级美丽乡村示范县（区），累计创建省级美丽乡村示范乡镇22个、省市美丽乡村精品村145个、县级美丽渔农村140个、新时代美丽乡村达标村120个，打造美丽海岛主题风景线17条。全市60%以上的省市级美丽乡村精品村覆盖率使海岛乡村"盆景"变"风景"、"苗圃"成"花园"。

（三）保护历史文化村落，厚重海岛绿色发展底蕴

舟山的海岛历史文化村落承载着蓝色文明的印记、海洋文化的元素，有鲜明的个性，是不可多得的资源，让它们留下来、活起来，挖掘其中的人文美，对做好绿色发展的"里子"和增强海岛绿色发展底蕴有着重要的现实意义和历史意义。

第一，抓牢规划设计。各地结合县域总体规划、村庄布点规划以及乡村旅游规划，明确村落"功能、规模、特色、发展方向"以及"建筑、立面、小品、村道、产业、综合体"等定位，为历史文化村落在保护利用上实现可持续发展提供指导。

第二，抓实项目建设。按照精益求精、形成整体风貌、做成景观村庄的要求，加大推进力度，确保时序进度，成形、成品、成景。深入研究舟山海岛型历史文化村落历史，全面挖掘、整理海岛传统村落的建筑形式、社会习俗、传统工艺、制度礼法、家训家规等非物质文化遗存。

第三，抓好统筹融合。充分利用现有资源，科学整治村庄人居环境，积极做好旅游配套，推动旅游产业发展，着力打造宜居、宜游、宜业的美丽乡村。嵊泗县花鸟村自2014年启动"定制旅游"以来，带动花鸟村本地群众就业达59人，在旅游旺季人均月收入达2500元，带动多名群众分别在住宿、餐饮、零售等方面参与乡村旅游创业。同时，租赁改造11幢民宿并启用旅游服务接待中心，有效提升旅游接待能力，村级集体经济实力不断壮大。

（四）实施产业升级，打造海岛绿色发展平台

产业兴旺是实现共同富裕的基础，舟山坚持绿色发展理念，结合海岛特色资源，充分利用"绿水青山"优势构建现代化的产品和产业，逐渐实现一二三产业的融合发展，推动海岛经济持续向好发展。

第一，推动海岛农业提档升级。为大力实施绿色农业发展战略，出台《舟山群岛新区现代农业发展三年行动计划（2018—2020年）》，重点建设农业景观示范带1条，建成现代农业园区1个和田园综合体1个，培育建设8个重点农业乡镇，新增绿色食品基地6000亩，培育新型职业农民500名，培育农旅结合型新型经营主体80家，农业现代化发展水平总体上达到省定评价指标体系，基本实现农业现代化。

第二，推动"一条鱼"全产业链发展。渔业是舟山的传统产业、优势产业和民生产业。舟山坚持做好做深做优"一条鱼"文章，持续焕发渔业产业链、生态链和价值链的生机活力。扶持重点企业开展低值水产品高值

化利用，以国家海洋经济创新发展示范城市重点项目为抓手，推动关键技术科技攻关和产业化示范，抓好鱿鱼产业链"零浪费、全利用"、海洋生物医药等国拨资金项目。其中，鱿鱼副产品开发饲用生物活性肽填补了国内空白。2019年，全市水产品加工业产值约170亿元，占全省水产品加工业总产值60%，精深加工让价值倍增。以远洋渔业为突破口，推进捕捞、加工、装备制造等全产业链发展平台建设。2019年，国家远洋基地已聚集企业超270家，其中国家级龙头企业4家、国家级高新企业和省级龙头企业10家以上，投产远洋渔船570艘，实现远洋渔业经济总产出280亿元。

第三，推动海岛民宿新经济发展。深刻领悟习近平总书记视察舟山时提出的"让老百姓坐在家门口就能赚钱"的重要指示精神，依托高颜值的海岛美丽乡村，引导渔农民创意海岛、经营渔农村、创业渔农家，着力打造具有海岛风味、渔家风情、时尚休闲的"东海人家"特色渔农家民宿。引进联众、陌领佑舍等一批知名品牌，培育嵊泗东海五渔村、朱家尖东荷嘉园等一批渔农家乐民宿特色村和"村回·庆和院""嵊泗伍码"等一批特色民宿。2019年，全市已发展渔农家乐民宿3231家，接待游客4200万人次，实现营业收入600亿元。

第四，推动渔农村电商茁壮发展。依托海洋水产、海岛旅游等特色资源，搭建电商平台，培育电子商务专业村和电商市场主体，积极发展"直播带货"等新模式，做好互联网"卖舟山"文章。目前已有74家农民专业合作社、家庭农场等农业经营主体与平台对接，涌现出白泉皋泄网创服务驿站、传奇庄园、彩虹草莓等较有影响力的农村电商企业和青年创客。全市累计建成创业孵化基地14家，入驻企业943家。建成农村综合电商服务站455个，全市涉渔农网店超过6000家，2019年实现网络零售额68亿元。

（五）实施惠民行动，共享海岛绿色发展成果

"人民对美好生活的向往就是我们奋斗的目标。"增进民生福祉是绿色发展的根本目的，也是共同富裕的必然要求，舟山聚焦"绿色发展成果共享"，在织密兜牢民生"网底"上打造百姓幸福的舟山指数。

第一，提升低收入居民收入。全面实施低收入渔农户高水平全面小康计划，建立大扶贫工作机制，精准认定、精准帮扶，落实低收入渔农户扶贫信息核查、社保扶贫、健康医疗扶贫、教育扶贫、就业创业扶贫和结对扶贫"六个全覆盖"，促进低收入渔农户收入稳步提高，确保年家庭人均收入8000元以下渔农户"三清零"。2020年，全市低收入渔农民人均可支配收入为19163元，低收入渔农民人均可支配收入与渔农民人均可支配收入比为0.49：1，分别居全省第二、第四。

第二，完善渔农村社会保障。建立健全城乡一体的养老、医疗、低保等社会保障制度，不断提升社会保障水平。通过引进民营资本等方式加大社会养老床位供给，每千名老人拥有社会养老床位数居全省前列，全市养老保险参保率提高到95.64%，基本医保参保率达99.3%。通过政府全额代缴，残疾人和低收入渔农户实现全员参保，惠及1.3万余名困难群众。推进"健康舟山"行动，国家级卫生乡镇占比全省领先，全市69.4%乡级医疗卫生机构服务能力达到基本要求以上，6个重点海岛开设住院服务，110个基层远程医疗服务站点完成标准化建设，20个离岛健康小屋建成投用。坚持教育均衡发展，学前教育招生服务区制度实现全域覆盖，全面推行小学放学后托管服务，24所乡村中小学实现"互联网＋教育"结对帮扶，中职教育质量居全省第一方阵，在全省率先实行银龄讲学支援计划，整个海岛地区教育质量明显提升。

二、舟山全面践行绿色发展理念走海岛地区共同富裕特色道路的经验启示

舟山全面践行绿色发展理念，推进海岛地区共同富裕的实践取得一定成效，是在习近平新时代中国特色社会主义思想指导下，坚持以人民为中心，践行新发展理念，深入推进浙江省生态文明先行示范区建设的具体体现，也是舟山立足海岛实际，推进共同富裕的有效探索，为今后走共同富裕道路带来了丰富的经验启示。

（一）抓好海岛生态是基础

生态环境建设对推进共同富裕具有重要的意义。首先，良好的生态环境是最公平的公共产品，是最普惠的民生福祉。没有良好的生态环境，老百姓就无法享受美好生活环境、食品安全、清洁水源、清新空气等最基本的生态福利。其次，良好的生态环境是社会生产力高质量发展的前提，"绿水青山就是金山银山"，"金山银山"必须建立在"绿水青山"的坚实基础之上，保护生态环境才能达到既能拥有碧水蓝天又能拥有"金山银山"的美好境界。舟山在充分认识生态环境建设重要性的基础上，一方面从优化生态环境的角度，开展整洁乡村专项行动、推进渔农村生活垃圾、提升渔农村水环境治理等行动，大大地了改善渔农村的人居环境；另一方面从美化生态环境的角度，打造海岛样板，进一步挖掘海洋海岛元素，凸显海岛生态的品牌和特色，全方位、多角度、立体化提升海岛生态环境。

（二）推进产业富民是核心

践行绿色发展理念，不是为了"绿水青山"就要放弃经济发展。因为

我们要建设的现代化是人与自然和谐共生的现代化，既要创造更多物质财富和精神财富，也要提供更多优质生态产品。践行绿色发展理念，需要秉承经济发展与生态环境保护相互支撑、互融互促的思维方式，要在"绿水青山"的基础上，大力发展绿色经济、循环经济、低碳经济，优化产业结构，转变发展方式，实现"金山银山"的华丽变身。舟山立足优越的海岛生态资源，大力发展现代农业、海岛民宿、电商平台、休闲渔业等绿色产业，带来了大量的人流、物流、资金流，使得舟山从一个偏僻海岛城市逐渐成为回归自然、度假休闲、全家出游、猎奇探险的旅游胜地，成为长三角居民的"后花园"。绿色产业的发展，带来了生产力的提升，也带来了居民收入水平的增加和城市实力的提升，为推进海岛地区共同富裕打下了坚实基础。

（三）坚持整体规划是关键

海岛生态环境保护和绿色产业的发展具有综合性和区域性特点，只有站在全局高度，整体规划，协调各方，才能充分调动全市上下、社会各界的资源和力量，才能打破地方单打独斗、各自为营的局面，避免"各吹各的号，各唱各的调"，实现"1＋1＞2"的效果。舟山在践行绿色发展理念的过程中，坚持将全域规划放在首要位置，就乡村振兴、美丽乡村建设、"五水共治"、生活垃圾分类等议题进行整体规划，制定出台多个实施意见、行动计划、任务清单等政策文件。各项整体规划的制定出台，充分发挥了绿色发展"指挥棒"的作用，有力地推动了海岛地区绿色发展理念的宣传、生态环境的保护、绿色产业的发展、民生福祉的提升，使绿色发展实现了有章可循、有规可依，为工作的进一步开展提供了坚实而有力的保障。

（四）增进人民福祉是动力

践行绿色发展理念，其最终目的就是实现共同富裕。在做大"蛋糕"的同时一定要解决好分"蛋糕"的问题，忽视社会分配的公平正义，出现城乡发展差距拉大、收入分配不均等问题，将严重背离绿色发展理念中关于可持续发展的内涵。近年来，舟山以增进人民福祉为目标，强化社会分配的公平正义，不断加大惠民力度，提升低收入居民收入，增强居民教育、医疗、养老等方面的社会保障水平，极大地增加了人民群众的获得感和幸福感。在增进人民福祉、共同富裕的过程中，也获得了人民对绿色发展理念的认同，增强了践行绿色发展理念的动力。

三、进一步推进舟山走海岛地区共同富裕道路的建议

"十四五"规划已经开始实施，全面建设社会主义现代化国家的新征程已经全面开启。征途漫漫，唯有奋斗。舟山要以马不离鞍、缰不离手的定力，以钉钉子的精神贯彻绿色发展理念，奋力构建新发展格局，尤其是在浙江扎实推进共同富裕示范区建设的时代背景下，更要毫不动摇地坚持绿色发展理念，将绿色发展理念贯彻到海岛共同富裕的各个角落。

（一）始终坚持以生态为本，推进全景式打造

一要尊重自然美，打好绿色的"底子"。坚持以净为底、以点带面、建管并重，从整体上、区域上、管护上联动推进环境整治，实现村域美化、村容美观、庭院美丽、杆线有序，真正让渔农民群众生活在天蓝、地绿、水清的良好环境中。开展新一轮升级版"整洁村庄"的高标准打造，围绕环境卫生、乡容村貌、基础设施、绿化美化、长效管理五大类项目抓

好全域提升，健全落实长效管理机制，坚定不移打好环境卫生持久战。完善基础配套设施，推进道路、绿化、排水管网、公厕、停车场等各类基础设施建设，注重乡村小节点的打造，突出渔农村乡土气息。二要注重个性美，画好绿色发展的"面子"。"百里不同风，十里不同俗。"要尊重自然美，也要注重个性美、构建整体美，精心打造自然、人文都令人赏心悦目、心向往之的美丽海岛，实行全域提升、全域建设、全域管理，统筹推进美丽村庄、美丽田园、美丽庭院、美丽河库、美丽风景线、美丽城镇"六大美丽"创建，努力形成"一户一处景、一村一幅画、一镇一天地、一线一风光、一县一品牌"的大美格局。三要挖掘人文美，做好绿色发展的"里子"。要在"地域风情、文化传承、时代气息"上塑造品质，做到村内历史建筑和文化遗产应保尽保，传承好"活态文化"，讲述好"乡村故事"，留住美丽乡愁，形成村落（村庄）景区的特色文化基因。

（二）注重坚持以规划为先，体现全域性布局

以谋划指导策划，以策划引领规划，以全域化的理念对村域（岛域）的地理、历史、文化深度挖掘。一是加强全域规划，注重区域的整体布局和设计，讲求区域内的互补互动以及与区域外的互联互通。不搞面子工程和首长工程，不能只抓那些条件好、看得见的区域，忽视或放弃困难多、难度大的区域，避免形成一些死角和留下一些羞处。二是加强规划控制，防止村落无序甚至破坏性建设。实行红、黄、绿三线管理，即红线生态保护区、黄线限制开发区、绿线可开发区差异管理有序建设。完善建设管理机制，塑造海岛的活力美，使海岛各个方面、各个角度都具有美的特质和形象。三是注重村域布局，编制与土地总体利用规划相融合的村庄规划，做到求土忌洋、求旧忌新、求软忌硬、求曲忌直、求特忌同，确保空间布局合理和人与自然和谐共生。同时，要加强建筑立面管控，防止出现不土

不洋、不伦不类的房屋。

（三）继续坚持以产业为基，加快全产业链发展

只有把渔农村产业搞活了、搞强了、兴旺了，渔农村才有活力，渔农民才有奔头，共同富裕才能打开新局面。因此，在践行绿色发展理念的过程中，应立足区域特点，做大做强海岛特色产业。一是做强美丽产业。依托独特海岛资源、海洋旅游人次，做好美丽乡村旅游目的地。做优做精农家乐、民宿等美丽产业，促进产业融合发展。立足村庄优势资源，打造康养游、骑行游、海防游、美食游、研学游、古村文化游等个性产品。相邻区域资源互补，可抱团发展，打造片区特色产品。积极打造牧歌式、慢节奏的乡村旅游产业，持续推进民宿、休闲观光等新型业态的稳步发展，让更多渔农民实现从"卖产品"到"卖风景"的跃迁。二是打造产村融合平台。加快一二三产业融合发展，深入实施"千村精品、万村景区"工程。根据自身条件，发展具有特色和优势的主导产业，并以此为主线，形成相对完整的产业链和产业体系，形成集约集聚和放大效应。深入推进"小而精""小而特"的有机农产品创建工作，讲好品牌故事，扩大"定海山系列""普陀观音系列"等区域品牌的影响力，提高渔农产品竞争力和附加值。强化农文旅融合，引导家庭农场、农业专业合作社发展采摘型、生产型、综合型休闲基地，满足游客观光、体验、住宿、度假、游乐、就餐、购物等多方面需求，从而拓展农业功能，延长农业产业链，提高农业综合经济效益，解决海岛渔农业规模小、增效难的问题。三是做活电商产业。做活渔农村商务流通，推进渔农业领域的"电商换市"，大力发展既有地方特色又适合电商销售的渔农产品。

（四）始终坚持以民为本，培育全面发展新农民

一是突出渔农民群众主体作用。把政府主导与群众主体有机结合起来，最大限度地调动渔农民群众的积极性、主动性和创造性。通过加大对渔农村实用人才、新型职业渔农民、渔农业科技推广人才、渔农村专业服务型人才建设等乡村人才的培训培育，因地制宜地打造一支有文化、会技术、懂经营的海岛乡村人才队伍，为高水平推进海岛建设提供有力支撑。要广泛听取群众意见，充分尊重群众意愿，确保各项决策符合群众利益。二是发挥基层党组织战斗堡垒作用。顺应村看村、户看户、群众看党员干部的普遍心态，发挥党员先锋模范示范引领作用，积极延伸党组织触角。以项目为单位划分网格责任区，从抓庭院美、人居美入手，做好宣传引导、征集和应对民情民意、项目比选、工程推进等工作，使党员干部成为海岛建设的推动者，营造"心往一处想、劲往一处使、话往一处讲、事往一处做"的党群共建氛围。三是强化村级主体和乡村治理新模式。推行渔农户环卫保洁自治模式，创新"党员联系包户""义务轮值""分片承包"等推进机制，将环境综合治理、垃圾分类制度执行情况与村干部个人相关补助、村民福利分配等相结合，有效调动渔农民参与环境管理的主动性和积极性。

不同地区以乡村振兴推进
共同富裕的路径比较

邱　雪　申鲁菁

共同富裕是马克思主义的一个基本目标，是社会主义的本质要求，是全面小康之后人民群众新生活、新奋斗的共同期盼。站在新发展阶段的历史起点上，脱贫攻坚战取得全面胜利，全面建成小康社会取得伟大历史性成就，连续十多年保持世界第二大经济体地位，我国已经具备进一步推动解决这个问题的物质基础和能力。党的十九届五中全会向着更远的目标谋划共同富裕，提出了"全体人民共同富裕取得更为明显的实质性进展"的目标。习近平总书记指出："共同富裕本身就是社会主义现代化的一个重要目标。我们要始终把满足人民对美好生活的新期待作为发展的出发点和落脚点，在实现现代化过程中不断地、逐步地解决好这个问题。"《中华人民共和国国民经济和社会发展第十四个五年规划和2035年远景目标纲要》（以下简称《纲要》）提出，支持浙江高质量发展建设共同富裕示范区。"十四五"开局起步，浙江有了新目标，杭州作为全省领头雁，如何在高质量发展进程中推进共同富裕示范区建设，如何在奋力谱写"八八战略"新篇章中找准从市域层面推动共同富裕的着力点和突破口，以及探索提高收入分配质量和不断缩小城乡差距、收入差距、地区差距的新路径，成为一项重要课题。

一、问题的提出

（一）率先推进并实现共同富裕，为中国特色社会主义共同富裕道路探路，是浙江作为"重要窗口"的应有之义和应时之举

《纲要》明确支持浙江高质量发展建设共同富裕示范区，这是党中央、国务院对浙江的高度信任和重托，也是全面建设社会主义现代化征程中需要破题的一个新课题。《纲要》中已确定我国到2035年达到中等发达国家水平，即人均国内生产总值达到2万美元左右，浙江有望在"十四五"末达到或接近这一水平，走在前列的我们必须立足浙江实际、着眼长远，实现更高质量、更加公平、更可持续、更为安全的发展，为共同富裕宏伟蓝图开好局、起好步。

（二）居民增收致富取得显著成果，具备进一步推进共同富裕的物质基础和能力

党的十八大以来，浙江省委、省政府坚决贯彻习近平总书记重要指示精神和党中央决策部署，推进"八八战略"再深化、改革开放再出发，实施富民强省十大行动计划。2020年，浙江统筹抓好新冠肺炎疫情防控和经济社会发展，实现地区生产总值6.46万亿元，经济高质量发展特征不断显现，富民惠民安民成效显著，居民收入增速逐季回升，全体居民收入和农村居民收入分别首次突破5万元和3万元，城乡居民收入连续第20年和第36年位列全国各省（区）第一。全体居民、城镇居民、农村居民人均收入绝对值分别是2013年的1.76、1.69和1.83倍，年均增长率分别为8.4%、7.8%和9.0%。城乡居民收入结构不断优化，从占比情况来看，人均工资

和家庭经营性收入从2013年的58.5%和18.8%分别下降至2020年的57.4%和15.9%，同时，财产收入和转移收入占比之和从22.6%上升至26.8%。中等收入群体不断壮大，城乡居民收入比小于2，是全国最低的地区之一。居民收入高、城乡收入差距小，成为浙江发展的突出亮色。乡村振兴不断推进，城乡区域之间基本公共服务均等化逐步实现，为浙江率先迈向共同富裕打下深厚基础。

（三）当前浙江率先迈向共同富裕面临的问题具有普遍性

目前，世界上还没有一个大型经济体真正实现共同富裕，我国社会主义制度的优越性给实现这一目标的实现提供了可能。当前，浙江面临着收入增速放缓，经济增长与收入分配矛盾突出，行业收入差距不断扩大，城乡发展、区域发展不平衡等问题，这些也是我国其他地区乃至其他国家面临的共同问题，因此浙江的探索将为其他地区共同富裕之路提供经验与借鉴，为尽可能缩小收入分配差距所作的努力对浙江乃至整个国家的长治久安都非常重要。这个问题解决得好，有利于我国跨过"中等收入陷阱"，在开启全面建设社会主义现代化国家新征程中蹄疾步稳，不断创造新成绩。

二、杭州率先迈向共同富裕的基础优势

（一）经济支撑力水平总体较高

2020年，杭州实现地区生产总值16106亿元，居全国第八，比2019年增长3.9%，增速分别高于全国、全省1.6%和0.3%。2019年，杭州人均地区生产总值达到15.25万元（按2019年人民币对美元的平均汇率折算为2.21万美元），已跨入中等发达国家水平的门槛（2.17万—4.34万美元）；

社会消费品零售总额6215亿元，第三产业占地区生产总值比重66.2%，已成为全市经济增长重要引擎。数字经济蓬勃发展，2020年全市数字经济核心产业实现增加值4290亿元，增长13.3%，高于地区生产总值增速9.4个百分点，占全省生产总值的比重为26.6%，较2019年提高1.9个百分点。

（二）居民经济实力明显提升

2020年，杭州市全体居民人均可支配收入61879元（全省人均可支配收入52397元），增长4.4%，居全省第一、全国第六；城镇常住居民人均可支配收入68666元（全省城镇常住居民人均可支配收入62699元），增长3.9%，居全省第一。

（三）四项收入全面增长，结构优化

2020年，从城乡居民收入四项构成来看，杭州全市居民工资性收入、经营净收入、财产净收入和转移净收入分别是2015年的1.41、1.28、1.53和1.69倍；从占比来看，占可支配收入比重前两位的工资性收入和经营净收入从2015年的60.1%和11.8%分别下降至2020年的58.2%和10.4%，同期财产净收入和转移净收入占比之和从28.1%提升至31.4%，收入结构不断优化升级。

表1　2015年、2020年杭州市城乡居民人均收支主要指标

指标名称	城镇居民		农村居民	
	2015年	2020年	2015年	2020年
人均可支配收入（元）	48316	68666	25719	38700
（一）工资性收入（元）	28891	39720	15860	23359
（二）经营净收入（元）	4502	5640	6628	9196
（三）财产净收入（元）	6851	10182	982	1586
（四）转移净收入（元）	8072	13124	2249	4559

数据来源：2015年、2020年杭州市国民经济和社会发展统计公报。

（四）城乡居民收入比缩小至1.77

随着城乡一体化融合发展的持续推进，杭州市收入分配格局不断优化，城乡居民人均可支配收入倍差逐年缩小。2020年，全市城乡居民收入比为1.77，比2015年缩小了0.11，且连续五年呈现缩小趋势，农村居民收入增速6.7%，城镇居民收入增速3.9%，农村居民收入增速比城镇居民高2.8个百分点，城乡居民收入差距进一步缩小为杭州市加快推进城乡统筹一体化迈入新发展阶段注入了新动力，也为杭州市居民走向共同富裕打下了坚实基础。

（五）区域间收入差距不断缩小

2020年，杭州市富阳区、临安区、桐庐县、建德市、淳安县5个区县市居民人均可支配收入平均增长率6.09%，高于全市平均水平1.19个百分点，且增速均高于全市平均水平，增速最高的淳安县为6.46%，体现出区域之间收入差距不断缩小的良好发展趋势。

（六）居民生活满意度较高

据对全市1100户居民家庭的调研结果显示，居民对高质量小康生活的总体满意率（包括非常满意、比较满意和一般满意）达93.5%，其中，对交通信息生活满意率最高，达97.4%；对文化生活、社会生活和生态生活满意率较高，分别为95.0%、93.5%和91.9%；对经济生活满意率相对较低，但也达89.7%。

表2　杭州居民生活满意度评价情况

核心要素	满意率（%）	评价要素	满意率（%）
经济生活	89.7	总体收入水平	87.0
		总体消费水平	92.9
		居住环境	89.1

核心要素	满意率（%）	评价要素	满意率（%）
社会生活	93.5	健康状况	94.1
		老有所养	92.0
		病有所医	94.4
教育文化娱乐生活	95.0	学有所教	93.2
		休闲娱乐生活	96.6
		旅游出行	95.3
交通信息生活	97.4	市内交通出行方便情况	95.6
		城市间出行方便情况	97.5
		智慧生活	99.2
生态生活	91.9	空气质量	88.1
		绿化质量	94.1
		卫生环境质量	93.5

（七）美好生活加速迈进

党的十八大以来，法治浙江、文化浙江、平安浙江建设全面深化，市域治理现代化加快推进，居民幸福感、获得感、安全感大大提升，加速向美好生活迈进。一是消费能力显著提升。2020年，杭州市全市居民人均消费支出38235元，是2015年的1.27倍。二是恩格尔系数有所下降。从2015年的27.1%下降到2019年的24.6%；三是居住环境更加舒适。2020年末，城镇居民人均住房建筑面积39.3平方米，农村居民人均住房建筑面积75.5平方米，分别比2015年末增加3.8平方米和6.7平方米。四是耐用消费品升级换代。2020年末，城镇居民每百户居民家庭拥有家用汽车65.3辆、空调252.2台，农村居民每百户居民家庭拥有家用汽车54.9辆、空调211.6台，分别比2015年增加16.6辆、44.9台和16.7辆、64台，生活品质全面提升。

三、当前杭州率先迈向共同富裕面临的几个问题

(一) 收入增速有所放缓，与经济发展不完全同步

进入新时期、新常态，在全省经济发展目标主动从注重速度转变为提质增效的大背景下，加之受新冠肺炎疫情影响，杭州市居民收入增速总体有所放缓。杭州市全体居民、城镇居民和农村居民人均收入实际增速分别从2015年的6.8%、6.4%、7.3%下降至2020年的2.3%、1.8%、4.5%，分别下降了4.5、4.6、2.8个百分点。此外，2015—2020年杭州市居民收入年均实际增速5.4%，低于同期全市地区生产总值增速0.6个百分点，居民收入要保持与经济完全同步增长仍面临一定的压力和困难。经济增长带来的效益并没有完全传导到居民收入上，与民共享发展成果的进程还需要进一步推进。

表3　2015—2020年杭州市居民收入实际增速与地区生产总值增速

类别	2015年	2016年	2017年	2018年	2019年	2020年
全体居民收入增速（%）	6.8	5.4	5.5	6.6	5.7	2.3
城镇居民收入增速（%）	6.4	5.3	5.2	6.3	4.8	1.8
农村居民收入增速（%）	7.3	5.8	6.2	6.7	5.9	4.5
全市地区生产总值增速（%）	6.8	9.5	8.0	6.7	6.8	3.9

数据来源：杭州统计年鉴、杭州市国民经济和社会发展统计公报。

(二) 居民收入占比指标远低于发达国家水平

居民收入占比指标（全体居民人均可支配收入/人均国内生产总值）能反映出经济分配中居民收入的比重。2015—2019年，杭州市居民收入占

比从38.0%提升至40.6%，提升了2.6个百分点，距离发达国家60%以上的平均水平还有较大差距，同时也低于全省平均水平（46.4%）5.8个百分点，说明在社会总收入中，分配给居民家庭的比重仍然偏少，经济增长与收入分配的矛盾仍然较为突出。

（三）城乡发展不平衡、收入差距较大

2020年，杭州市全体居民人均可支配收入和城镇居民人均可支配收入位列全省第一，但农村居民人均可支配收入仅列全省第四，说明农村居民可支配收入仍然相对偏少，2015年、2020年城镇与农村居民人均可支配收入之比分别为1.88∶1、1.77∶1，五年间缩小了0.11，缩小程度不明显，且绝对值差距从2015年的22597元增加至2020年的29966元，城乡收入差距仍然较大。

（四）区域发展不平衡、缩小收入差距压力较大

杭州市富阳区、临安区、建德市、桐庐县、淳安县五个区县市占杭州市域面积的82%，但地区生产总值的总和只占全市的15%；2020年，杭州市余杭区地区生产总值（3051亿元）是淳安县（240.6亿元）的12.7倍，比杭州市富阳区、杭州市临安区、建德市、桐庐县、淳安县的总和还多630余亿元。2019年，杭州市滨江区户籍人口人均地区生产总值（590123元）是淳安县（55426元）的10.6倍，比杭州市富阳区、临安区、建德市、桐庐县、淳安县的总和还多14万元。2020年，杭州市西湖区全体居民人均可支配收入73743元，居全省第一；淳安县全体居民人均可支配收入32145元，在全省89个区县市中排第80位，低于全国平均水平（32189元），从绝对值比较，杭州市的西湖区与淳安县的收入差值全省最大，缩小区域经济发展和居民收入的压力较大。

表4　2019、2020年杭州市各县（市、区）居民人均可支配收入

（单位：元）

排名	县（市、区）	2020年	2019年	增长率（%）
1	西湖区	73743	70839	4.10
2	下城区	73565	70330	4.60
3	江干区	70991	68392	3.80
4	滨江区	70053	67684	3.50
5	上城区	69958	67527	3.60
6	拱墅区	68759	66178	3.90
7	萧山区	64482	61594	4.69
8	余杭区	61676	58668	5.13
9	富阳区	54175	50833	6.57
10	临安区	48195	45582	5.73
11	桐庐县	47763	45187	5.70
12	建德市	42063	39694	5.97
13	淳安县	32145	30194	6.46

数据来源：杭州统计年鉴。

（五）行业平均工资收入悬殊，差距呈不断扩大趋势

根据全市2015—2019年非私营单位和规模以上私营单位从业人员平均工资数据显示，杭州市行业间职工工资收入水平差距明显。以非私营单位为例，2015年非私营单位年平均工资收入最高的行业（金融业）是最低的行业（住宿和餐饮业）的4.07倍，平均工资差距131434元；2019年，非私营单位年平均工资最高的行业（信息传输、软件和信息技术服务业）与最低的行业（住宿和餐饮业）收入差距增至4.68倍，绝对值差距扩大到201280元。

四、推动率先实现共同富裕新局面的差异化路径探索

在新征程上扎实推动共同富裕,必须立足杭州实际、放眼长远,对区域协调发展要确立新思维、探索新路径。支持不同地区培育比较竞争优势,探索不同的共同富裕道路,同时,促进欠发达地区与发达地区之间劳动力、资本、土地、人才等关键要素对流,促进市域统筹县(市、区)域联动发展,实现地区间就业创业发展机会均等化,促进城乡、区域之间形成优势互补、共同发展的新局面。

(一)以数字化改革撬动乡村振兴推进高水平共同富裕——以杭州市滨江区为例

杭州市滨江区集体资产规模大、基础好,2019年集体资产规模达136.4亿元,2020年农村居民人均纯收入达50775元。同时,高新技术企业多、优质企业多、创业创新的生态较好,2019年实现数字经济核心产业增加值增长15%。利用数字化改革这个支点,通过流程再造推进制度重塑,进一步打通堵点难点,既把产业做大做强,又使得农民更多依靠财产性收入、经营性收入,让资本和产业高效、精准对接,更好地实现高新技术产业腾飞、更高水平共同富裕。杭州市滨江区这个路径探索如果做成了、做好了,可以推广到全省城市化、工业化程度较高的县(市、区),实现更高水平的共同富裕。

第一,实现从资源到资产再到资本的转化,把"沉睡资源"变成"有效资本"。通过成立农村合作社,把农村的"绿水青山"等生态资源、土地征收留用地、林地等资源要素进行整合,按比例折算成股份,将要素转化为资产、将农民转化为合作社股民、将资金转化为股金,让碎片化的

"沉睡资源"活起来，真正从资源变成资产、变成资本，为扩大财富奠定基础。

第二，实现从合作制到股份制再到合伙制的转化，让财富积累产生"乘数效应"。一方面，通过政府出资建立国有资产经营公司或投资公司，吸收农村合作社的资本，依靠专业的公司化运营，将资本投放到高新技术企业等发展前景较好的企业。农民成了企业的股东，他们不参与决策，仅享受分红。如杭州市滨江区的宇视科技公司2013年初创时还只是年产值1亿元的企业，2020年已经达到50多亿元，如果把农民资本投入到这类企业，财富积累将产生"乘数效应"。另一方面，因为农民的资金获取成本低，也解决了初创企业融资难、融资贵的问题。同时，政府要做好兜底保障，可通过提供担保保证集体资产安全，让农民无后顾之忧，还可以研究公司经营亏本时农民股份优先退出机制等。

第三，实现从传统政银企对接到数字化改革精准配置，打破"资本找不到项目、项目等不到资本"的局面。金融业遵从安全性、流动性、效益性原则，把安全性放在第一位，在守住安全性的前提下发挥流动性、实现效益性，是实现过程中的堵点难点所在。通过数字化改革，将重塑企业与企业、企业与社会的沟通机制，达到企业需求和金融供给精准匹配，有效破解要素流动不畅、资源配置效率不高、资产风险监管不实等堵点难点，从而在实践中实现"管住资产风险、推动产业发展、推进共同富裕"。如抓住数字化改革契机，建设一个"一指办理"门户，今后资本方输入"我要投资"，企业方输入"我要资金"，后台就会像导航地图一样，为双方提供实时、智能、科学的匹配方案供选择，这样就可以大大降低交易成本、节省交易时间，实现双赢。下图就是以数字化改革撬动乡村振兴的小切口业务流示意图。

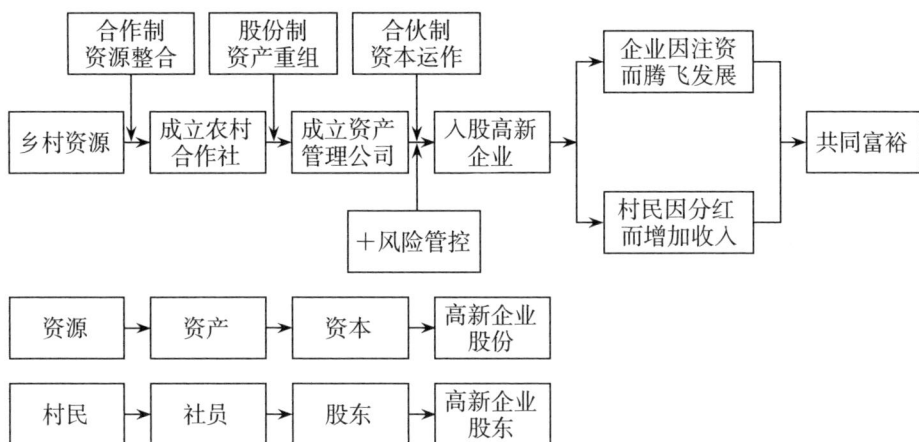

"乡村振兴＋高新产业≥共同富裕"小切口业务流示意图

（二）强化绿色发展理念带动乡村振兴推进高水平共同富裕——以淳安县为例

第一，架设一座把"农民"变成"股民"的桥梁，打通生产要素流动不畅的堵点。现在，淳安县总体上劳动力外出比较多，大部分年轻人在外就业创业，这部分人在家乡有土地、山林、房屋等重要的生产要素，但没有劳动力去经营，导致大量土地、山林、果林、竹林的荒芜。如何让土地、林地、园地和茶叶、水果、竹林、森林等资源要素流动起来，甚至把平时空置的房子利用起来，让农民变成股民，是跨越发展必须破解的重大问题。让农民从靠一家一户的经营收益致富变成有集体股份分红、靠财产性收益、股权收益实现共同富裕，也是跨越发展必须破解的重大问题。这样一来，农民就不再是经营土地、经营林下经济的农民，而是入股到合作社、公司变成股民，变成工人、服务员、保洁员。可以实现要素集中连片有效利用、农民离土不离产和就地市民化，既有股权的收益、公司股份的收益，又可以解决非农化和非粮化的问题，还能解决共同富裕的问题。

第二，架设一座把"公共产品"变成"特色商品"和"生态服务业"

的桥梁，打通高生态价值变不了高经济增长的堵点。公共产品具有非排他性、非竞争性的属性。生态产品属于公共产品，本身具备了生态效益，要变成经济效益、发展优势，要解决投入与产出、保护和收益边界的转化、确定问题，因为不可能封路封山收清新空气山泉溪水的门票。对于淳安而言，建设特别生态功能区，关键是做足淳安特色，做足"特别"文章，做强生态功能。因此，要建一座转化的桥梁，树立"绿水青山＋"思维，大力发展"绿水青山＋旅游休闲""绿水青山＋体育康养"，公司的收益就是经济效益，真正实现公共产品的价值到经济发展增值的转化。

第三，架设一座从"区域性"变成"全国性甚至全球性"旅游目的地的桥梁，打通"快交通"变不了"慢生活"的堵点。建设休闲旅游度假目的地，打造东方休闲名湖，抓住后疫情时代国内旅游发展契机，吸引原来打算到海外旅游度假的中国人到淳安来旅游、休闲、度假、消费。在有条件的情况下，建立旅游自贸区。随着交通条件的改善，现在到淳安已经很方便，但要改变传统的观光游，吸引游客吃在淳安、住在淳安、买在淳安和健康在淳安、文化在淳安、健身在淳安，需要加大旅游设施建设，在项目的建设中体现慢生活，真正留得住人、留得住消费，成为各类人群都喜欢的休闲旅游、体育健身、文化娱乐的场所和消费地。要把淳安的生态旅游推广到全国，使其成为全国生态旅游慢生活的首选目的地。要慎重布局通村公路等设施建设，生态区、旅游功能区既要把生态保护好也要把群众安顿好。

第四，架设一座从农业"低附加值"变成"高附加值"的桥梁，打通传统农业变不了现代农业的堵点。要建设类似日本、以色列的田园综合体、林下经济综合体和休闲旅游综合体，真正以市场、科技、服务业的力量补齐传统农业的短板，发挥生态优势，激发市场活力。如日本以草莓、香菇等农产品为特色的亲子游的价值可能是我们的几倍甚至几十倍。淳安的传统农业有很多好的传承，但跟农业发达国家相比仍有差距。目前，淳安的农业还未达到现代农业、设施农业、休闲农业、品牌农业，附加值还不高，需要继续加大投入，依靠科技，加强创新，借助公司化运作和规模化经营，实现品牌化发展。

（三）探索建立健全"飞地经济"，共谋共建共享机制

"飞地经济"是突破地域限制，科学合理地将政府扶持资金、村集体自筹资金以及村里建设用地等资源集中配置到发展条件优越的"飞地"，共同开发建设提升经济发展水平的可持续的项目，由政府或者开发区平台统一运营，实现发展要素互补、发展成果共享。具体来说，在这种合作模式中，欠发达地区主要提供土地、矿产物资以及劳动力等资源，还可以进行资金投资，而发达地区主要负责平台运营、管理以及智力支持等。这种发展模式不仅可解决发达地区土地指标紧张的问题，而且可以为欠发达地区集体经济发展带来新的机遇。另外，除项目"飞地"之外，为人才交流、干部挂职以及技能培训等提供全方位的支持，实现两地经济协调发展，进而促进村级集体经济的"抱团"发展。

第一，"飞地经济"发展的瓶颈与存在问题。上一阶段的"飞地经济"发展存在盲目拼政策、拼资源，市级产业园产业链不完整、上下游不配套，园区产业规划目标不明、特色不强、技术不精等问题。市域范围内的不同开发区平台存在行政隔阂，有时会出现内部不良竞争。据调研，淳安县在杭州钱塘新区曾启动过"飞地"建设——杭千开发区，该区自2003年4月谋划启动后取得了一定的发展，但由于协作双方在管理体制、职责、利益等方面存在未理顺的问题，发展遇到一定的困难。

一方面，园区落地难，建设进度滞后。杭州钱塘新区的前身历经杭州经济技术开发区、杭州大江东产业集聚区多次体制调整，区域内大部分土

地属于农保地，位于国土空间规划可开发边界之外，导致杭千开发区长期无法划定"四至"范围，园区建设多年未取得实质性进展，给招商政策、产业规划等一系列后续发展带来较大影响。2007年11月，杭千开发区从原规划2平方千米调整为供应净地1500亩，2019年仅供地300亩，剩余土地指标落地存在较大困难。截至2020年7月，园区地块仅入驻经济主体2家，2019年上缴税收和其他非税收入600余万元。

另一方面，专项建设资金尚未落实，面临资金困难。2007年11月，杭州市政府同意设立杭千开发区专项建设资金共2亿元，用于工业用地结算价和成本价的差价补助。但该资金一直没有到位。加之当前土地指标、征迁等费用已大幅上涨，专项建设资金需求已增长到10亿元，杭千开发区在支付工业用地差价时面临巨大的资金困难。

第二，对当前"飞地经济"发展模式的思考与建议。以淳安—滨江为例，由于饮用水水源保护等原因，淳安在土地利用和企业发展方面有诸多限制，"飞出"土地到滨江的产业园是更优选择。激活指标资源的流动性，将滨江的区位和发展优势与淳安的指标要素优势结合，既能帮助淳安实现共同富裕的目标，也能为滨江拓宽土地指标来源，还能为要素结合、共同发展提供新路径。

一是做好科学、全面、动态的顶层设计。着力解决项目建设营运过程中土地指标协调、补助政策落实、项目具体实施运营、固定收益分配使用等关键问题。完善现有制度设置，充分考虑未来财政、税收、民生等方面政策调整，及时跟进项目相关管理制度动态改进，根据经济形势变化，灵活调整收益分配方法以统筹协调各方利益。二是强化制度实施，保障政策到位。对于"飞地"项目涉及的用地指标、财政补助等要及时落实，优化空间规划，确保土地指标及时到位。充分利用国土空间规划契机，打破区域土地指标置换制度瓶颈，同时做好腾退工作，将零星土地利用起来，化零为整，加快指标落地。充分发挥"最多跑一次"政策优势，在符合规定情况下尽量简化"飞地"相关项目审批、审评环节，为项目争取时间优势。创新金融方式，提供符合实际的金融产品，鼓励引导金融机构支持"飞地"项目。三是加强联动背景下探索长效助力"飞地经济"发展的机制。加强市域统筹区县联动，按照市域统筹、跨区发展、股份经营、保底分红的形式，采用"土地＋资金""强区＋弱区（县、市）"模式，"飞出地"取得租金、税收分成及资产增值收益，"飞入地"解决土地指标困境，双方优势互补、利益共享，实现双赢。市级层面要进一步规范"飞入地"产业园管理，在当前基础上研究PPP模式等可能性，吸引社会资本共同参与园区开发，多渠道协作发展。通过山海协作等平台，省市两级协调加大协作资金支持。利用好千岛湖的优势与特色，协调帮助淳安"以水换地""以水换资金"，在异地拓展产业发展空间，实现水源地和饮水地双方的共赢。

不同地区走共同发展道路的
"飞地互飞"模式

罗桂方　陈敬东　杨　琳

一、问题提出

党的十九届五中全会提出坚持人民主体地位，坚持共同富裕方向。共同富裕若从区域发展角度考量，是高梯度发展地区与低梯度发展地区相对均衡、协调的发展。基于山海协作工程的"飞地互飞"丽水模式，是不同地区走共同发展道路探索，对当下浙江先行先试建设共同富裕示范区具有现实重大意义。

"飞地经济"作为一种新型区域经济合作模式，通过让渡经济事务管辖权和分享合作收益实现深度合作、发展共赢，推动实现不同区域之间的优势互补，促进区域之间的均衡发展。"飞地经济"通过创新体制机制、发展模式和路径，以发展性资源促进基础性资源，使强县、弱县优势共享，既增强强县发展动力，又促进弱县潜力发挥，既实现了同步发展也共享了发展的成果，逐渐成为中国地方政府积极倡导的一种经济合作形式。由于"飞地经济"在提出过程中并未硬性规定一定要发达地区充当"飞出地"、欠发达地区充当"飞入地"，但在理论研究和实践操作中，由于产业转移型"飞地经济"是最普遍、最典型的类型，这种类型通常是从发达地区向欠发达地区转移，某些研究会潜意识地从产业转移的视角出发探讨"飞地经济"，致使在实际的规划建设和学术探讨中，似乎已将发达地区和欠发达地区分别默认为"飞出地"和"飞入地"。但随着"飞地经济"实践的深入，也出现了从欠发达地区进入发达地区发展逆向"飞地经济"的存在，甚至出现了"飞地经济"的发展流向的"双飞"和"互飞"，具体有以下几种模式：按照各地发展"飞地"的经济动因，可分为产业转移型、区位寻优型和集约发展型；按照投资主体的不同，可分为"飞出地"政府投资主导型、"飞入地"政府投资主导型、"飞出地"和"飞入地"两地政府共同投资型、企业集团投资型。按照方向的不同，可分为"正向飞地""逆向飞地"等。"飞地互飞"丽水模式是在现有模式基础上，打破传统的"由高向低飞"，转变为"由低向高，或高低互飞"的模式。"飞地互飞"的特殊之处在于欠发达地区既是"飞出地"又是"飞入地"的双重身份，进而实现"由上到下、由下到上、上下互补"促进经济协调发展的多形式、多样态的区域经济合作模式。

二、理论突破

"飞地经济"作为新的区域经济合作模式，是当前实现区域协调发展和共同富裕的重要载体和有效措施，也是马克思主义共同富裕理论在中国当代的新发展新突破。中国共产党自诞生之初就把共同富裕作为自己的重要使命。新中国成立后，党的历代领导人毛泽东、邓小平、江泽民、胡锦涛都根据当时中国的实际情况和现实需求，寻找实现共同富裕的具体途径和方式，形成了"使农民群众共同富裕起来""先富带动后富，逐步实现共同富裕""全面建设小康社会"等思想与战略，使作为社会主义本质属性的共同富裕的内涵、措施更加多样化。党的十八大以来，习近平总书记从全局高度对新时期的中国共同富裕问题进行了更加深入的思考，针对中国区域差异大、发展不平衡的基本国情，提出通过实施区域协调发展战略，促进各地区协同推进现代化建设，努力实现全体人民共同富裕。习近平总书记指出："新形势下促进区域协调发展，总的思路是：按照客观经济规律调整完善区域政策体系，发挥各地区比较优势，促进各类要素合理流动和高效集聚，增强创新发展动力，加快构建高质量发展的动力系统，增强中心城市和城市群等经济发展优势区域的经济和人口承载能力，增强其他地区在保障粮食安全、生态安全、边疆安全等方面的功能，形成优势互补、高质量发展的区域经济布局。"①这些重要论述体现了中国特色社会主义制度"先富"与"共富"的辩证法，与习近平同志在浙江工作时提出的"八八战略"、率先推进浙江全省区域经济协调发展的战略思考和前瞻性探索相通相续。

当时的浙江是中国经济发展的排头兵，但省域范围内丽水市、衢州市和舟山市发展的不平衡不容忽视，这三市的地域面积占全省的27%、人口占全省的13%，但经济总量只占全省的10%，城乡居民可支配收入仅为沿海发达地区的50%左右。全省当时还有26个欠发达县和300多个欠发达乡镇。在充分调研后，习近平同志指出"目前我省人民生活总体上已达到小康水平"，但"我省实现的小康还是低水平、不全面、不平衡的小康"，他提醒全省干部群众"没有欠发达地区的小康，就没有全省的全面小康；没有欠发达地区的现代化，就没有全省的现代化"。2003年7月，习近平同志在中共浙江省委十一届四次全会上首次系统提出"八八战略"，明确提出"进一步发挥浙江的山海资源优势，大力发展海洋经济，推动欠发

---

① 习近平：《推动形成优势互补高质量发展的区域经济布局》，载《求是》2019年第24期。

达地区跨越式发展,努力使海洋经济和欠发达地区的发展成为我省经济新的增长点"。在习近平同志的指挥和推动下,浙江颁布实施全国首个省级层面的城乡一体化纲要,先后出台《全面实施山海协作工程的若干意见》《关于推进欠发达地区加快发展的若干意见》,实施"欠发达乡镇奔小康工程"、山海协作工程、"百亿帮扶致富工程"、"低收入群众增收行动计划"、"低收入农户收入倍增计划"等一系列专项举措和政策体系同步推进,浙江开启了"发达地区加快发展、欠发达地区跨越式发展"的宏大工程。其中,山海协作工程正是对省内发达地区与欠发达地区之间区域经济协作的形象化概括。"山"主要指以浙西南山区为主的欠发达地区和舟山市的欠发达海岛县,基本上包括了浙江26个欠发达县。"海"主要是指浙江沿海经济发达的地区。山海协作工程旨在通过浙江沿海发达地区的帮扶,支持欠发达地区缩小经济发展差距,协调地区经济发展,走共同繁荣之路。2002年以来,浙西南山区与东部沿海地区围绕省委、省政府的决策部署,开展宽领域、多层次、全方位的合作与交流,原26个欠发达县集体"摘帽",区域协调发展走在全国前列,开启26个县加快发展县高质量跨越式发展的新征程。

进入新时代新发展阶段,区域发展的内外环境发生了深刻变化,为进一步解决区域发展不平衡不充分问题,增强山区26县的内生发展动力、开辟税源增收渠道、实现强县富民,浙江提出山海协作升级版"飞地经济",探索建立"飞地园区",这既是发挥"山""海"的资源优势,破解加快发展地区资源不足、空间狭小和生态保护现实掣肘的有效途径,也是不断增强山区和革命老区自我"造血",进而实现高质量共同富裕的重要举措。随着党的十九届五中全会吹响到2035年人的全面发展、全体人民共同富裕取得更为明显的实质性进展的号角,以及浙江被国家确立为高质量发展建设共同富裕示范区,"飞地互飞"丽水模式坚持区域协调发展，既为实现共同富裕的科学道路提供了实践样本，又为不同地区走共同发展的路径提供了可复制的技术路向和模式，充分体现了马克思主义的世界观和方法论，也是马克思主义共同富裕理论在当代的新发展、新实践。

三、实践演进

在山海协作工程中大力推进联合开发区建设是浙江"飞地经济"建设中不可忽视的亮点。通过将沿海的发达地区与山区的欠发达地区"结对捆绑起来"，把欠发达地区的山区资源、成本等优势与发达地区的资本、技术、人才、管理等优势结合起来，从传统的"正向飞地"到"反向飞地"、再到"飞地互飞"，使发达地区与欠发达地区实现优势互补和携手发展。

（一）"飞地互飞"三维逻辑

从"飞地经济"起步到"飞地互飞"，由于"飞入地"和"飞出地"存在客观的经济落差，且经济密度表现出明显的等级性特征，具体表现为三维的演进逻辑。一是"飞入地"往往拥有土地、矿产、森林等资源优势，但由于区位不佳、资金不足、交通和信息闭塞，产业发展滞后，经济密度低。而"飞出地"的资金、项目、技术、管理经验丰富，但也面临土地和环境承载力趋紧、产业转型升级的压力大，两地之间生产要素压力差成为双方合作的内生动力。二是为了促进民族团结进步共同繁荣，针对诸如景宁畲族自治县发展工业的瓶颈制约，以市县协调发展为取向，市本级拿出4平方千米的土地，通过景宁主导开发的模式，用活、用足民族政策，推动形成的民族地区"飞地经济"发展模式。三是随着"产业飞地"

的推进和发展，其潜力和空间逐步下降，变得举步维艰，围绕浙江提出实施山海协作升级版，丽水有了反向操作空间。作为后发地区，缺乏发达地区的技术、人才、产业配套等资源，而发达地区也缺少丽水所拥有的生态环境、休闲养生资源等，两地具有很强的互补性。通过打破地缘限制、资源互换，作为生态"飞出地"的丽水获得异地发展的区位和空间，使逐渐脱离贫困状态成为可能，而发达地区作为"飞入地"，其工业化和城市化水平也相应得到提升，由此实现了创新资源的异地集聚和跳跃式转移、输送。

（二）"飞地互飞"丽水模式

丽水围绕"跳出自身发展自身"思维，积极探索"双向互飞"模式，形成"正飞"与"逆飞"等若干可借鉴的模式。

"正飞"：由高梯度地区向低梯度地区飞入。丽水市莲都工业园区作为全省首家山海协作工程示范区，自2002年山海协作工程启动以来，莲都工业园区以山海协作产业集聚和转型升级为宗旨，大力推进与发达市的产业合作。经过十几年发展，初步形成以通用设备制造业、电气机械制造业、农林产品精深加工业和鞋服制造业为主导的产业集群，已成为莲都工业发展的集聚区、主阵地。

"逆飞"：由低梯度地区向高梯度地区飞入。一是丽景民族工业园的建设。为破解华东地区唯一民族自治县景宁发展空间捉襟见肘的瓶颈、产业基础弱的问题，在省委、省政府的推动下，2009年丽水市本级在经济技术开发区特设4平方千米的"丽景园"，作为景宁畲族自治县的"工业飞地"，坚持管理、税收、产值独立，用足、用活、用好民族政策。经过十多年开发建设，推进建设工业园、小微创业园、空港园、畲家园，相继引入娃哈哈、上海飞科等民营500强企业和上市企业，成为景宁重要的税源地和工业的主战场，成为民族地区"飞地"建设典范。二是山海协作产业园的升级建设。丽水市首批4个域外省级山海协作产业园（莲都—义乌、龙泉—萧山、遂昌—诸暨、松阳—余姚），两地之间建立了共建共管体制机制，结对经济强县不仅为产业园提供资金、技术，还选派优秀干部到产业园担任管委会主任，取得了积极的成效。进一步通过创新体制、创新方式，完善园区规划编制，加强基础设施建设和项目、人才、资本的发展提质促进省级山海协作产业园发展，按照"一园多点、绿色发展"的开发模式，推进云和—北仑、庆元—嘉善、缙云—富阳、景宁—温岭等山海协作生态旅游文化产业园建设。同时，依托各山海协作产业园平台，丽水与结对地区积极开展产需对接、产用结合和产业链上下游整合等对接活动，大力推进产业项目合作。三是"消薄飞地"建设。"消薄飞地"，指集体经济薄弱村由村、县、乡国资公司共同集中资金和土地等资源配置到结对发达地区，依托成熟的开发区（园区）联合建设可持续发展项目并取得固定收益的精准脱贫"消薄飞地"模式。它将"飞地经济"与时俱进地和脱贫扶贫、发展集体经济等内容有机联系起来，成为"飞地互飞"的创新模式。平湖市与青田县的"消薄飞地"是其典型。两地联手合作，在平湖经济技术开发区德国产业园区规划300亩土地用于建设"飞地产业园"，计划总投资2.3亿元。由平湖市通过挂牌出让方式将"飞地产业园"用地出让给青田县农村集体经济联合发展公司负责建设，招商以平湖市为主，双方共同负责。产业园内将建设科创中心、科技孵化器、众创空间等平台，重点引进符合平湖产业发展规划的农业高科技企业和省八大万亿产业。建成后，青田县农村集体经济联合发展公司每年能收到实际投资总额10%的投资固定收益和利益分成。同时，青田县将调剂一定的土地指标给平湖市。"飞地产业园"破解了青田县经济薄弱村脱贫和平湖市缺少建设用地指标两大难题，为两地的经济社会发展开拓互惠互利的合作新机制和新模式。

两地之间通过党建引领，做好"消薄"项目规划；通过抱团发展，做强"消薄"共赢项目；通过三供三保①，创新"消薄"共赢机制；通过稳定收益，做好"消薄"共赢持续。山海协作升级版"飞地抱团"模式的实施，推动了区域协调发展，壮大了村级集体经济，助推了乡村振兴，提高了群众幸福指数，实现了两地"消薄飞地"的持续、精准和共赢发展。四是"人才、科创飞地"建设。为实施"双招双引"，丽水主动走出去设立"人才、科创飞地"。"人才、科创飞地"主要是指为"飞出地"产业发展孵化、储备项目、人才和企业，提高项目孵化后到"飞出地"产业化的落地率的"飞地经济"发展模式。上海张江高科技园区是世界级高科技园区，2020年，丽水经济开发区在上海张江科学城和张江药谷核心区设立了丽水国际科创中心，这是丽水市首家驻沪"科创飞地"和"城市客厅"。丽水国际科创中心还建有生物医药产业基金，按照"一园一基金一政策一平台"的定位，重点支持生物医药企业研发平台入驻，并引导企业在丽水经济开发区建设生产基地和销售总部，形成"研发在上海，生产销售在丽水"的沪丽协同产业培育创新模式。丽水经济开发区通过"科创飞地"开展产业链招商、基金招商、研究院所招商和招才引智工作，为丽水经济开发区高质量跨越式发展提供强大动能，为提升丽水浙西南山区创业创新驱动力服务。此外，还为推动高校、科研院所到浙西南山区开展产学研合作，共同设立重点实验室、企业研发机构、科技公共服务平台等各类科技创新载体，建立高端人才共享交流平台，引导高端科技人才多形式、多途径为浙西南山区科技创新和企业发展服务。

---

① 由青田县供土地指标、供钱投资、供人管理，平湖市保障落地、保障招商、保障收益，确保项目早产出、早收益。

（三）新实践：生态补偿"飞地互飞"

进入新发展阶段，浙江以山区跨越式发展，力争到2025年实现生态质量、绿色发展、幸福宜居、区域协调全国领先，建成诗画浙江大花园最美核心区，成为构建新发展格局中的新增长极，先行先试建设高质量共同富裕示范区，正抓紧制定《山区26县高质量跨越式发展实施方案》，以"一县一策"为具体着力点，推动26县建立"美丽＋智慧"特色经济体系，成为全国绿色发展先行标杆。当前，丽水发展正致力于破解全省重点生态功能区与加快实现跨越式发展土地等要素制约矛盾，全力推进生态产品价值实现的国家试点，积极争取在丽水本地与发达地区设立"生态补偿飞地"，为生态功能县增加税收收益、提升经济发展能级。丽水市遂昌县率先破题，设立遂昌—诸暨"生态飞地"，在遂昌共建8000亩山海协作产业园，建成后将成为该县最大的生态工业园区，主要支持遂昌的生态经济。在两地的合作中，诸暨市出资1.25亿元，并派出一名副市长担任产业园管委会主任，而遂昌则安排这名诸暨干部担任县委常委。诸暨与遂昌制定了全方位协作框架，两地从工业单项的合作逐步拓展到产业、项目、社会事业发展等领域深层次的合作。宁波杭州湾新区丽水工业园（飞地）项目，选址在宁波杭州湾新区产业集聚区中北部，到上海、杭州、宁波都是一小时车程。这块地的用地性质为二类工业用地，总用地面积66688平方米，总建筑面积136919.7平方米，产业定位为汽车零部件、环保装备、生物医药、智能装备及零部件等。该项目充分体现了高质量发展的山海协作升级版。随着国务院支持浙西南革命老区振兴发展政策实施，以及全省26个加快发展县的"一县一策"落地，支持"互飞型"的高质量"生态补偿飞地"深入推进，将全面形成"山呼海应""山海共赢"的良好局面。

四、经验启示

（一）坚持党的领导，推进区域协调发展

共同富裕的重要指向是尽可能缩小区域发展差距，实现区域协调发展。中国共产党领导人民形成的反贫困实践，本质上是"先富"带"后富"的协调发展。"飞地互飞"丽水模式是在习近平总书记由山海协作到"中国特色反贫困"共同富裕思想指导下，在省委坚强领导下，在"飞出地"与"飞入地"各级党委、政府共同努力下，一方面，立足自身产业特点，主动承接区域外的产业转移，让需要的产业"飞进"丽水，并在合作中采取主动，积极引领合作走向，实现从被动等待到主动引导的转换；另一方面，创造平台和机遇，大力鼓励本地优势企业到区域外发展，把"飞地经济"做活做强做大。"飞地互飞"丽水模式仍是进行时，丽水正根据区域内部各种条件和需求进行诸如"生态补偿飞地"等探索，不断促进本地产业的集聚、错位发展。这些成效的取得，进而为实现加快发展县高质量跨越式发展和推进丽水九个革命老区县全面振兴打下坚实基础，与丽水市委、市政府解放思想、开拓视野是分不开的。

（二）坚持顶层设计，推进共建共赢

"飞地经济"是一种开放、共享、优势互补的区域经济合作模式，需要合作双方政府克服行政区经济的狭隘性、保守性和本位主义。由于"飞地经济"是两个隶属不同行政管辖的区域合作，两地政府之间横向管理协调难是突出问题，涉及管理结构、土地审批拆迁补偿和环保等方面。在合作中也可能面临权责分工不清、双方对接不畅等问题，这些问题在一定程

度上影响和制约了"飞地经济"的发展。丽水在"飞地经济"合作的过程中，根据区域板块的区位、资源优势、产业基础等条件，积极探索差异化的发展模式，主动积极融入和推进跨区域合作，重视顶层设计，建立常态化的议事协调机制，并就园区管委会组织人员的选择和安排交由"飞出地"和"飞入地"双方政府协调，使双方在产业发展和园区建设等方面的政策对接更加顺畅；同时两地之间通过建立重大问题协调机制，明确划分合作双方相关机构的权利与责任，加强政策对接，及时应对园区建设和管理中出现的基础设施建设、环境保护、项目引进及园区运营管理等问题，有效推进"飞地经济"稳步发展。

（三）坚持政府引导，推进市场运作

在推进"飞地经济"的发展过程中，丽水加强规划和政策支持，改善公共服务和投资环境，搭建良好营商环境和平台，努力解除妨碍资本、技术、产权、人才等生产要素自由流动的障碍，为各种要素能够在区域间自由流动和优化配置创造条件。在"飞地经济"的合作过程中，丽水坚持市场化开发经营，最大限度地发挥产业的集聚功能和溢出效应，减少两地政府干预，充分发挥企业在"飞地经济"中的重要作用，让企业成为整合资源、配置要素的主体力量，尽量避免行政干预下的激励扭曲、边际效益递减等问题，进而实现企业效益的最大化和区域发展的最优化。

（四）坚持利益共享，推进协作共进

"飞地经济"能够可持续的动力在于产业效能的不断增长和持续盈利，合作双方会自觉或不自觉地在获取自身更大效益与承担最小代价之间进行利益博弈。在推动"飞地经济"合作中，丽水注重理顺与"飞地经济"合作方的利益博弈关系，按照"谁投资谁受益"的原则分配收益。在利益分配中，丽水注重收益和风险化解相结合，构建合理的、稳定的利益分配机制，确保产业发展能够互利共赢、协作共进。同时为避免丽水下辖各园区间相互比拼、恶性竞争、缺乏沟通合作机制、无法形成规模化优势等问题，由丽水市政府牵头，明确各县（市、区）税收的分享比例、基础设施建设财政支出的分担比例以及公共服务职能提供的具体分工，从而打消"飞出地"政府对商业资源外流的顾虑，为产业的集约发展提供平台，优化各县（市、区）的生产要素配置，防止同质化和无序化。

在步入"十四五"时期和顺利开启第二个百年的新发展阶段上，中国共产党将带领人民深刻展示社会主义共同富裕的基本原则和坚定追求。先富带动后富，先富支援后富螺旋上升，是共同富裕的核心和归宿。当前，不论是传统落后地区，还是"新的"落后地区创新发展均面临严峻挑战，"飞地互飞"丽水模式，将在构建创新系统、提高市场化运作水平、改善软硬环境等上发力，进一步探索不同地区走向建设高质量共同富裕示范区的实现路径。

建设中非合作交流示范区
探索共同富裕与全球发展样本

陈旭东　章胜峰　沈冰鹤

中非友好关系历经国际风云变幻始终历久弥新，习近平总书记擘画的中非命运共同体，为中非双方都创造了更为广阔的全球发展战略空间，也彰显了中国为构建人类命运共同体的历史担当。浙江在中非合作的战略行动中具有先试先行的基础优势与创新示范的发展潜力。当前，要结合自身实际创造性地建设好中非合作交流示范区，探索出一条浙江高质量发展建设共同富裕示范区和推动全球发展的新路子。

一、建设中非合作交流示范区是浙江探索全球发展道路率先实现共同富裕的重大举措

中国与非洲国家都属于发展中国家，相似的历史遭遇、共同的战略利益使彼此之间具有休戚与共的情感基础。

（一）建设中非合作交流示范区是中央赋予浙江建设共同富裕示范区的重要组成部分

党的十九届五中全会审议通过的《中华人民共和国国民经济和社会发

展第十四个五年规划和2035年远景目标纲要》明确把"浙江高质量发展建设共同富裕示范区"与"支持深圳建设中国特色社会主义先行示范区、浦东打造社会主义现代化建设引领区"一并列入鼓励东部地区加快推进现代化的三大示范区。浙江与非洲国家合作也进入了前所未有的历史发展机遇期，中非合作是中央赋予浙江高质量发展建设共同富裕示范区的重要组成部分。浙江同非洲大陆的经贸往来与文化交流的不断增强促进了非洲国家的加快发展、跨越发展，巩固了中非传统友谊，并且赋予其新时代的新内涵，也使浙江在建设共同富裕示范区中增加了非洲元素与国际路径，不仅为彼此的经济可持续发展和文明复兴、文化进步和文艺繁荣提供持久动力，而且必将对国家层面的中非合作和推动全球发展及世界文明的多样化作出更大贡献。

（二）建设中非合作交流示范区是新时代浙江对外开放的重大战略选择

浙江是"一带一路"倡议的重要枢纽城市，加快大湾区大花园大通道大都市区建设，是省委、省政府作出的重大战略决策。这些给浙江的开放发展带来了新的机遇。浙江拥有占全国16%左右的对非出口额，区域内有浙江师范大学非洲研究院这样的全国最前沿的非洲学术研究机构，有全国非洲商人最集中的义乌国际商贸城，有全国最大的横店影视文化基地，有非洲大学生走进古村落的全国一流的实践基地。当前，迫切需要整合浙江与非洲合作交流现有的各种资源，提升中非合作的精神品位与现代功能，满足浙江高质量发展建设共同富裕示范区、高水平开放探索全球发展的现实和未来需要。

（三）建设中非合作交流示范区是构建中非命运共同体的全球发展样本

党的十八大以来，浙江全面落实中非合作各项八大行动、十大计划等，在政治互信、经济合作、文明交流以及国际事务等各领域积极探索，用实际行动回答"打造什么样的中非命运共同体、如何打造中非命运共同体"这一重要时代课题。中国承诺将给予非洲600亿美元的投资和援助。浙江对非洲的投资和援助侧重于加强对非洲工业化、农业现代化以及基础设施建设等领域的支持，有效解决了制约非洲实现自主可持续发展的基础设施落后、资金匮乏、人才短缺等瓶颈，为非洲国家谋求加快发展和持续发展提供了浙江路径，也为全球发展提供了浙江样本。

二、中非合作浙江先试先行的主要经验与存在瓶颈

浙江在中非经贸人文交流过程中逐渐探索出一条集"市场与计划同时起步、文化与经贸始终相依、政治经济文化社会安全统筹推进"于一体的先试先行浙江路径，形成了可复制可推广的浙江经验。

（一）主要经验做法

第一，浙江与非洲经贸往来越来越密切，已成为中非经贸合作全国重镇。20世纪50年代，中非经贸合作以贸易和对非援助为主，到2000年中非合作论坛成立后，双方经贸合作全面推进，形成了多层次、宽领域的新格局，给南南合作注入强大动力。近年来，浙江与非洲国家投资往来日益增多。2020年，浙江实现与非洲国家货物贸易进出口总额2100多亿元，约占全国的16%。浙江民间对非投资更多，非洲国家在浙江从商也日渐频

繁。金华作为对非贸易大市，2020年，全市实现与非洲国家货物贸易进出口总额705.8亿元，占全市进出口总额的17.4%，占全省与非洲国家进出口总额的33.0%，约占全国的1/20。金华在非洲投资设立企业（机构）40余家，金华民间对非投资累计项目多达350余个。

第二，浙江与非洲国家文化交流源远流长，已形成了中非人文交流互鉴新格局。3世纪，中国文献就记载有埃及亚历山大城，唐朝文献提及肯尼亚和索马里，明朝初年郑和下西洋几次到达非洲。曾在新安沉船中发现的金华婺州铁店窑瓷器早在宋元时期就经明州远销至非洲。南宋以来，以吕祖谦为代表的金华学派和以陈亮为代表的永康学派"开浙东学派之先河"，在中国文化史上独树一帜，一度影响整个东亚文化圈，并远播东非、北非等地。当前，中非文化合作交流进入历史最好时期，金华充分利用高校、友城、婺商和市场等渠道，通过联办、委托和承办等多种渠道开展"我从非洲来"和"我到非洲去"采访、非洲学子金华研学、"浙婺非洲行"巡演、中非经贸文化周等系列活动，进一步加大中非特色文化交流及基地互设力度。如浙江师范大学已培训了50多个非洲国家的2000余名高级政府官员和智库精英，金华职业技术学院为非洲国家培训紧缺实用型职业技术人才。

第三，义乌成为非洲人"淘金"首选地，"非洲制造"借助义乌走向中国乃至世界各地。义乌作为全球最大的小商品市场，与非洲有着强大的供求互补性，已成为非洲外商进行贸易活动最为频繁的地区。目前，有来自非洲29个国家和地区的5000余种商品在义乌展销，这些"非洲制造"正借助义乌这个进口贸易桥头堡走向中国乃至世界各地。在义乌，有来自非洲50多个国家和地区的2500多名常驻外商以及9.5万多名临时入境客商。伴随着义乌"一带一路"非洲站及其海外仓的建成，浙非经贸往来更趋紧密便捷。

第四，浙江推进区域治理现代化为全球治理探路，已成为中非和谐治理典范。浙江按照中央推进国家治理体系和治理能力现代化的重大部署，推动省域治理现代化走在全国前列。其中，金华通过"基层党建＋社会治理"创新，加快创建中非国际和谐社区，加强非洲人在金华的社会化管理与服务。目前，仅义乌就有来自世界100多个国家和地区的1.3万多名客商，其中来自非洲的客商约占40%。为更好地推动不同文明之间相互尊重、借鉴和融合，义乌市早在2004年就开始为外商打造国际化居住小区——鸡鸣山社区，此后，金城高尔夫社区、东洲社区、四季社区等国际化社区应运而生。国际化社区通过专业培训、文化交流、个性服务以及成立"中外居民之家"委员会等，形成"以外调外""多方配合"等涉外服务新模式，寓管理于服务中，推动"洋居民"爱上浙江、融入浙江、共享浙江，使其成为中外文明交流融合的使者。浙江未来国际和谐社区将形成既坐拥国际学校、国际金融、国际休闲等多元化功能，又保留中国传统街巷里坊和天井院落的融合布局。

第五，浙江师范大学非洲研究院作为重要的非洲研究机构，构筑起中非学术研究国际前沿。这所成立于2007年的研究院，从一开始就瞄准非洲教学、科研交流国内领先水平建设目标，目前已成为教育部援助非洲基地最重要的非洲研究机构。2011年，浙江师范大学正式创办中非智库论坛，至今已在中国和非洲连续成功举办8届会议，并被纳入"中非合作论坛"框架，被国内外主流媒体赞誉为"国际社会认知中非关系的重要平台"。中非高校高端智库，既是服务国家战略决策的重要智囊，又是服务地方经济社会发展的重要参谋。2017年，金华市及下辖各县（市、区）政府与浙江师范大学非洲研究院签订建立紧密型校地合作关系协议以来，双方在聚焦中非经贸、人文等多领域密切合作，积极为各级政府、企业决策提供有价值的政策建议。

第六，浙江与非洲民间交流渐入佳境，展现了新时代中非合作的厚实社会基础。近年来，浙江坚持经贸发展与友城发展、民间交流同步推进，着力做大浙江的非洲伙伴圈。积极探索以跨国城市联盟为民间外交发展长效机制的构建，实现民间交流从单维度拓展为多轨民间交流，进一步密切青年、妇女、民间团体的联系，夯实中非友好交流合作关系的民意和社会基础。其中，金华市与浙江省对外友好协会从2015年开始共同连续开展了8季"海外名校学子走进金华古村落"活动，吸引了世界近70个国家与地区（其中非洲国家和地区20多个）的近千名海外名校优秀学子前来研学交流，每年还专设"非洲专场"，精心打造"关上房门是星级宾馆、打开房门是温馨的家、走出房门是乡野生活"的金华"家＋"模式，把"中国故事"传播到世界各地，最终实现"客人变家人、学子变孩子、他乡变故乡"的海内外共享成果，被誉为"中国民间外交的金华样板"。

（二）存在的瓶颈

在中非合作战略背景下必须清醒地看到存在和潜在的各类问题与风险，及时研判分析、提前防范化解尤为重要。一方面，要看到建设中非合作交流示范区过程中自身面临的主要问题与风险考验。如示范区区域间单兵突进，共建共享不充分；国际化合作大平台不够多、不够强；产学研一体化缺乏深度融合转化等。另一方面，要看到中非合作过程中非洲国家政治、经济、文化、生活方式等环境存在不确定性和差异性。非洲国家之间法律体系不健全、市场不统一等，都可能会影响示范区建设；政府效率、劳动力素质、土地所有权及治安环境等可能成为对非投资的主要风险，处置不当也可能引起国际纠纷。还要高度重视和提前防范化解中非双方之外的第三方的意识形态渗透风险，未雨绸缪方能有备无患。

三、高质量建设中非合作交流示范区，展示共同富裕、全球发展的浙江"重要窗口"

坚持围绕国家关于"构建更加紧密的中非命运共同体"战略部署，积极服务浙江高质量发展建设共同富裕示范区，充分发挥浙江"一带一路"枢纽和义甬舟开放大通道等建设的作用，更多地承担起浙江加强与非洲政策沟通、设施联通、贸易畅通、资金融通、民心相通的任务要求，为中非合作共商共建共享共同富裕示范区提供浙江积极作为的新内涵、新动力和新路径。

（一）目标定位

坚持服务中非大局、促进全球发展，坚持浙江共同富裕、中非共同发展，坚持共建共享共促共进，重点布局形成"三区多平台、两轴多点"的现代化布局。其中，"三区"包括金义"核心区"、浙江"重要区"和中非"辐射区"；"多平台"就是要结合浙江全省范围内各地的区块特色，在现有各类平台建设基础上重点搭建一系列专业化、国际化的重要平台；"两轴"，一是金华义乌一线的开发建设主轴，二是义甬舟对外贸易开放主轴；"多点"，即在全省及省外相关区域分布的特色点。通过现代化布局的推进，形成重点更加突出、特色更加鲜明、服务更加高效、时空更加开阔、国际化程度更高的先行示范区。

（二）主体框架

核心区。在金义新区，在金华与义乌两个城市之间，在以快速通道、高速、高铁、轻轨为交通主干道连接的空间，在这一高度通畅性的立体化主干道沿线，自改革开放以来自发形成和集聚的各类中非合作发展的资源，有利于形成特色鲜明、活力强劲的发展区域。其中，在金华市级层面，依托浙江师范大学及市区其他大中小学校、文化机构、人文设施，致力建设一个文化功能完备的中非文化示范园区。在义乌层面，依托义乌建设"世界小商品之都"，顺势推进建成中非双方商人"淘金""取经"最频繁、最顺畅的首选城市。在金义新区层面，依托高新产业集聚区、金义综合保税区和规划建设中非合作高新产业园区，重点推进与南非、埃塞俄比亚、卢旺达等国家经贸文化重点项目的建设。

重要区。在金义核心区外部，重点推进全省层面和其他地市对示范区的重点支持与内部紧密合作，同时从全省一盘棋视角促进示范区对外交流合作，尤其要促进中非合作交流示范区在浙江四大都市区、三大城市群之间的经济圈、经济带建设中逐步扩大在区域内的统筹影响力。

辐射区。浙江着力发挥长三角南翼地缘优势、浙商商缘优势、浙江人人缘优势，着力构建全方位、宽领域、多层次的开放合作新格局，联动全国其他各地中非合作区域、重点领域与重要项目的合作互动，实现同向共赢。

（三）重大平台

非洲教育培训中心。打响"留学浙江"品牌，重点依托浙江师范大学非洲研究院、中非国际商学院以及浙江师范大学在非洲创设的孔子学院，打造中非高等教育学术交流基地、中非中高端人才培训基地。依托金华职业技术学院和义乌工商职业技术学院，打造国家级中非青年技能培训和商务培训基地。依托全省各类高校和"一带一路"研究院，打造中非实践型、创新型、融合型的复合型人才。

中非论坛永久会址。认真贯彻落实国家"中非联合研究交流计划"，深入实施"中非智库10＋10合作伙伴计划"，重点争取承办中非大型国际高端论坛，主动承接"中非地方政府合作论坛""中非减贫与发展会议"等重大活动，积极参与南非、喀麦隆、莫桑比克、坦桑尼亚等地孔子学院和海外研究基地建设，加强与非洲知名大学合作，争取"中非智库论坛"永久落地金华。

中非国际贸易中心。支持金义新区创建中非贸易国际试验区，创新中非进出口贸易便利化机制、中非国家质检合作信息发布平台和中非国际邮件互换中心，支持义乌建设"一带一路"非洲站建设，设立公共海外仓。推动义乌打造"非洲小商品之都"，联动东阳木雕城、永康科技五金城等开展市场采购贸易。规划建设中非国际会展中心，推进中非"数字丝绸之路"跨境电子商务产业集群建设，加快打造"买全球、卖全球、运全球"的跨境贸易电商高地。

中非文化与影视中心。支持非洲国家加入丝绸之路国际剧院、博物馆、艺术节等联盟，形成中非文化艺术节常态化举办机制、非洲风情街区等常态化固定场所。依托横店影视文化城和非洲尼日利亚"诺莱坞"电影基地，谋划开展中非纪录片、影视剧的联合制作，扩大横店影视产业实验区在非洲国家的影视市场份额等。

中非特色产业园区。抓住国家实施"中非基础设施合作计划"机遇，参与非洲有关重点项目及其配套服务项目建设，支持企业建立投融资联盟及其安全保障联盟。谋划建设中非科技合作园区，带动一批中非互联互通科技产能合作项目及孵化新型项目。大力支持非洲企业和客商参加义乌进口商品博览会等各类展会，定期举办中非文化创意博览会，支持中非创业创新示范基地和木雕等特色小微园建设，谋划建设"世界小商品之都"中非文创设计产业策源地和文旅创新消费引领区。

中非国际研学村与国际社区。针对浙江师范大学非洲研究生和义乌非洲商人相对聚集的特点及其需要，按照"金华特色、非洲色调、中国气度、国际元素"定位，积极完善建设中非国际社区、国际医院、国际学校、国际研学村等，突出构建教育、健康、医疗、养老育幼等全生活链功能配置，着力建设具有全球知名度的中非国际社区和国际研学村与样板。

中非人力资源开发服务中心。落实国家"中非人文合作计划"，通过强化学历教育、技能培训、文化传播等多种方式，推动非洲人来华留学及学者互访，鼓励为非洲培训精英人才，支持金华与非洲高校和医疗、农业等方面技术人员交流合作，多方面多途径培养非洲"中国通"和中国"非洲通"。充分发挥"最多跑一次"改革和金华"无证明城市改革"经验，建设"一带一路"丝绸之路服务中心。

（四）重要举措

强化规划引领。在现有基础上制定《中非合作交流示范区总体规划（2021—2035年）》，明确"三区多平台、两轴多点"的空间框架，形成示范区"四梁八柱"规划体系。要完善项目规划和计划，对接国家产业政策，实行产业链转移、升级、重构等，营造一流营商环境，加快形成以国内大循环为主体、国内国际双循环相互促进的中非合作新发展格局。

强化项目推进。以大项目、高科技项目推进为契机，对标国际集成开放大通道、金义综合保税区、义乌国家级综合贸易试验区、跨境电商综试区等政策优势，强化土地、资金、人才等要素保障，打造吸引资本和人才的高地。发挥企业主体作用，增加对传统产业的技术改造，推动企业成为技术创新和成果转化的主导者。匹配全球价值链的技术标准，打破要素自由流动壁垒，提升中非合作项目的技术能力和市场竞争能力。

坚持示范创新。坚持聚焦高质量、竞争力、现代化和国际化，统筹规划和重点突破相结合，发挥浙江"制造＋市场"优势，以国际化视野与政府、市场"两只手"双重激发的机制推动示范区建设，巩固深化与南非等国家重点交往关系，带动与非洲其他国家合作，形成重点突破与整体推进相互配合的互动格局，吸引更多高素质国际化人才到示范区创业、工作和生活。

强化技术支撑。重点构建示范区高端装备制造产业技术体系，形成示范区支撑产业的关键核心技术研发体系。重点构建一个使用、考核、待遇、培养相结合的人才资源开发机制，形成一个人才公开、平等、竞争、择优的国际一流的用人环境。重点推进数字化改革建设中非合作数据中心，消除信息孤岛，破除体制机制隔阂，促进央地合作、产学研联盟，形成基础研究、工程开发、应用协同的中非数字经济发展试验区。

强化机制保障。对外，建立与非洲地方政府、人文经贸部门之间的常态联系和互动合作机制，建立健全各类高端论坛、国际展会等重大平台机制。对内，认真落实各级政府高校、科研院所紧密型合作框架协议，通过强化科学考核引导保障各项任务落地生根。在内外联动上，加强与重点国家、重点友好城市深度交往合作。强化与央企国企对接合作，引入国际金融资本、国有资本、社会资本参与建设，形成创投、风投、产投等支持创新的金融链。

（五）主要步骤

整合提升。近些年，金华市本级、浙江师范大学、义乌已经形成同向而行的发展格局，使金华在中非战略合作棋局中脱颖而出。当前，要着眼高质量发展建设共同富裕示范区目标，从全省层面整合提升各类资源，加快建成一体化、全域化、高质量、国际化的示范区。

迭代递升。充分利用浙江产业基础和企业优势，大力提高信息化、自动化、智能化水平，不仅要在营商环境、科技体制、流动人口服务等领域进行一系列创新性的政策试验，同时要在提升示范区城市公共服务方面形成重大制度创新成果，让教育、就业、社保、养老、医疗等更便捷化、人性化。

示范先行。主要打造中非经贸交流全国重镇、落实中央部署创新浙江与南非等重点国家交往机制、打造中非民间交往的浙江样本、构建中非政党交往"重要窗口"、构筑中非学术交流国际前沿和争取中非智库论坛永久会址落户金华、中非国家级经贸博览会和文化博览会落户义乌等，使中非合作交流示范区走在全国前列，引领全球发展。

四、坚持系统思维，注重整体智治，把中非合作交流示范区建成全球发展样本

构建人类命运共同体思想是习近平新时代中国特色社会主义思想的重要组成部分，运用习近平总书记构建人类命运共同体思想中蕴含的系统思维，对于高质量建设中非合作示范区、探索共同富裕和全球发展样本具有十分重要的现实意义和深远意义。

顶层设计与基层创新结合推进。中非合作交流示范区建设的先行性、示范性和国际化特征决定了其艰巨性、复杂性和长期性，更需要从全局性、战略性、系统性的高度作出整体规划和系统谋划。同时大力推进基层创新，坚持实验先行—总结经验—归纳规律—逐步推广的工作步骤。在加强顶层设计的前提下推进局部的阶段性改革开放创新，在推进局部的阶段性改革开放创新的基础上进一步加强统筹谋划，为整个示范区建设作出更好的制度设计和实践安排。

更好地统筹国内与国外两个市场。注重统筹好国际国内两大市场，运用好国际国内两种资源，才能加速推进中非合作各项行动计划，扩大中非合作交流示范区的国际竞争力，使其成为高质量发展的强劲动力源。特别是在当前国际社会受新冠肺炎疫情严重影响的情况下，要针对一些国家的

贸易保护主义、经济逆全球化行为和西方部分国家经济体系的结构性问题有可能恶化的趋势，研究有利于我们的市场互动国际机制。

综合运用政府与市场两种手段。强化"有为政府"与"有效市场"的双轮驱动，既要加强政府在重大项目推进和重要事项谋划实施中的组织、协调、考核、评估等引导作用，又要充分激发各类市场主体活力，不断地调整政府与市场的关系以适应经济发展的客观需要。既要注重发挥市场的基础性、激励性的推动作用，又要发挥政府的宏观调控作用，以确保中非合作交流示范区建设有序高效运行，实现浙江率先共同富裕和非洲国家加快共同发展相互促进。

党建引领数字化改革。浙江数字化改革对中非合作交流示范区建设至关重要。浙江推进基层党建引领数字化多元治理时代已经到来。要通过基层党建引领数字化改革来破解中非合作交流示范区建设中出现的问题及其成因，分析基层党建引领数字化改革的发展趋向与优化途径。大力推进数字政府建设，加快数字技术融合创新，建立高效的管理信息平台，提高网络舆情引导应对水平，提升社会治理智能化水平。

同步做好各类风险防范。要紧贴国家安全防范体系建设，提高政治站位，强化责任担当，在实践中探索提前防范化解诸多政治环境、文化、体制、习俗等各方面差异带来的各种风险挑战。要突出政治与经济安全、经济与社会效益，把"分步推进、顺势做大"与"高标准谋划、高质量建设"以及"虚实结合、文经融合"结合起来，加强对中非合作交流示范区项目前期风险的评估，依托高校、科研院所加强对非洲国际国家政治、经济、文化等差异性与趋同性研究，做到扬长避短、优势互补。总结完善推广义乌"涉外纠纷人民调解委员会"的机制经验，牢固树立"一盘棋"思想，形成联防联治、共建共享的网格化社会化风险防控体系。

依托红色资源助推实现
共同富裕的有益探索

林孝暖　陈小平　李海峰

　　追求共同富裕是社会主义的本质要求，体现了以人民为中心的根本立场。作为2035年社会主义现代化远景目标之一，党的十九届五中全会首次提出了"全体人民共同富裕取得更为明显的实质性进展"。2021年3月，浙江省被确定为国家高质量发展建设共同富裕示范区。这对浙江今后的工作提出了更高的要求。

　　平阳是浙江的中等发达县，但从全国来说，也是较为发达的县，有实现共同富裕的良好基础。同时，平阳地形复杂，不仅有滨海平原、山区，还有海岛，因此，平阳实现共同富裕的探索对全国许多地方来说很有借鉴意义。此外，平阳红色资源丰富，是革命老根据地县，如何促进革命老区实现共同富裕，是一个值得探讨的课题。

一、平阳红色资源概况

　　平阳地处浙江南部，东濒大海。全县陆域面积1042平方千米，海域面积1300多平方千米，下辖16个乡镇，共454个村社，户籍人口88.6万，是历史悠久、人杰地灵的文化名县，是地位突出、作用显著的革命老根据地县，是山海胜色、风光秀丽的旅游大县，是区位优越、潜力巨大的后发崛起县，还是特色鲜明、充满活力的沿海开放县。

平阳素有"浙南红都"之称，不仅是早期中国工农红军挺进师、中共闽浙边临时省委与中共浙江省委的活动中心，也是刘英、粟裕创建的浙南革命根据地之一，拥有以中共浙江省第一次代表大会旧址、中国工农红军挺进师纪念园为核心的一批红色景点项目。浙南（平阳）抗日根据地旧址2007年被列为第一批全国红色旅游经典景区名录，上海—嘉兴—平阳线被列为全国30条红色旅游精品线路之一。

二、平阳依托红色资源实现全面小康的实践

（一）传承红色基因，发扬红色精神，促进经济发展

平阳人有强大的革命基因，在整个新民主主义革命时期，平阳的革命活动从没有停止过。即使在白色恐怖最严重的时候，平阳的共产党人仍然坚持革命活动不间断，在长达几十年的革命斗争中，留下了大量红色资源。1988年，平阳县被省政府命名为"革命老根据地县"。新中国成立以来，历届县委和县政府都很重视对革命遗址的保护和整修，使其成为人们瞻仰和学习的场所。通过红色教育，共产党人追求解放和实现共同富裕的理想世代相传，深入人心。通过学习革命先烈们艰苦奋斗的经历，弘扬和传承红色革命精神，促进平阳经济社会的全面发展。

（二）通过山海协作，促进革命老区大发展

平阳县的革命老区主要集中在县境西部的偏僻山区，交通不便，经济落后。如作为中共浙江省一大召开地的凤林村，虽然有着得天独厚的红色

资源，但因缺乏规划、古建筑破败不堪、基础设施落后等原因发展缓慢。2019年，平阳县、乐清市选定凤林村作为山海协作合作共建乡村振兴示范点，编制村庄规划，以红色旅游为主题，打造"浙江红色第一村"品牌。改造后的凤林村，古色古香的老式建筑与修葺一新的红色革命主题墙相映成趣。2019年，中共浙江省第一次代表大会旧址接待游客20多万人次，同比增长70%以上。现在，平阳县东部沿海乡镇与西部山区乡镇之间也结成山海协作关系，推动县域均衡发展。

（三）实施"红色旅游＋"工程，助力百姓致富

近年来，平阳县依托红色资源优势，践行"绿水青山就是金山银山"理念，将红色旅游与山区文化、休闲、生态产业融合发展，探索出一条"红色旅游＋"之路。以红色旅游基地为依托，为旅游注入自然生态新元素，不仅丰富了旅游业态，更让百姓走上了致富路。实施"红色旅游＋农家乐"工程，促进红色旅游带动山门镇、凤卧镇优势农业项目的发展，如柚子、猕猴桃等水果采摘游发展带动茶叶和农家菜餐馆生意兴隆；实施"红色旅游＋教育"，以弘扬革命精神带动学生社团爱国主义教育、军事国防教育、党政干部素质培训事业的发展。还实施"红色旅游＋户外拓展""红色旅游＋体育""红色旅游＋社区建设""红色旅游＋扶贫"等工程，全面完善红色旅游业态，带动当地旅游经济的发展。

（四）红色领航，共促乡村振兴

为发挥基层党组织的核心作用，激励村干部干事创业，平阳开展红色领航"28"行动，通过创成80个以上"五好"党建样板村，整治80个以上软弱落后村，创成200个以上经济富裕村和美丽特色村，提升乡村振兴质量，全力打造党建引领的乡村振兴平阳样板。红色领航"28"行动擎起

了党建引领的红色旗帜，激发了农村发展的内生动力，资本、人才等要素纷纷向乡村回流，推动美丽乡村向美丽经济转型，从而推动乡村振兴战略真正落地生根，开创了党建与乡村各项事业全面发展同频共振的新局面。

（五）全力推进村级集体经济"消薄"攻坚、提质增效

近年来，平阳县委、县政府高度重视村级集体经济发展，创新实施县域山海协作工程，通过建设光伏发电等项目，使一些集体经济薄弱村有了稳定收入。通过创设抱团项目，让各村都有机会发展集体经济。如麻步镇花边产业十分发达，运输量极大，利润可观，但一度秩序混乱，还造成社会不稳定。通过整顿，由镇政府出面设立运输企业，辖区各村入股，每个村集体都可以获得稳定分红。平阳通过深入开展村级集体经济发展"三年行动计划"，有力地推动了村级集体经济"消薄"攻坚、提质增效。2019 年，全县实现村级集体经济总收入 5.19 亿元，同比增长36.3%，增长势头强劲。

（六）加速红色旅游道路建设，助推乡村振兴

2016 年 10 月，党中央、国务院提出交通运输部门负责组织红色旅游经典景区配套公路建设。2017 年 2 月，平阳县政府出台相关政策，充分利用原有乡村道路资源，推进红色旅游道路建设以及农村与城镇协调发展。2019 年初，平阳出台《平阳县乡村振兴示范带五年建设规划（2018—2022 年）》，提出从山、水、林、田、路五个方面美化环境，在建成"四好农村路"的基础上建设美丽经济交通走廊示范项目。平阳在发展红色旅游产业的同时也推动了生态产业建设，并取得了显著成效。

三、平阳推进实现共同富裕需要解决的问题

（一）领导干部的战斗力需要进一步提升

2020年全面小康建成后，下一个目标是实现共同富裕，这是一个更艰巨的任务，对领导干部的素质能力提出了更高的要求。首先，要求干部有领导经济发展的能力。共同富裕的前提是富裕，如果经济不能发展，一切无从谈起。发展经济，除了要有专业知识外，还需要有百折不挠的精神和只争朝夕的干劲。其次，要求领导干部有统筹社会发展的能力。市场竞争可以促进效率，但也会导致两极分化；均等化发展能够消除贫富差距，却会导致共同贫穷。如何做到既追求效率又兼顾公平，是未来社会发展面临的巨大挑战，考验着每一名党员干部。再次，要求干部廉洁自律。领导干部只有真正做到廉洁自律，才能树立威信，赢得人民群众信任。

（二）红色旅游开发不足，辐射力不强

平阳红色资源丰富，近几年凭借红色教育的兴起，平阳红色旅游有了长足的进步。但相比其他先进地区，仍存在诸多不足。首先，红色旅游开发深度不够。红色旅游有一个深入挖掘和再创作的过程，这方面平阳做得不够好，影响了红色旅游进一步做大做强。其次，红色旅游辐射带动力不强。除了部分村庄和村民受益于红色旅游发展外，大部分居民没能受益。再次，红色旅游和其他旅游融合不够。平阳自然风光优美，人文底蕴深厚，旅游资源非常丰富，但整体旅游发展落后。红色旅游的快速崛起，有利于推动全域旅游发展，但由于基础设施落后、观念陈旧，平阳全域旅游仍然发展缓慢。

（三）农村相对落后，影响共同富裕的顺利实现

新中国成立后，在优先发展重工业的大环境下，农业、农村发展相对缓慢。改革开放以来，城市快速扩张，大量农村人口流入城市，致使农业农村长期处于相对落后状态。要实现共同富裕，必须缩小城乡差距。经过这几年实施的乡村振兴战略，平阳农业农村有了长足进步，涌现出一批模范典型村庄。但仍有不少村庄存在"两委"战斗力不强、农民增收困难、村集体经济发展缓慢等问题，这是今后实现共同富裕的最大障碍。

（四）公共服务均等化需要进一步加强

平阳地处东南沿海，地形复杂，西部是山区，东部是滨海平原，修路成本极高，每年台风季节全县易涝。为保民生，交通和水利建设需要优先投入，导致平阳教育投入欠债严重。由于平阳人对子女教育特别重视，巨大的教育需求直接促使平阳民办教育大发展，在竞争日益激烈的大环境中形成了"门类全、规模大、质量好、特色多"的体系，民办教育已然成为平阳的"金名片"。但民办学校的收费远高于公办学校，家庭的学杂费负担非常重，成为实现共同富裕的一大障碍。此外，在医疗救助和养老服务方面也存在短板，离实现共同富裕有较大差距。

四、依托红色资源推进平阳实现共同富裕的路径探索

（一）依托红色资源，铸造一支能打胜仗的干部队伍

教育干部努力践行为人民谋幸福的初心和使命。在新时代，要立足平阳独特的红色资源优势，营造学习和弘扬英雄人物事迹的浓厚氛围，激励

广大干部用更多的辛苦指数换取群众的幸福指数。保持"信群众、懂群众"的工作方法，把人民群众的满意指数作为一切工作的指导原则和衡量标准，将以民为本、群众至上的为民情怀落实到实际行动中。

教育干部永远保持艰苦奋斗、清正廉洁的革命本色。红色文化和红色基因是新时代廉政文化的源头活水。永远保持艰苦奋斗、清正廉洁的革命本色，自觉拒腐防变是红色文化的重要内涵之一。守好规矩，做到"三严三实"，善于用红色文化涵养浩然正气，保持为民务实的清廉政治本色，树立正确的政绩观，加强道德修养。积极引导干部慎用手中权力，敬畏法规制度，远离不义之财，始终保持如履薄冰、如临深渊的警觉意识，自觉为人民服务。

增强干部斗争精神。通过讲好红色故事，激发广大干部完善治理体系、提高治理能力的动力，形成坚强的政治执行力，脚踏实地地将工作蓝图变为现实。弘扬敢闯敢干的奋斗精神，鼓励广大干部不断战胜新挑战、成就新作为。坚定必胜信心，努力打造一支政治素质过硬、纪律作风严明、执法履职规范的干部队伍。

传承红色精神，鼓励党员干部参与到志愿者服务中来。把握庆祝建党百年重大机遇，建立全域覆盖的党员志愿者队伍。着力构建"党员带头、社会协同、群众参与"的志愿服务格局。同时，开展精准高效的党员志愿服务，以服务促发展、以服务保民生。扛起中共浙江省第一次代表大会召开地的光荣使命，擦亮"浙南红都"品牌，充分展现中共浙江省第一次代表大会召开地党员干部的新担当、新作为。

（二）依托红色资源，以红色旅游促进全域旅游大发展

抢抓现实机遇，做强做精红色旅游。一方面，要适应县域旅游发展的格局，积极将红色资源融入旅游发展的总体规划和实际运作中，构建自然

观光、文化休闲、生态度假与红色旅游相结合的复合型旅游产品体系，使独特的红色资源成为革命老区旅游发展的重要引擎。打造集红色教育、休闲度假、康养娱乐为一体的旅游综合体，推出系列文旅活动，变单一的观光游览为多形式的参与体验，并延长旅游产业链，深度开发当地土特产品和"非遗"资源，带动当地群众从事旅游服务、农家乐、旅游纪念品生产等活动，促进群众持续增收。另一方面，要积极整合红色资源和生态资源、红色旅游和生态建设，使红色旅游既彰显地域特色又体现新发展理念的要求，推动红色旅游和生态建设携手并进、共同发展。

打造大型歌舞剧，塑造红色旅游品牌。红色旅游资源开发应当着力从历史文献与民间传说等方面进行，拓展其旅游阐释空间，重新赋予其深厚的人文内涵。红色旅游发展的关键在于如何将地域特色和文化记忆有机融入产品设计中，让游客在旅游观赏中真正对地方文化与民俗风情产生更为深入的人文理解与情感认同。做强平阳红色旅游，必须拿出魄力，在条件成熟时，适时推出大型实景演出。平阳可以融合本地红色资源和民俗文化，利用南雁荡山山水资源，以"浙南红都"为主题，打造独特的大型实景演出，并在此基础上开发系列文化创意产品。

发展红色旅游要注重地方特色和农民利益。发展红色旅游必须有深度、有独特性、有感染力，要把握红色文化的精神内核和价值意蕴，坚持正确的发展方向，让红色文化在发挥凝聚人心、激励自信的精神价值的同时，能够在富脑袋、鼓口袋中发挥更大作用。要关心群众利益，始终以促进农民就业增收为立足点和落脚点，鼓励农民以土地、林权、资金、劳动、技术、产品为纽带，开展多种形式的合作与联合，强化农民作为市场主体的平等地位，完善红色资源开发利用的利益联结机制，促进乡村群众随着区域旅游产业的发展稳定增收致富。

加强旅游基础设施建设，促进全域旅游发展。建设串联平阳东部滨海景区、西部红色旅游经典景区、南雁荡山风景名胜区的高等级交通环线，优化公交线路，打通旅游交通线路，加强区域间客源互送，提高游客运送能力和集散能力。要强化骑行、步行等慢行交通建设，打造"对外开放、对内畅通"的旅游交通体系。要完善停车场建设，做到分布合理、配套齐全、管理规范。要美化全域旅游游览环境，打造通景区廊道，提升廊道景观。充分挖掘乡村旅游资源，建设一批不同主题特色的景区村、民俗风情村，逐步打造优美舒适的游览环境。

与时俱进，利用各种平台宣传平阳旅游新形象。旅游宣传要做到细水长流，不能搞一锤子买卖。旅游宣传固然要花钱，但也要精打细算。除了在传统媒体上投放广告外，还可以通过制作短视频、创作旅游体验文章等方式在年轻人喜欢的新媒体发布各种平阳旅游信息，以此提高平阳旅游的关注度。此外，还要举办各种比赛和音乐美食活动，持续不断地制造旅游热点。当前红色教育正在快速崛起，利用平阳丰富的红色资源制作大量精美小视频，在讲好红色故事的同时把平阳优美的自然风光和深厚的人文底蕴介绍给大家。

（三）以红色精神领航，实现乡村振兴

依托红色资源加强对基层干部的教育。乡村振兴既要塑形，也要铸魂。传承红色基因，激活乡村振兴的各类资源要素。要持续加强对农村基层党员领导干部的红色教育，充分利用红色资源的影响力和感召力，持续强化基层党员领导干部全心全意为人民服务的宗旨意识。对于涉及农民群众切身利益的热点难点焦点问题，要拿出切实有效的措施加以解决，让农民群众共享改革发展成果，赢得人民群众的信赖与支持。

通过村庄合并，融合资源，实现乡村振兴。在条件成熟的地方，通过村庄合并，聚集乡村资源，促使乡村发展。平阳官岙邸村是2019年由邻近的前爿村、后峇村、雅村合并而成。合并后，三村优势互补，发挥前爿村村干部超强的运营能力，利用后峇村丰富的资源，结合雅村交通便利、商业发达特点，村庄迎来了大发展的机会，而此前三个村的发展都面临瓶颈。通过合并不断做强做大村庄，推动农民致富。类似的案例平阳还有不少，值得推广借鉴。

建设强有力的村"两委"，带动群众致富。这几年国家对农业农村的投入不断增加，新农村建设迎来大好时机。但有的村庄还是发展不起来，主要是因为缺乏真正会干事、愿意干事的人。因此，村庄要发展必须先建设好村"两委"。首先，要对村干部进行定期培训，使他们具备领导乡村振兴的能力。其次，要珍惜村干部。选一个真正能干事、愿意干事的村干部不容易，必须好好珍惜村干部。在调研过程中发现不少村庄资源丰富，政府补贴政策也到位，关键是要选准村干部。再次，对村干部要多关爱。尤其是合并后的村庄人口众多、事务繁杂，如果在每件事上都对村干部吹毛求疵，将使他们无从开展工作。

始终坚持发展集体经济不放松，久久为功，推动实现共同富裕。要实现乡村振兴，必须坚持发展村级集体经济。只有村级集体经济稳步增长，村"两委"才能在群众中有威信，才能为村民提供更多服务。发展村级集体经济，首先要保证村级集体资产保值增值。因此，村级集体经济不宜从事市场竞争大、风险高的行业。村集体在从事经营活动时，应当以厂房、土地以及其他资源入股，获取稳定的租金收益。其次，继续推广"抱团"项目，鼓励各个村庄以集体经济名义入股。各个乡镇可以从本镇实际出发，设立"抱团"项目，发达乡镇和落后乡镇之间也可以通过协作设立"抱团"项目，项目成熟一个推出一个。同时，出台相应政策措施，保证这些项目的稳定运行，让每个村庄都有稳定的收入，促进全县乡村均衡发展，助推实现共同富裕。

（四）传承红色精神，助推基本公共服务均等化

积极发展公办教育，促进教育公平。高昂的民办教育学杂费可能成为许多中低收入家庭的沉重负担，相关部门应当及早谋划，除了新设公办学校和扩大公办学校招生名额外，向民办学校购买教育也是不错的选择。既能促使民办教育持续发展，也可以减轻家庭的负担，有助于实现共同富裕。

要着力提高医疗保障水平，更好满足人民群众健康需求。要通过进一步改革和完善医药卫生体制，推进互联网医疗健康，解决好人民群众看病难、看病贵的问题；要着力健全覆盖城乡居民的社会保障体系，要切实落实"全民参保"计划，让每一个公民都得到保障。同时，对中低收入家庭要采取特殊照顾政策，防止一些家庭因病返贫。

完善农村居家养老制度，让农民安度晚年。农村不如城镇富裕，农民的养老金较低，但农村也有自己的优势。平阳上垟林村利用村集体房产建有多个养老点，且设施齐全、提供免费午餐、有志愿者服务（实施类似养老银行制度）。在农村，六七十岁的农民仍然是种菜的主力军，八十多岁的农民还会不时下地种菜，他们闲暇时在养老点参加集体活动，生活非常充实。通过发展壮大集体经济，完善养老点，提高服务，不仅让农民安享晚年，也是实现共同富裕的重要保障和应有之义。

（五）做强做大浙江省委党校平阳分校这个红色教育平台

加强分校基础设施建设。自从2019年浙江省委党校平阳分校设立后，平阳的红色教育事业就上了一个台阶，平阳也因此受到更多关注。2020年，浙江省委党校平阳分校克服新冠肺炎疫情的困难，面向全国累计办班214个、培训学员超1.2万人次。2021年培训季刚一开始，浙江省委

党校平阳分校就处于超负荷运转状态。为保证教学质量，进一步提升培训水平，需尽早谋划筹建二期工程。通过扩大接待能力，增加教学和休闲健身设施，提升学员体验，确保浙江省委党校平阳分校的培训始终保持高水平。

通过加强科研活动，提升分校教学水平。浙江省委党校平阳分校设立后，培训学员的层级提高很多。教师要上好课，必须积极参与教学科研活动，不断提高自己的水平。科研迫使教师进行大量调研活动，阅读海量文献资料，积极参加研讨会，接触顶尖专家，掌握学科最新动态。在这样基础上，才能把最新知识介绍给学员，上课才有底气。

除了讲好红色故事，也要讲好平阳当代故事。浙江省委党校平阳分校设立后，开发了一系列红色教育课程，广受好评。但仍然需要从新的视角出发，不断开发新的课程，使红色教育课程体系越来越丰富。此外，从广义上来说，红色资源除了指革命年代遗迹和遗留的精神外，中国共产党领导人民进行社会主义建设的先进事迹也属于红色资源。因此，平阳的红色教育，不仅要讲好浙南革命故事，还要讲好当代平阳的故事。社会主义建设时期，平阳在小城镇建设、乡村振兴、工业崛起、电子商务以及美丽乡村建设、发展全域旅游等方面取得了不少成绩。这些方面的经验，通过系统总结和提升可以开发新的课程，丰富教学内容。

利用浙江省委党校平阳分校的平台，宣传好平阳新形象。浙江省委党校平阳分校设立后，除了进行红色教育外，还应当利用这一平台，把平阳深厚的人文底蕴、优美的自然风光以及当代平阳在改革开放中取得的成就系统地介绍给全省乃至全国的朋友。虽然浙江省委党校平阳分校一年只培训几万名学员，但学员的影响力极大。通过这些学员，可以影响一大批人。因此，利用好这一平台，做好培训工作，对宣传平阳新形象和促进平阳社会经济的全面发展大有裨益。

革命老区全面推进共同富裕的样板

杨国元　赵瑞林　陆银辉

以梁弄为核心的四明山老区[①]，因抗战时期全国十九个抗日根据地之一的浙东四明山抗日根据地而闻名。和全国其他老区一样，四明山老区在改革开放之初面临着山多地少、交通不便、底子薄等发展困境，但经过40多年的发展，四明山老区成功摘掉了贫穷落后的帽子，成为革命老区全面奔小康的样板。今天的四明山老区虽然受水源地保护等生态红线的严重制约，但在国家提出扎实推动共同富裕的大背景下，仍然制定了奋力打造革命老区共同富裕先行示范区的奋斗目标。这既是落实习近平总书记回信[②]精神的题中应有之义，也是满足四明山人民对美好生活向往的价值追求。如何在高水平全面建成小康社会的基础上，立足优势、破解难题，探索"先富带后富、实现共同富裕"的发展路径，在革命老区中率先走好新时代共同富裕之路，是摆在四明山老区面前的重要课题。本文将从四明山老区"先富带后富、实现共同富裕"的逻辑理路、实现高水平全面建成小康社会的基本经验以及四明山老区"先富带后富、实现共同富裕"的发展路径三个层面展开，以期为全国革命老区推进共同富裕提供借鉴。

---

① 为研究方便，本文的四明山老区特指余姚梁弄、大岚、四明山、鹿亭、陆埠、大隐六个山区乡镇所辖范围。
② 回信指2018年2月28日习近平总书记给余姚市梁弄镇横坎头村全体党员的回信。

一、四明山老区"先富带后富、实现共同富裕"的逻辑思路

（一）政治逻辑：落实习近平总书记对革命老区工作重要指示精神

革命老区始终是习近平总书记最牵挂的地方，从延安到古田，从四明山到井冈山，从临沂到金寨……一次次老区考察，留下了习近平总书记坚实的步伐，更组成了他对革命老区工作的重要指示精神。2003年，习近平同志到四明山老区调研时就指出，"只有老区人民富裕了，才谈得上浙江人民的共同富裕；只有老区人民实现了小康，才谈得上浙江真正实现全面小康；只有老区达到了现代化目标，才谈得上全省提前基本实现现代化"，并鼓励四明山依靠老区优势加快推进老区开发建设，尽快脱贫致富奔小康。党的十八大以来，习近平总书记更是把帮助困难群众特别是革命老区、贫困地区的困难群众脱贫致富列入重要议事日程。党的十八大闭幕后不久，习近平总书记就来到革命老区河北省阜平县考察扶贫开发工作，提出"两个重中之重"，指出革命老区要把扶贫开发作为"三农"工作的重中之重。在之后的陕甘宁革命老区脱贫致富座谈会以及2015年减贫与发展高层论坛上，习近平总书记多次提到"消除贫困、改善民生、实现共同富裕，是社会主义的本质要求"，并强调"没有老区的全面小康，特别是没有老区贫困人口脱贫致富，那是不完整的"。[①]2018年2月28日，习近平总书记给位于四明山老区的梁弄镇横坎头村全体党员回信，勉励他们同乡亲们一道，再接再厉、苦干实干，努力建设富

---

① 《把革命老区发展时刻放在心上——习近平总书记主持召开陕甘宁革命老区脱贫致富座谈会侧记》，载《人民日报》2015年2月17日。

裕、文明、宜居的美丽乡村。习近平总书记的回信，着眼于新的时代背景，为老区发展和乡村振兴勾画了蓝图、指引了方向，四明山老区推进"先富带后富、实现共同富裕"是贯彻落实习近平总书记对革命老区发展重要指示精神的具体行动。

（二）价值逻辑：对中国共产党价值追求的赓续

从社会发展的逻辑来看，中国共产党一开始就把马克思主义这种最先进的思想作为自己的理论武装，这也决定了代表中国先进生产力与生产关系发展方向的中国共产党必然成为人民的领导核心。同理，中国共产党能够走上政治舞台并成为领导中国人民建设中国现代化的核心力量，根源在于"人民立场是中国共产党的根本政治立场"[1]。这种立场规定了党的性质与使命是为人民服务、为人民谋利益。总体来讲，"社会主义"是对一个国家性质的界定，而"中国共产党的领导"则是维持"社会主义"性质的基本保证。[2]中国共产党领导中国人民进行的新民主主义革命，在实现人民凝聚与社会整合的基础上取得了民族独立和人民解放，为中国现代化建设提供了基本前提，社会主义建设则为中国人民消除贫困提供了重要的基础。改革开放以来，中国共产党对"小康"战略的接力赓续——从"温饱"到"总体小康"到"全面建设小康社会"再到"全面建成小康社会"，是中国共产党为实现为人民服务的宗旨根据时代变迁不断调适施政方略回应人民群众呼声的过程。全面建成小康社会向全面建设社会主义现代化的转换，意味着中国在解决绝对贫困、实现全面小康的基础上迈向了实现共同富裕的新征程。事实上，当前中国发展中最大的不平衡与不充分

---

[1] 《习近平谈治国理政》（第2卷），外文出版社2017年版，第40页。
[2] 陈明明：《中国政治制度的价值结构：冲突与调适》，载《社会科学研究》2008年第2期。

是城乡发展的不平衡与农村发展的不充分,这表明实现共同富裕的难点仍然在农村,革命老区则是重中之重。从中国共产党的价值追求出发,乘势而上推动四明山老区实现共同富裕是中国共产党人对为人民服务宗旨的传承。

（三）现实逻辑：满足四明山老区人民对美好生活的向往

共同富裕是社会主义的本质要求,是人民群众的共同期盼,推进"先富带后富、实现共同富裕"也是四明山人民的心之向往。2003年以来,四明山老区在习近平同志重要指示精神的指引下,率先实现了脱贫致富奔小康,老区人民得到了实实在在的实惠,农村居民人均纯收入从2002年的不足2000元增加到2020年的3万余元,绝对贫困全部消除,生态红利不断释放,社保体系日益完善,人民群众的获得感、幸福感、安全感得到极大提升。但随着时代的发展和社会的进步,老区人民对美好生活的需要也在不断提升。因此,推进四明山老区"先富带后富、实现共同富裕"是满足四明山老区人民对美好生活向往的现实需要。

二、四明山老区实现高水平全面建成小康社会的基本经验

从"尽快脱贫致富奔小康"到高水平全面建成小康社会,四明山老区华丽转型的背后,有习近平总书记对老区人民的深情厚爱,有党的坚强领导,也有四明山人民的艰苦奋斗。高水平全面建成小康社会不仅为四明山老区实现共同富裕奠定了物质基础,也积累了宝贵经验。

（一）坚持政治引领,以习近平同志对四明山老区重要指示精神为指引

"要把梁弄建设成为全国革命老区全面奔小康样板镇"是习近平同志

在浙江工作期间对四明山老区做出的重要指示，是推动四明山老区发展的行动指南。余姚历届市委和市政府不忘初心、牢记使命，用心、用情、用力扛起政治担当，坚定不移地沿着习近平同志指引的方向和路子，一张蓝图绘到底，一任接着一任干，不断将老区脱贫致富做深做实。一是明确余姚市委、市政府是四明山老区脱贫致富第一责任，从政治高度重视四明山老区发展，将深入四明山老区蹲点调研列为书记、市长的"必修课"，将市领导结对联系老区重点贫困村和困难户作为一项常规制度。二是始终将四明山老区发展作为全市的重点工作，精心编制各类规划，并逐年加大投入，每年制定关于加快老区发展的实施意见或行动计划，召开部署老区工作专门会议。三是把推动四明山老区脱贫致富作为检验和考核干部政绩的重要指标，将山区村庄整治提升工程、"415"生态高效农业、低收入农户增收、生态发展和美丽乡村建设、村级集体经济增收等民心工程做深做实。始终从政治高度重视和推动四明山老区发展，是实现高水平全面建成小康社会的根本保障。

（二）促进实体经济发展，千方百计鼓励支持老区农民"洗脚上田"

发展是甩掉贫困帽子的总办法。[①]余姚紧紧扭住这个第一要务，坚持开发式扶贫方针，因地制宜找准发展路子，不断激发老区人民的创业创新活力。一是改善基础设施，为老区发展创造条件。从2003年起，余姚加快老区扶贫公路、景区道路、资源型机耕路和沥青路上山工程建设，实现村村通公路，彻底改写四明山老区交通闭塞的历史。同时，完善老区电

---

① 《深化改革开放推进创新驱动实现全年经济社会发展目标》，载《人民日报》2013年11月6日。

力、网络、物流配送等支撑体系。二是鼓励老区农民"洗脚上田"。20世纪90年代开始，四明老区人民纷纷办起家庭作坊或工厂，逐步形成了梁弄灯具、陆埠水暖、大岚茶叶和四明山花木等特色块状产业。三是注重资源整合，搭建发展平台。从浙东（四明山）抗日根据地旧址群全国百个红色旅游经典景区打造，到梁弄中国灯具城的建设，再到中国机器人峰会永久会址落户梁弄，以及四明山省级旅游度假区的正式批复，一个个建设平台成为四明山区发展的引擎。四是坚持"绿水青山就是金山银山"理念，引领四明山走高质量发展之路。面对资源要素制约和生态环保倒逼的现实，2004年开始余姚对四明山老区新上工业项目实行约束性管理，现有工业企业实行萎缩性管理，建立企业下山入园异地发展机制。2014年底，实现了四明山区所有污染型工业企业一律关停或搬迁的目标，是"绿水青山就是金山银山"理念的生动实践。

（三）坚持特色创新，充分利用红色文化和良好生态两大资源

习近平同志在四明山调研时就提出，加快推进老区建设，要从实际出发，因地制宜，充分发挥当地优势。一是充分利用好红色文化资源，形成推动四明山老区发展的持久动力。余姚始终把红色文化视为最宝贵的资源，着力在挖掘的深度、保护的力度、弘扬的广度上下功夫。四明山老区已经逐步成为红色旅游胜地、党性教育基地和干部培训要地。浙东抗日根据地旧址群2020年接待游客超过百万人次。浙江省委党校四明山分校累计举办省内外培训班2352个，培训学员14万人次。二是打通"两山"发展通道，做足绿色发展文章。用生态农业置换落后产业、用现代农技改变靠天吃饭、用休闲旅游激活传统产业、用新型主体扩大经营规模、用品牌标准提升产品档次，是四明山老区打通"两山"通道的钥

匙。围绕"大花园"建设、"大景区"建设，统筹推进"一村万树"示范村创建和美丽乡村、森林乡村建设，让绿色成为老区发展最动人的底色。2020年，四明山老区接待游客556万人次，旅游总收入突破40亿元。四明山区逐步形成了以生态农业、文化旅游、精品民宿、电商和文创产业为核心的发展业态。

（四）坚持全面深化改革，持续释放老区发展的动力和活力

习近平同志在浙江工作时指出，"改革是解决农业农村发展中各种矛盾和问题的根本出路"[①]。四明山老区实现跨越式发展，最根本的动力来自改革开放。特别是党的十四大以后，余姚农村加快建设社会主义市场经济体制的步伐，发展规模农业、股份合作制、乡镇企业产权制度改革等有力地促进了老区特色产业的发展。2003年，余姚市出台《关于加快城乡一体化的若干意见》，率先探索户籍、产权等城乡配套改革，探索城区购房落户、宅基地换城镇住房、农民承包土地换社保补助等举措，对进城定居农民实行集体资产享有权、集体土地承包权和集体经济组织成员身份"三不变"政策，彻底消除老区农民外出务工、经商致富的顾虑。[②]2014年，在党中央和国务院办公厅印发《关于引导农村土地经营权有序流转发展农业适度规模经营的意见》后，余姚市优先在四明山老区开展确权、赋权、活权，扎实推进农村土地承包经营权确权登记颁证、林权制度改革、农村集体非农建设用地使用制度改革、农村经济合作社股份制改革、农村"三权一房"抵质押贷款，并在全省率先成立农村产权交易中心和各乡镇（街道）分中心，产权制度制约得到有效消除，农村闲置资源得到充分利用，

---

① 2004年1月4日，浙江省委书记习近平在全省农村工作会议上的讲话。
② 奚明：《牢记嘱托　不辱使命——余姚市抓革命老区全面奔小康的探索与实践》，载《宁波通讯》2018年第17期。

再次激发了老区发展的活力。

（五）坚持红色党建引领，发挥基层党组织在全面建成小康社会中的战斗堡垒作用

《摆脱贫困》中写道："贫困地区的发展靠什么？千条万条，最根本的只有两条：一是党的领导；二是人民群众的力量。"四明山老区正是在党的坚强领导下，依靠人民群众的力量实现了跨越式发展。习近平总书记在回信中指出，"办好农村的事情，实现乡村振兴，基层党组织必须坚强，党员队伍必须过硬"，为四明山老区基层党组织建设指明了前进的方向。一是传承好红色基因，让红色文化成为四明山老区党建最鲜明的特点。二是层层压实党建责任。余姚市建立了市镇村三级党建工作责任体系，明确各项制度规定和任务要求，让基层党建"抓什么，怎么抓"一目了然。三是实施全域党建亮显工程。余姚一方面促进党员发挥先锋模范作用，另一方面全方位展示党建辐射效应和引领作用，推动基层党建实现了整体跃升。在乡村振兴的征程中，四明山老区把习近平总书记在回信中强调的"和乡亲们一道"作为办好农村的事情和实现新时代乡村振兴的重要准则。老区基层党组织已经成为当地老百姓的主心骨和乡村振兴的坚强战斗堡垒。

三、四明山老区"先富带后富、实现共同富裕"的发展路径探索

四明山老区在高水平全面建设小康社会的基础上，乘势而上提出了打造革命老区共同富裕先行示范区的奋斗目标。在新征程上，四明山老区的发展还面临着不少困难和挑战，如在乡村数字化进程中如何确保农民不

掉队；在生态环保越来越严格的情况下，四明山区域如何突破土地制约，探索出更高质量的"两山"转化通道；在四明山区域打造省级旅游度假区时，如何引导周边小农户对接大平台、大产业；脱贫攻坚和共同富裕的有效衔接等。"先富带后富、实现共同富裕"是一个系统工程，需要从整体上布局谋篇，从战略上统筹规划，从当地实际出发探索发展路径。

（一）注重系统谋划，率先构建加快老区全面振兴体制机制

共同富裕只有在生产力发达的基础上才能充分实现，推进乡村振兴是实现农村共同富裕的必由之路。一是坚持系统思维，做好全域谋划和顶层设计。将"先富带后富、实现共同富裕"的理念融入乡村振兴规划的全过程和各领域，从全局高度系统谋划四明山区的发展定位，优化整体空间布局。以四明山省级旅游度假区的打造为重要契机，统筹核心区和辐射区的产业发展规划，逐步形成联动效应和整体优势。二是坚持点面结合，做好分类实施和统筹带动。乡村振兴不能"一刀切"，必须分步骤、有计划地落到实处。针对不同类型的乡村，分类实施乡村振兴战略，以横坎头村的先行先试引领带动四明山区乡村共同发展、共同富裕，从乡村振兴样板村到乡村振兴示范线再到四明山区全域振兴，是一个不断延展、系统推进的过程。以示范村、示范线到示范区的点线面布局谋划做统筹带动。三是完善协调机制，确保城乡之间、部门之间相互配合，共同发力。同时，注重上下联动，多听取群众的意见，发挥他们的智慧。建立乡村振兴全程跟踪评估机制，好的经验要及时吸取，不好的地方要及时纠正，将群众是否满意作为乡村振兴的评判标准。

（二）全面深化改革，率先构建城乡融合一体化发展体制机制

余姚作为工业强市和最具幸福感的城市，有基础有条件率先探索以工补农、以城带乡的长效机制，并使其成为城乡融合发展的典范。一是深化农村土地制度改革，充分释放乡村振兴活力。以余姚"土地超市"为平台，完善土地二级市场改革，解决土地二级市场供需信息不对称的问题，有效盘活存量建设用地，提高土地资源配置利用效率。以深化农村集体产权制度改革为契机，完善产权权能，将经营性资产量化到集体经济组织成员，变社员为股东，发展壮大新型农村集体经济。二是优化四明山发展环境，促进人才入乡就业创业。以市级层面制定人才加入乡村制度实施细则，鼓励各类人才以各种方式入乡就业创业，解除科研人员入乡兼职或离岗创业的后顾之忧。深入推行科技特派员制度、村第一书记和乡村指导员下派制度。在村级层面，探索以投资入股、合作等多种方式吸收人才入乡。完善大学毕业生和农民工返乡就业创业服务体系。加大四明山区域工商资本引入力度，通过优质项目吸引高层次人才服务乡村。健全农业农村投入保障制度，加大支持力度，建立和完善更可持续的农业农村内生发展机制。三是优先发展农业农村，落实基本公共服务均等化。统筹规划市政公用设施，推动向乡村延伸，在四明山区合理布局冷链物流设施、配送投递设施和农贸市场网络，畅通农产品进城和工业品入乡通道。在义务教育教师"县管校聘"管理改革的基础上，探索出更多有利于推进义务教育优质均衡发展和城乡一体化的举措。深化体制机制改革，推进医师多机构执业，做深做实医共体建设，让老区人民在家门口就能享受到高质量的医疗服务。

（三）坚持绿色发展，率先构建全域美丽绿色发展体制机制

绿色是四明山的底色，青山绿水绘就了四明山明艳动人的江南山水画卷，是四明山发展最宝贵的资源。聚焦生态赋能，为实现共同富裕奠定生态基础，必须率先构建四明山全域美丽绿色发展体制机制。一是完善生态保护长效机制，持续抓好"河长制""塘长制"等制度的落实，确保四明山区域内的大小溪流、山塘、水库有专人巡逻管理。向宁波市积极争取，进一步完善绿色发展奖补和生态补偿机制，增强农民自主保护生态的意愿。二是构建全域美丽建设机制，将四明山打造为长三角南翼大花园。做好全域美丽顶层设计，充分利用好四明山天然氧吧、大岚高山云雾、梁弄醉美四明湖、鹿亭纯美之乡等品牌资源，因地制宜，将四明山打造成独具特色的美丽大花园。全面建立和推行美丽乡村、美丽城镇、美丽区域建设标准，引导四明山人民按照全域景区化的目标要求，以生态、艺术的手法建设乡村和田园，实现美丽宜居。将全域美丽与全域旅游相结合，向世人展示四明山良好的自然本底和优越的时代"颜值"，以美丽乡村示范线为主要抓手，充分彰显四明山的生态环境之美、人文韵味之美、创新活力之美和生活幸福之美。三是探索绿色赋能发展机制，在拓宽"两山"转化通道上提供更多四明山方案。以打造四明山区域优质生态农产品品牌为抓手，加快农业科技创新，积极培育绿色品牌农业，着力提升大岚高山云雾茶、梁弄特色小水果、四明山林下经济等特色农业的品质和品牌影响力，不断提升四明山区域农业产业的质量、效益和竞争力。瞄准并引导消费者市场的需求，深化农业供给侧结构性改革，有效延伸农业产业链，将绿色发展贯穿于全产业链。充分利用好绿色金融等政策优势，加大力度引进绿色项目，鼓励各类绿色创业创新，培育绿色发展新动能。

（四）深化"四治"融合，率先构建乡村治理现代化先行体制机制

健全党建统领"四治"融合的城乡基层治理体系，是实现乡村治理现代化的内在保证，也是推进共同富裕的机制保障。一是搭建自治平台，争做乡村自治示范。坚持人民主体思想，遵循"五议两公开"原则，完善"村民说事"操作指南，充分发挥村民议事会、村民监事会等平台的作用，设计一套有利于群众自我管理的可执行制度，真正实现群众的事情由群众自己做主。二是营造法治环境，争做乡村和谐示范。坚持和发展新时代枫桥经验，充分利用好村、镇两级矛盾调解中心和余姚"微法院"等服务平台，把矛盾纠纷解决在萌芽、化解在基层。继续定期举办普法小课堂，将法律知识送到村民身边，培育一批法治带头人，提升乡村整体法治水平，为平安和谐四明山的创建营造良好法治环境。三是弘扬德治文明，争做乡村善治示范。崇文崇德是四明山老区的优良传统，要充分利用好浙东四明山抗日根据地旧址、村文化礼堂、乡风文明展示馆等教育资源，通过举办各类教育、宣传、文体和评比活动，营造崇文崇德氛围，依靠德治弘扬正气，达到春风化雨的效果，树立乡村善治的标杆。四是聚焦数字赋能，争做乡村智治示范。梁弄——浙东红色智慧小镇已成功入选全国第二批特色小城镇，其智治经验可以在四明山全域推广，用数字化、智慧化手段赋能乡村治理，提升乡村治理的智能化、精细化、专业化水平。积极探索通过云治理平台，对接医疗、环卫、旅游等，打造乡村智治共同体。提升乡村治理智能化水平，助力乡村振兴，增强广大农民的获得感、幸福感、安全感。

（五）聚焦成果共享，率先构建不断增进民生福祉体制机制

人人共建、人人共享是经济社会发展的理想状态，增进民生福祉是共同富裕的必然要求。探索建立具有四明山特色的共建共治共享共同富裕科学体系，是民之所盼、政之所向。一是多渠道促进农民增收，壮大中等收入群体。加快释放在土地、资源、技术等要素分配改革的红利，因地制宜发展壮大村级集体经济，完善大众创业平台和扶持政策体系，促进中等收入群体显著扩大，率先形成橄榄型社会结构。二是在增强素质、提升能力中不断增进人民福祉。农民的现代化是农业农村现代化的关键。依托四明山新希望绿领学院等平台，深入实施农民素质提升工程和农创客培育等工程，确保农民在乡村振兴进程中不掉队，实现与四明山老区共发展、同进步。同时做好"筑巢引凤"工程，引进技术骨干发展现代农业，吸引数字化人才发展电商，鼓励大学生和优秀青年返乡创业创新等，通过新鲜血液的注入带动四明山老区农民整体素质提升。三是不断增强兜底工程，织密民生保障网。持续优化教育、医疗、养老、卫生等基本公共服务供给，解决人民最关心最直接最现实的利益问题。探索形成多元公共服务供给模式，提高公共服务供给质量和水平，满足多元供给需求。建立健全为民办实事长效机制，围绕解民忧、纾民怨、暖民心，不断拓展为民办实事领域，高水平满足四明山老区人民日益增长的美好生活需要。建立解决相对贫困的长效机制，完善产业开发、社会共助等帮扶制度，建立健全"双先"帮带机制，帮助带动老区群众，特别是困难群体共同走上增收致富路，营造老区共同富裕"全域一起来"的浓厚氛围。

"先富带后富、实现共同富裕"是一项史无前例的圆梦工程，也是一场久久为功的实践探索。四明山老区在习近平总书记回信精神的指引下，正朝着打造革命老区共同富裕先行示范区的目标奋勇前行！

后 记

共同富裕是人类社会的共同理想，是社会主义的本质要求，更是中国共产党人的百年奋斗追求。中共中央、国务院作出了支持浙江高质量发展建设共同富裕示范区的重大决定，凝结着习近平总书记对浙江的厚望和对浙江忠实践行"八八战略"、奋力打造"重要窗口"的新期待，是浙江发展又一重大历史机遇。

如何深入学习领会习近平总书记关于共同富裕重要论述精神，如何高质量发展建设共同富裕示范区等，是浙江当前的发展要务。中共浙江省委党校常务副校长陆发桃牵头开展共同富裕示范区建设重大课题研究，组织省委党校骨干力量和全省党校系统深入开展研究，并形成初步的研究成果。

本书的编写，得到了中共浙江省委宣传部、浙江人民出版社和全省各级党校的大力支持，省委党校副校长徐明华多次指导选题论证，科研处同志组织策划实施，在此一并致谢！

共同富裕示范区建设是一项崭新的课题。由于时间仓促，难免疏漏，恳请社会各界不吝批评指正。

本书编写组
2021 年 5 月

图书在版编目（CIP）数据

共同富裕看浙江 / 中共浙江省委党校编著. —杭州 : 浙江人民出版社，2021.7（2022.7重印）

ISBN 978-7-213-10211-0

Ⅰ.①共… Ⅱ.①中… Ⅲ.①共同富裕-示范区-经济建设-研究-浙江 Ⅳ.①F127.55

中国版本图书馆CIP数据核字（2021）第127021号

共同富裕看浙江

中共浙江省委党校 编著

出版发行	浙江人民出版社（杭州市体育场路347号 邮编 310006） 市场部电话:(0571)85061682 85176516
责任编辑	陶辰悦 何 婷 沈敏一
责任校对	何培玉 陈 春
责任印务	陈 峰
封面设计	许冬喜
电脑制版	杭州兴邦电子印务有限公司
印 刷	浙江印刷集团有限公司
开 本	710毫米×1000毫米 1/16
印 张	23.5
字 数	296千字
插 页	2
版 次	2021年7月第1版
印 次	2022年7月第4次印刷
书 号	ISBN 978-7-213-10211-0
定 价	58.00元

如发现印装质量问题，影响阅读，请与市场部联系调换。